高等职业教育"十三五"规划教材

大学生实用体育教程

主 编 周志明
副主编 陈 励 彭 程
参 编 曹 晖 阮晟辉 陈志萍
　　　 肖 骏 李文静 李 辉
　　　 彭 晨

北京理工大学出版社
BEIJING INSTITUTE OF TECHNOLOGY PRESS

版权专有　侵权必究

图书在版编目（CIP）数据

大学生实用体育教程 / 周志明主编 . —北京：北京理工大学出版社，2016.8（2020.10重印）

ISBN 978 – 7 – 5682 – 3045 – 2

Ⅰ. ①大… Ⅱ. ①周… Ⅲ. ①体育 – 高等职业教育 – 教材 Ⅳ. ①G807.4

中国版本图书馆 CIP 数据核字（2016）第 206325 号

出版发行 / 北京理工大学出版社有限责任公司
社　　址 / 北京市海淀区中关村南大街 5 号
邮　　编 / 100081
电　　话 / （010）68914775（总编室）
　　　　　（010）82562903（教材售后服务热线）
　　　　　（010）68948351（其他图书服务热线）
网　　址 / http：//www.bitpress.com.cn
经　　销 / 全国各地新华书店
印　　刷 / 唐山富达印务有限公司
开　　本 / 787 毫米 × 1092 毫米　1/16
印　　张 / 15　　　　　　　　　　　　　　　　责任编辑 / 江　立
字　　数 / 347 千字　　　　　　　　　　　　　　文案编辑 / 江　立
版　　次 / 2016 年 8 月第 1 版　2020 年 10 月第 6 次印刷　责任校对 / 周瑞红
定　　价 / 34.90 元　　　　　　　　　　　　　　责任印制 / 施胜娟

图书出现印装质量问题，请拨打售后服务热线，本社负责调换

前　　言

　　随着我国社会经济的快速发展，高等教育迎来了前所未有的发展机遇，已经从精英教育阶段步入了大众化教育阶段。近年来，我国高等职业教育呈现出持续、健康、快速发展的迅猛势头，高职高专院校无论是数量上还是规模上都已占据了我国高等教育的半壁江山。

　　高等职业技术教育作为高等教育的组成部分，主要是培养技术型、技能型人才，直接为社会生产、建设、管理、服务等领域提供从事生产、经营、管理服务的一线高级应用型技术人才，培养目标上体现"职业性、岗位性、实践性、实用性"的特点。在培养人们不断适应复杂的工作环境和社会环境方面，体育向来有着极其重要的意义，体育教育的实用性目标是一种重要的社会需求。高职教育的培养模式必须以职业为基础，以能力为本位，其人才培养目标必须根据不同职业岗位的具体分析来确定，设立有较强针对性和实用性的课程及岗位操作能力训练，以实现高职院校学生职业岗位的实际操作能力和职业素养。为此，我们组织编写了本书，本书力图体现以下特点。

　　（1）知识性。按照认知结构的形成与迁移规律，对各教学内容进行合理而详细的编排，使学生能全面掌握多项体育运动的基本理论与基本运动技能。

　　（2）可读性。根据高职高专体育教学理论学时较少的特点，本教材在编写过程中力求通俗易懂、图文并茂，以便于学生课外自主学习。

　　（3）时代性。本教材突出时代的特点，把满足社会体育发展的需要和个人发展的需求有机地结合起来，将一些在平民百姓中推广普及的运动（如气排球运动）在教材中作一定的介绍。

　　（4）实用性。高等职业教育培养的是就业于生产、管理、服务第一线的技术应用型人才，要求学生毕业后就能上岗工作，高职高专体育教学需要与学生专业培养目标相结合，本书不仅有职业相关的身体素质（职业体能）的锻炼方法，还介绍了职业工作中可能会出现的身体不适的自我调节和保健的知识。

　　本书的编写工作得到了长沙环境保护职业技术学院领导的关心和大力支持。北京理工大学出版社对本书的出版工作给予了很大的帮助。本书在编写过程中参考了各省市兄弟院校出版的相关教材及有关网上信息，在此对有关作者表示诚挚的谢意。在此，对所有关心、支持和帮助本书成稿、审定、出版的单位和个人致以诚挚的谢意！

　　由于编写人员水平有限，不妥之处在所难免，恳请广大读者给予批评指正。

编　者

目 录

第一章 高等学校体育 ... 1
- 第一节 体育的概念与功能 ... 1
- 第二节 高等学校体育的地位、目的和任务 ... 3
- 第三节 高等学校体育工作的开展 ... 4
- 第四节 大学生生理和心理特征与体育 ... 6

第二章 体质健康达标 ... 10
- 第一节 体质与健康的概念 ... 10
- 第二节 体育锻炼与身心健康 ... 12
- 第三节 体育锻炼的卫生、营养 ... 14
- 第四节 体育锻炼与营养 ... 18
- 第五节 国家大学生体质健康标准 ... 20
- 第六节 运动处方的制定与实施 ... 25

第三章 体育运动损伤及预防 ... 29
- 第一节 运动损伤概述 ... 29
- 第二节 常见的运动损伤与处理 ... 30
- 第三节 常见运动性疾病的预防 ... 36

第四章 篮球 ... 41
- 第一节 篮球运动的起源 ... 41
- 第二节 篮球运动的发展及特点 ... 41
- 第三节 篮球比赛规则简介 ... 44
- 第四节 篮球基本技术 ... 47
- 第五节 篮球基本战术 ... 60

第五章 足球 ... 72
- 第一节 足球运动概述 ... 72
- 第二节 足球基本技术 ... 73
- 第三节 足球基本战术 ... 84
- 第四节 足球比赛规则简介 ... 89

第六章 排球 ... 93
- 第一节 排球运动概述 ... 93
- 第二节 排球的基本技术 ... 94

第三节　排球的基本战术 …………………………………………………………… 109
　　第四节　排球竞赛规则 ……………………………………………………………… 114
　　第五节　气排球（介绍）…………………………………………………………… 116

第七章　羽毛球 ………………………………………………………………………… 125
　　第一节　羽毛球运动概述 …………………………………………………………… 125
　　第二节　羽毛球的基本技术 ………………………………………………………… 125
　　第三节　羽毛球主要打法和基本战术 ……………………………………………… 145
　　第四节　羽毛球竞赛规则 …………………………………………………………… 147

第八章　乒乓球 ………………………………………………………………………… 150
　　第一节　乒乓球运动简介 …………………………………………………………… 150
　　第二节　乒乓球基本技术 …………………………………………………………… 150
　　第三节　乒乓球基本战术 …………………………………………………………… 162
　　第四节　乒乓球比赛规则 …………………………………………………………… 166

第九章　太极拳运动 …………………………………………………………………… 170
　　第一节　认知太极拳运动 …………………………………………………………… 170
　　第二节　二十四式简化太极拳 ……………………………………………………… 171

第十章　游泳运动 ……………………………………………………………………… 190
　　第一节　熟悉水性练习 ……………………………………………………………… 190
　　第二节　自由泳、仰泳及蝶泳 ……………………………………………………… 193
　　第三节　蛙泳技术 …………………………………………………………………… 200
　　第四节　水上救护基本知识 ………………………………………………………… 206

第十一章　形体训练与形体健美 ……………………………………………………… 207
　　第一节　形体训练的特点与作用 …………………………………………………… 207
　　第二节　形体训练与常见的形体缺陷与矫正方法 ………………………………… 210
　　第三节　认知健美运动 ……………………………………………………………… 211
　　第四节　健美运动的基本练习方法及要求 ………………………………………… 222

第一章 高等学校体育

第一节 体育的概念与功能

体育来自人类生产和生活实践的需要。"体育"一词，最初是法国人于1760年在法国的报刊上论述儿童身体教育问题时首先使用的（education physique［法］，简称EP）。此后，这个词相继传入欧美国家。

19世纪60年代以后，由西方传入的"体育"（physical education），按其译意是指同维持和发展身体的各种活动有关联的一种教育过程。

我国体育有广义和狭义两个概念。广义的体育是根据人类生存和社会生活需要，依据人体生长、发育、动作形成和机体机能提高的规律，以各项运动为基本手段，以发展身体、增强体质、提高运动技术水平、丰富社会文化生活，为发展经济和政治服务为目的的身体运动，通常简称为体育运动。狭义的体育是教育的组成部分，是全面发展身体，增强体质，传授体育知识技术、技能，培养道德品质与意志品质的有目的、有计划、有组织的教育过程。这种狭义的体育概念即体育教育。

体育的概念无论广义的还是狭义的，都强调它以各种运动为基本手段，是发展身体、增强体质的教育过程，这就反映了这一事物的本来属性，即体育的本质。

随着科学技术的发展，新的体育手段不断出现，体育的内涵越来越丰富，体育的外延也日益扩大。就体育的目的、对象和任务而言，大众体育、学校体育、竞技体育这三个体系基本上包含了体育所涉及的全部范围，或者说，当代体育是这三个部分组成的。

1. 大众体育

大众体育亦称"社会体育""群众体育"，是为了娱乐身心，增强体质，防治疾病和培养体育后备人才，在社会上广泛开展的健身、健美、娱乐体育、保健体育、医疗、康复体育等内容丰富、形式多样的体育活动的总称。包括职工体育、农民体育、社区体育、老年人体育、妇女体育、伤残人体育等。主要形式有锻炼小组、运动队、辅导站、体育之家、体育活动中心、体育俱乐部、棋社，以及个人自由体育锻炼等。社会体育是人们文化生活的重要组成部分。它作为学校体育的延伸，可使人们的体育生活得以继续维持。我国提倡公民参加大众体育活动，增强身心健康；要求地方各级人民政府创造必要条件，支持、扶助群众体育活动的开展。国家制定了一个具有战略意义的、宏观的"全民健身计划"。推行全民计划的启动阶段称为"一二一工程"。"一二一"是借用体育术语"齐步走，一二一"来表示启动。它对社会、家庭、社区、学校都有具体要求，即每人每天一次健身活动，每人学会两种以上健身方法，每人每年进行一次体质测定；每个家庭拥有一件健身器材，每年全家参加两次户外体育活动，每个家庭有一份（本）健身报刊图书；每个社区提供一处以上群众健身活动场所，每年开展两次群众体育活动，建立一支大众体育指导员队伍；每所学校保证学生每天参加一小时体育活动，每年组织学生开展两次郊游活

动，每个学生每年进行一次身体检查。

大众体育开展的广泛性和社会化程度，取决于国家经济的繁荣、生活水平的提高、余暇时间的增多及社会环境的安定。从世界发展趋势来看，社会体育作为现代体育发展的重要标志，无论普及程度或开展规模，都不亚于竞技体育，已大有跃居为第二大国际体育力量的趋向。

2. 学校体育

学校体育是学校教育的重要组成部分，也是全民体育的基础。在现代社会，人才的全面发展显得越来越重要，锻炼健全的体魄和坚强的性格，成为当代人才培养的重要因素之一。青少年的体质，是劳动者素质的一个重要方面，所以说，它是全民体育的基础。竞技后备人才主要来自学校，因此，学校体育是体育普及和提高的结合部，是国家体育事业发展的战略重点。为了达到教育、教养及发展身体的总目的，不同层次的学校体育按不同教育阶段和年龄特征，通过体育课程、课余体育训练及课外体育活动这三种基本组织形式，围绕"强健体质"这个中心，全面实现学校体育的多项目标。由于它处在学校这个特定领域，实施内容被纳入学校总体计划，实施效果又有相应的措施予以保证，从而与其他教育环节共同构成了一个完整的教育过程，使学生在德、智、体、美几方面得到全面发展。

随着体育的不断社会化、娱乐化、终身化及竞技体育的发展，从提高学校体育的要求考虑，现代学校体育既要注重增强体质的近期效益，又要着眼于未来学生对"享受"和"发展"的需要，即重视包括生物、心理及社会等综合效果。为此，学校体育在充分注意体现现代体育主要特征的基础上，还必须拓宽体育的社会渠道，满足个人体育兴趣和爱好，启发主动参与体育的意识，讲究体育锻炼的科学性，不断提高体育欣赏水平，并创造条件为国家输送和培养竞技体育人才，以适应当代社会发展和青年对精神、文化生活日益增长的需要。

3. 竞技体育

竞技体育亦称竞技运动（Competitive Sport），它是在全面发展身体素质的基础上，最大限度地发挥和提高人体在体格、身体能力、心理和运动能力等方面的潜力，以取得优异运动成绩为目标而进行严格的、科学文明的训练和竞赛。竞技体育的任务是提高运动技术水平，争取优异运动成绩，同时，促进和指导群众性体育运动的开展，为国家的现代化建设服务。

竞技体育在现代奥林匹克运动会的推动下，现已有50多种用于国际比赛的运动项目，并设有相应的国际体育组织和单项运动协会。

竞赛是体育的一个显著特点。随着社会经济不断繁荣，人们生活水平不断提高，具有竞技体育特点的群众性竞赛活动亦日趋频繁，尽管参加这些竞赛活动的对象和层次水平不同。其中一些有规则约束的竞赛，逐渐向以取胜为目的的方向转移，从而不断扩大了竞技体育的领域。由于竞技体育的表演技艺高超，竞争性强，且极易吸引广大观众，故它作为一种极富感染力，又易传播的精神力量，在活跃社会文化生活，振奋民族精神，提高国际威望，促进各国人民之间的友谊和团结等方面都有着特殊的作用。

第二节 高等学校体育的地位、目的和任务

高校体育是培养身心健康发展的高级专门人才的需要，是发展我国体育事业的需要，是高校丰富课余文化生活、建设社会主义精神文明的需要。因此，高校体育是我国高等教育的主要组成部分，也是我国社会主义建设中的一项事业。

一、高等学校体育的地位

（1）高等学校体育是全面发展教育的重要组成部分。

德、智、体全面发展教育是马克思主义教育理论的重要内容。我们提倡的全面发展的人，就是德智体几方面都得到发展的人。我们所要培养的合格人才，应具备以下几方面的素质：①具有健全的体魄和全面发展的体能；②有较高文化修养以及合理的知识结构和创造性的思维能力；③有勇于开拓、积极进取精神和强烈的竞争意识；④具有高尚的道德情操、顽强的意志品质和灵活的应变能力。

我们党和政府历来重视学校体育工作。毛泽东同志一贯主张学校教育要使学生德、智、体全面发展，重视并强调体育在教育中的地位和作用。

《体育法》第17条明文规定："教育行政部门和学校应当将体育作为学校教育的组成部分，培养德、智、体等方面全面发展的人才，体育作为学校教育的组成部分，已纳入法规范畴，得到法律的保障。"为什么体育在学校教育中具有如此重要的地位和作用呢？《中国教育和发展纲要》中指出："当今世界政治风云变幻，国际竞争日趋激烈，科学技术发展迅速。世界范围的经济竞争、综合国力竞争，实质上是科学技术的竞争和民族素质的竞争。从这个意义上说，谁掌握了面向21世纪的教育，谁就能在21世纪的国际竞争中处于战略主动地位。"科学技术的竞争和民族素质的竞争归根到底是人才的竞争。所谓人才素质，即劳动者的素质，它主要包括身体素质、思想道德素质和科学文化素质。中共中央在《关于教育体制改革的决定》中指出："高等学校担负着培养高级专门人才和发展科学技术的重大任务。"无论是培养高级专门人才，还是发展科学技术都必须使学生德、智、体等方面全面发展，而不是片面发展，这是由21世纪国际竞争对人才的要求所决定的。

（2）学校体育是国民体育的基础，是发展我国体育事业的需要。

学校是国民体育的基础，搞好学校体育不仅是学校教育的需要，也是我国体育事业发展的需要。我国《宪法》规定："国家举办多种学校，普及初等义务教育，发展中等教育、职业教育和高等教育。"每个人都可能经历小学、中学教育的阶段。因此，在校期间，青少年学生体质增强了，才能从根本上改变我国人民的体质状况，提高我国的人口素质。

学校体育是培养我国体育后备人才、提高竞技体育水平的重要源泉。尤其是当代竞技体育的发展，要求进行科学训练与比赛，运动员必须具有良好的体力与智力，才能不断提高运动技术水平。大学生在体能与智能上都有较大的适应性和优势，必将为我国竞技体育的发展作出贡献。大学生形成良好的体育习惯、掌握体育的知识与技能、提高运动能力，不仅是自身完善和推广高校群众性体育活动的需要，也是毕业后走向社会、坚持终身体育、成为社会体育骨干、推动我国体育事业发展的需要。

（3）高等学校体育是丰富大学生课余文化生活，建设校园社会主义文明的需要。

大学生紧张的学习生活需要健康、文明、和谐的课余文化生活来调节，以适应大学生身心健康发展的要求。体育活动能使大学校园充满活力与生机，并以其丰富多彩、形式多样的内容，吸引广大学生参与和观赏。大学校园是高素质的文化领域、高层次的文化园地，但随着我国改革开放政策的进一步深化、中外文化交流的日益增多，难免也会有一些假、丑、恶的文化现象鱼龙混杂于校园内外。体育不仅可以丰富大学生的课余文化生活，而且可以促进校园社会主义精神文明建设。

体育作为社会主义精神文明建设的一部分，既是文化建设的内容，又是思想建设的重要手段。通过大学生对体育的参与与观赏，可以发展大学生体能，促进智能发展；可以培养大学生勇敢、顽强、坚毅等思想品质，以及团结战斗的集体主义精神和进取精神；可以培养大学生爱国主义思想以及树立正确的审美观。因此，开展大学校园的体育活动，是占领课余思想阵地、引导大学生健康文明生活、抵制精神污染、防止和纠正不良行为的重要手段。

二、我国高等学校体育的目的与任务

根据我国社会主义现代化建设事业对当代大学生身心发展的要求，大学生生理、心理的特征，体育的功能以及我国的国情，我国制定的普通高校体育的目的是：培养学生体育意识，提高体育能力，养成自觉锻炼身体的习惯，增强体质，培养良好的道德品质意志，使之成为体魄强健的社会主义现代化事业的建设者和接班人。

为了达到高校体育的目的，应努力完成下列基本任务：①增强体质，增进健康；②学习和掌握体育和卫生保健的基本知识、基本技术和基本技能，养成自觉锻炼身体的习惯；③培养良好的思想品德和道德风尚；④发展体育才能，提高运动技术水平，促进体育的进一步普及。

第三节　高等学校体育工作的开展

《学校体育工作条例》规定："学校体育工作是指体育课教学、课外体育活动、课余体育训练和体育竞赛。"这是学校体育工作的组织形式，它构成了学校体育工作整体，为实现学校体育目的而服务。我国高校体育，应根据这一规定，结合高校实际，充分利用各种组织形式，开展高校体育工作。

一、体育课

《体育法》第18条规定："学校必须开设体育课，并将体育课列为考核学生学业成绩的科目。"《学校体育工作条例》在肯定我国学校体育发展的基础上，明确规定："普通高等学校的一二年级必须开设体育课。普通高等学校对三年级以上的学生开设体育选修课。"并规定："体育课是学生毕业、升学考试科目。"国家教委关于《普通高等学校学生管理规定》第11条规定："公共体育课为必修课，不及格者应重修。"第13条规定："无故旷

课累计超过某门课程教学学时数三分之一者，不得参加本课程考核。"第36条规定："公共体育课不及格者，不准毕业，作结业处理，发给结业证书。"这些规定充分表明了体育课程在高校体育工作中的地位及其重要意义，也为高校体育课程的建设指明了方向。

体育课是师生教与学的双边活动。要保持正常的教学秩序，健全体育课的教学常规。教学中，应贯彻现代教育理论的原则和方法，充分发挥教师的主导作用和学生的积极作用。在体育教学中应加强对大学生的体育基本理论知识教育，让学生掌握体育锻炼的科学知识和卫生保健常识，为提高体育能力和终身体育奠定基础。

体育课按教学的不同任务，可分为普通体育课、选项体育课、选修体育课和保健体育课等多种类型。

二、课外体育活动

课外体育活动是高校体育课程的延续和补充，是实现高校体育目的的主要组织形式。《体育法》第20条规定："学校应当组织多种形式的课外体育活动，开展课外的训练和体育竞赛，并根据条件每年举行一次全校性的体育运动会。"国家教委关于《贯彻全民健身计划纲要》的意见中提出："要抓好体育课、早操、课间操、课外体育活动等学校体育工作的各个环节，保证学生每天能参加一小时的体育锻炼。"开展课外体育活动应当从实际情况出发，因人、因时、因地制宜地开展多种多样的课外体育活动，这对巩固和提高体育课程的教学效果，增强大学生体质、提高文化学习质量、丰富校园文化、增强集体凝聚力、促进精神文明建设等方面都会起到良好的促进作用。课外体育活动主要有以下一些形式：①早操；②课间活动；③班级体育锻炼；④单项体育协会和学生体育俱乐部活动。

三、课余体育训练

课余体育训练是指高校利用课余时间，对部分身体素质较好，并有体育专长的大学生进行系统训练的一种专门教育过程，是实现高校体育目的的重要组织形式。

高校开展课余体育训练，是贯彻普及和提高相结合的重要措施。它一方面可以把有体育才能的大学生组织起来，在实施全面训练、进一步增强体质的基础上，进行专项训练，提高运动技术水平，创造优异成绩，在参加校际和国际交往中，为校为国争光，并可为优秀运动队培养后备人才；另一方面培养体育骨干，指导、普及、推动高校体育活动蓬勃发展，并在训练和比赛过程中，扩大体育传播，丰富课余文化生活，促进校园精神文明建设。因此，《学校体育工作条例》规定："学校应当在体育课教学和课外体育活动的基础上，开展多种形式的课余体育训练，提高学生的运动技术水平。"并强调："普通高等学校经国家教育委员会批准，可以组织培养优秀体育后备人才的训练。"

四、体育竞赛

体育竞赛是高校课外体育的组成部分，是实现高校体育目的的重要组织形式。高校开展体育竞赛，对于检验体育教学和训练效果、交流经验、互相学习、促进运动技术水平的

提高，对于广泛吸引大学生参加体育活动、推动高校群众性体育活动的开展、增强体质、增进才智，对于丰富大学生课余文化生活、开展宣传教育、增强体育意识，以及培养勇敢顽强、奋发向上、团结友爱、遵纪守法等优良的品质和集体主义精神，建设校园文明等方面都有重要作用。

《学校体育工作条例》规定："学校体育竞赛贯彻小型多样、单项分散、基层为主、勤俭节约的原则。每学年至少举行一次以田径项目为主的全校性运动会。"

全校性的运动会或体育节，项目多、人数广、声势大，不仅可以检阅学校体育工作，而且可以宣传体育，用以推动群众性体育活动的开展。

高校体育竞赛有校内竞赛和校外竞赛，应以校内体育竞赛为主。要经常开展校内群众性体育比赛，如组织各种球类、越野跑、"达标"等群众喜闻乐见的体育比赛。在工作上可由校、系、年级、班级等分级组织，或俱乐部等社会团体组织，安排各种体育比赛。

第四节 大学生生理和心理特征与体育

我国高校体育的目的是以身体训练为基本手段，培养学生的体育意识、增强体育能力、养成自觉锻炼身体的习惯，使之成为体魄强健的社会主义现代化事业的建设者和接班人。为了切实有效地达到高校体育的目的，高校的体育课程教学、课外体育活动、课余运动训练和运动竞赛等，都必须遵循大学生的生理、心理特点，按照客观规律采取相应的手段才能奏效。因此，分析和掌握大学生的生理、心理特点，对体育活动的组织者和参与者都具有重要意义。

我国的大学生一般处在17~25岁年龄段，在中小学教育的基础上，他们的生理、心理都有了进一步的发展，并日趋稳定、成熟，但就人体生长发育过程而言，大学生的生理、心理仍处在不断完善的过程中。

一、大学生的主要生理特点与体育

大学生年龄阶段已进入青年期，身体形态、机能、代谢功能等方面的发展已日趋完善和成熟，整个机体具有旺盛的机能、蓬勃的朝气，能承受较大的运动负荷，能较好地适应外部环境的变化。与此同时，生长发育过程并未完全停止，必须在躯体和心灵上承受包括体育活动在内的锻炼，以促进各器官系统的发育和生理功能达到人生最佳的水平。

1. 身体形态

机体进入青春期后2~3年内，人体身高以较快的速度增长，至女子17岁，男子19岁，增长的速度才日趋缓慢，直至完成骨化而停止。

根据1985年中国学生体质与健康研究资料，我国19~25岁汉族城市（乡村）男生身高均值170.4（168.2）厘米，体重均值57.6（57）千克；女生身高均值159.1（157.4）厘米，体重均值为50.3（50.8）千克；其他有关指标，如胸围、头围、肩宽、骨盆宽等生长指标均日趋徐缓。由于入学生年龄阶段已处在青春期后期，进入青年期，身体形态发展已不断完善，但仍保留青春期的一些特点，即发展的不平衡性和不稳定性，因此仍应重

视全面身体锻炼，并随着年龄增长，适当多开展体操、田径、球类、游泳、舞蹈等多种活动，这对发展运动器官，特别是对四肢和上肢肌肉的发展十分有利，使体形匀称，体格健壮。

2. 身体机能

1）神经系统

大学生年龄阶段，第二信号系统已有相当发展，第一和第二信号系统的活动相互关系更为完善，分析与综合能力显著提高。由于神经系统的灵活性高，神经细胞物质代谢机能旺盛，易出现疲劳，但恢复较快。脑细胞内部的结构和机能的复杂化过程迅速发展，致使大脑皮层的发育状况在一定程度上呈现出一种飞跃的状态，这就为发展思维创造了良好的物质基础。根据这一特点，在高校体育活动中，要采用启发式、比较法等方法，充分利用大学生已有的智能和经验，发扬主动精神。这个时期，由于内分泌活动发生变化，性腺活动加强，可使神经系统的稳定性受到影响，动作协调能力暂时下降，女生表现更为明显。

2）心血管系统

大学生年龄阶段，心脏发育日趋完善，心缩力量增强，收缩压增高，使血液供应适应机体负荷增大的需要。根据 1985 年中国学生体质与健康调查统计资料，我国 19～22 岁汉族城市（乡村）男生脉搏均值为 75.6（75.3）次/分，女生均值为 77.3（76.7）次/分；男生血压均值为 116.0/73.0（117.3/74.2）mmHg，女生血压均值为 105.8/69（107.4/70）mmHg。这个时期可以承受一定的运动负荷，但强度不宜过大，尤其对于持续时间长的速度耐力性的项目。随着年龄的增长，按照循序渐进的原则，可以逐渐增加运动强度的要求。

3）呼吸系统

大学生年龄阶段，肺脏的横径和纵径都继续增加，肺泡体积也随之增加，男生尤为显著。由于呼吸肌增强、频率减慢、深度加大、肺活量增大，呼吸系统发育日益完善。我国男大学生的肺活量一般为 3 800～4 400 毫升，女大学生一般为 2 700～3 100 毫升。在这个时期，可进行耐力性练习和适当进行承担氧债能力的锻炼，以增强肺功能。

3. 身体素质

对于大学生的身体素质，根据我国 1985 年全国体质调查对测试结果的快速增长期的分析，男生各项指标的增长高峰，除速度（50 米跑）在 7～8 岁出现外，其他素质均在 12～16 岁期间出现；女生大部分素质高峰期都出现在 7～9 岁，而柔韧和耐力素质到 18～19 岁又出现高峰。一般来说，到 19 岁以后，无论是男生或女生的各项身体素质都进入了下降期。因此，在大学年龄阶段，仍应加强身体素质的全面锻炼，以促进身体全面发展。

4. 性成熟

性成熟是青春期最重要的变化之一，它包括生殖器官的形态发育、功能发育和第二性征发育等。

男性的性成熟，主要表现在性器官——睾丸功能的发育与成熟。睾丸的功能是产生精子和分泌雄性激素。睾丸发育时间最早在 10 岁前后，12～16 岁期间迅速增大，17 岁前后达到正常水平。性功能发育，主要表现为遗精，一般在 12～19 岁间。第二性征发育的表

现是开始长胡须，体毛多，喉结增大突出，音调变低、变粗，皮下脂肪减少，肌肉强健有力。

女性的性成熟，主要表现在性器官——卵巢功能的发育和成熟。卵巢的功能是产生卵子和分泌雌性激素。8~10岁卵巢发育加快，10~18岁期间，子宫等器官迅速发育。随着生殖器官的逐渐成熟，出现了月经。第二性的发育，表现在随着乳腺的发育和脂肪的沉积，乳房逐渐隆起，乳头突出，声调变高，骨盆增宽，皮下脂肪增厚。

男女进入青春期后，虽然有了生殖能力，但身体尚未完全发育成熟，骨骼及心、脑等重要器官一般要到25岁左右才能发育完善。大学生年龄阶段正处于性成熟时期，根据以上特点，参加多种体育活动，有助于促进身心健康发展。

二、大学生的主要心理特点与体育

大学阶段也是心理过程逐渐成熟的时期，但仍处于心理未成熟、不稳定和不平衡的阶段。大学生的自我意识的骤然增强是核心问题。围绕这一核心问题，大学生的认知、情感、意志、个性等主要心理过程和心理特征处在一个动态的调节过程之中，并且由过去的被动性调节转为主动自我调节。因而其心理变化是一生中最复杂、波动最大的时期，其特点明显地从以下四个方面呈现出来。

1. 自我意识方面

进入大学之后，由于环境的变化和达到近期目标引起心理感受的变化，他们发现原先所认识的自我是由家长、老师所塑造出来的，而不是"真正的自我"，因而强烈地要求重新塑造并确立"真正的自我"。在自我评价能力和自我控制能力方面较中学时代有所提高，但发展的水平参差不齐，有的自负自尊却往往不懂得尊重别人，有的能够控制自己，有的却易受情绪波动的左右。为了努力塑造一个真实的、理想的自我，他们开始认识到自我教育的重要性，并努力朝着既定的方向、目标不断进取。

2. 情感方面

大学生风华正茂，他们的感情有如疾风怒涛，表现出强烈、跌宕、不协调的特色，因而是体验人生感情最激烈的年代。大学生的情感不再像中、小学生那样天真、纯朴、直露，而是比较内向、曲隐、含蓄。表现出心理上的"闭锁性"和"高饰性"。另外，敏感、自尊、好表现自己也是突出的情感特征。他们的集体主义情感、爱国主义情感、义务感、道德感、两性感、美感和荣誉感等都向深度和广度发展。

3. 意志方面

意志方面，大学生的独立意向和自觉性明显增强，对自己行动的目的性和社会意义有较清晰的认识。但果断性、自制力和坚毅性存在较大的个体差异，意志品质的发展仍表现出不稳定性。科学的体育教学和锻炼有助于健康的情感发展和坚强意志品质的养成。

4. 性格方面

随着入学时期大学生认知水平的提高、社交的扩展和深化，大学生的个性倾向日趋形成，自我评价、自我教育、自我控制能力不断发展。在意志、理智、情绪等特征方面，大

学生也表现出逐渐稳定并自觉地培养良好的性格。

体育课及体育锻炼不仅是大学生增进健康、增强体质的需要，而且也是大学生发展健全心理、实现自我完善的需要。针对大学生年龄阶段心理不成熟、不稳定和不平衡的主要特征，以及在大学生培养自我意识、情感、意志、性格等方面的需要，开展高校体育活动，组织大学生参与或观赏各种形式的体育活动，通过在体育活动中的人际交往，在体育课教学、体育训练和比赛中的自我效果评价，在体育锻炼实践中的磨炼，以及通过各种体育传播媒介，大学生不仅可以增强体质、增进健康，而且可以锻炼意志、陶冶情操、发展情感、完善自我，并在体育活动中拓宽视野，增长才智，正确处理个人与集体的关系，区分真善美和假丑恶，提高思想境界，树立正确的价值观。因此，应有针对性地采取丰富多样的体育内容、方法和组织形式，吸引大学生积极参与和观赏体育活动。

大学阶段心理过程虽然正日趋完善，但由于存在心理不成熟、不稳定和不平衡的特点，一些大学生情绪波动仍较大，一些大学生经受不起心理挫折；又由于大学生情绪不像中小学生那样天真、直露，而是比较内向、含蓄，因此，有时情绪的波动和心理挫折易导致不良情绪而影响健康。情绪可分为两大类，一类为不良情绪或不愉快情绪，如愤怒、焦躁、忧郁、沮丧、害怕、悲伤、愤懑等，这类情绪对内脏器官生理功能会带来不良影响；另一类为积极良好的情绪或愉快乐观的情绪，如希望、快乐、勇敢、恬静、好感、愉悦等，也就是心胸豁达、乐观向上的健康情绪，这类情绪有益健康。因此，形成健全的心理素质，保持乐观豁达、积极向上的情绪，经受得起各种心理挫折，对大学生健康十分重要。体育锻炼和丰富多彩的业余生活安排，有助良好情绪的养成。

第二章 体质健康达标

第一节 体质与健康的概念

一、健康概述

　　健康与人类社会的发展息息相关，健康既是人类生存的保证，同时也是人类社会持续发展的一个重要前提。目前，健康是人类全面发展的一个不可缺少的目标，也是衡量人类生活质量的一个极其重要的指标。

　　什么是健康？它包括的内容，不同的时代会给出不同的答案。一直以来，人们普遍以为健康就是不生病，把健康理解为"无病、无残、无伤"，没有想到从社会方面去寻找结果。而大多数辞典也认为所谓健康，即没有缺陷或疾病，很大程度上是把健康设定于主观范畴上，现在看来这种理解显然是片面的。

　　人类对健康概念内涵和外延的理解与认识是一个逐步发展的过程，并在与疾病的长期斗争中逐步认识到健康问题不是简单的医学问题，从而开始对健康的概念有了新的理解。早在19世纪德国医学家就指出："医学是一门社会科学，是一门小范围的政治学。"但这一观点当时还不被大多数人接受，到20世纪30年代有人提出"心身医学"的观点，标志着人们对健康问题的认识更进了一步，超出了纯医学的范畴，明确地从心理角度向社会方面延伸。

二、健康的内容

　　健康不是单一的生理指标，而是多因素相互作用形成的综合性指标，同时健康也不是一个静态的存在，而是一个动态的系统概念。从人类和社会目前对健康的理解与认识来看，健康应包括以下几个方面的内容。

1. 生理健康

　　生理健康是反映躯体结构和功能正常，人体各部分组织、器官发育良好，保证正常功能，各组织器官协调运动，使机体处于健康状态，精力充沛，具有良好的劳动效能和对疾病的抵抗能力，具有生活自理能力。

　　人体是复杂的统一的有机体，细胞是构成人体的基本单位，是人体各种功能的物质基础，它不断地进行新陈代谢，表现出细胞的生命现象——生长、发育、繁殖、衰老和死亡。由细胞和细胞间质构成人体四大组织，即上皮组织、结缔组织、肌肉组织和神经组织。由几种不同的组织构成了有特定形态和功能的器官，由若干器官构成了人体的系统，人体的八大系统协调配合才能实现人体的正常生理功能。

　　人体的质量概念概括起来有五个内容：

（1）身体形态发育水平——体格、体型、姿势、营养状况、身体组成成分。

（2）生理功能水平——机体代谢水平及各器官系统的效能。

（3）身体素质和运动能力发展水平——速度、力量、耐力、柔韧、灵敏和走、跑、跳、投等身体活动能力。

（4）心理发展水平——智力、情感、行为、个性、性格意志等。

（5）适应能力——对各种环境的适应能力和对疾病的抵抗能力。

2. 心理健康

1）心理健康的含义

世界卫生组织把健康定义为"健康不仅是没有疾病，而且是一种躯体、心理和社会适应方面的完美状态"。身体健康易于理解，而心理健康的标准却复杂得多，尚未形成简明的文字概念。目前达成共识的是世界精神卫生组织关于心理健康的四项内容，具体如下。

（1）身体、智力、情绪十分调和。

（2）适应环境，人际关系中彼此谦和。

（3）对生活有幸福感。

（4）对待工作和职业，能充分发挥自己的能力，过着有效率的生活。

国内学者对健康标准的定义如下。

（1）自我认识与评价：一个健康正常的人对自己的看法和评价是现实、客观、明确和完整的，他能把承认自己的优缺点和局限性作为提高和完善的起点。

（2）自立自强：一个人随着年龄的增长，依赖性日益减少，逐步学会独立自主地思考、评价和行动。

（3）自我发展：是健康发展的本质。一个人能否成功地发展潜能，取决于促进这种发展的有利条件和阻碍这种发展的不利条件。

（4）协调个人目标和生活的意义：指人格的统一和连贯一致，指自我和谐、没有冲突。

（5）人格的社会协调性：指建立健康积极的人际关系的能力。

（6）用智慧和爱心去解决生活问题的能力。

（7）与他人、大自然的协调能力：决定着对生活采取积极的态度，保持热爱生活的态度。

2）心理健康和基本要求

（1）个人心理特点符合相应的心理发展的年龄特征。人的心理和行为随着年龄的增长而不断发展变化。不同年龄的人的心理活动和行为方式具有不同的特征。每个人的认识、情感、言行举止与他的年龄特征基本符合，这是个人心理健康的表现。

（2）人际关系和谐。处在一定社会关系中的人，离不开人与人的交往。心理健康的人不愿孤独，乐于与人交往，积极交往态度多于消极交往态度，善于取长补短，乐于助人，宽以待人，既有稳定的、和谐的人际关系，又有众多的知心朋友。

（3）乐观进取，意志坚强。一个心理健康的人顺境时对生活充满热情，逆境时不丧失希望，面对困难与挫折会选择适应环境或改变环境来摆脱困境、克服困难，能在日常生活或工作中控制自己的言行和情绪，体现出顽强的意志品质，而不采取自暴自弃、消极悲观

的态度。

（4）健全的人格。人格在心理学上是指个体比较稳定的心理特征的总和。心理健康的人一般都具备正确的人生观和理想信念，并将自己的理想信念、目标和言行统一起来，其具体表现为胸怀坦荡、言行一致、表里如一。

（5）正确的自我意识。正确的自我意识是心理健康的重要条件，只有正确地认识自己、评价自己，才能更好地发展自己，避免以自我为中心。心理健康的人都能以客观的态度去认识、评价自己和周围，并从客观环境中吸取有价值的信息和知识来充实完善自己，并恰当地调节控制自己的言行。

（6）个人与社会的协调一致。心理健康的人能和社会保持良好的接触，对社会有清晰的认识，能跟上时代的步伐，与社会发展协调一致。一旦发现思想、目标、行为与社会不一致，能迅速调整自己，而不是简单地逃避现实。

3. 道德健康

道德健康是指能够按照社会规范的准则和个人做人的原则、要求来支配自己的言语行为，能为社会的稳定和人们的幸福做出努力。

4. 亚健康状态

人们对健康的认识不断深入，在健康与疾病、疾病与死亡之间根据程度的不同划分为若干阶段。如有人分为健康、健康中间状态、不健康、半健康状态、病态、疾病、死亡7个阶段，也有人提出分为最健康、健康、良好状况、小病、大病、危重病、死亡。进而还有形态健康、机能健康和遗传健康的观点。但在健康和疾病之间的"似病非病"的状态被称为"亚健康状态"则被大多数人所认可。

什么是亚健康状态？它是指机体无明确疾病，但活力下降，适应能力出现不同程度减退的一种生理状态，常伴有乏力、头昏、头痛、耳鸣、气短、烦躁等症状。生活中的大部分人处于这样一种状态。

第二节　体育锻炼与身心健康

一、心理健康对体育锻炼的影响

很多体育专家认为，在激烈竞争的体育大赛中，要取得优异成绩，身体、战术等方面的因素占70%，而心理因素占30%。大学生体育锻炼的效果同样取决于他们的心理健康水平。心理健康水平高的学生掌握体育技能快，更易从体育锻炼中得到乐趣，从而持之以恒地参加体育锻炼。

1. 智力对体育锻炼的影响

人的智力与身体活动有复杂的关系。无论是竞技运动还是体育锻炼，均要求有敏锐的观察能力、精确的判断和记忆能力、丰富的想象能力以及快速的思维能力。这表明个体的智力水平对体育锻炼起着重要的作用。

2. 情绪对体育锻炼的影响

情绪对体育锻炼的影响很大。良好的情绪可以明显提高人的活动能力，使人精神焕发、斗志旺盛，以积极的态度迎接各种挑战，并努力坚持到底。不良的情绪会使人精神萎靡、心烦意乱，在困难面前畏缩不前。

在体育锻炼的过程中，如果不能很好地控制情绪，就很难掌握好技术动作，造成动作失调，也就不能达到理想的锻炼效果。相反，如果情绪稳定、精力集中，以饱满的热情投入锻炼，就会促进动作技能的掌握，使锻炼达到事半功倍的效果。

3. 意志对体育锻炼的影响

体育锻炼能磨炼人的意志，顽强的意志有助于掌握动作技能，提高体育成绩。其主要表现在肌肉紧张时的意志努力，集中注意力时的意志努力，面临危险、克服恐惧心理时的意志努力，克服疲劳和运动损伤时的意志努力等方面。

二、体育锻炼对心理健康的良好影响

21世纪，人们更加注重生活品位、生活质量的提高。体育锻炼可以提高人的满足感、成就感，并在以下几个方面对人的心理健康产生良好的作用。

1. 调节精神状态、缓解紧张情绪

人在体育活动的过程中，机体要接受很多新的感觉信息，从而促进大脑皮层兴奋性的提高，使人克服萎靡状态，精神焕发。当前，有氧运动风靡全球，人们漫步在林间小路上，空气中负离子和充足的氧气，能大大改善机体的功能状况，更使人心旷神怡。当代大学生在日常的学习和生活中，难免会遇到挫折和困难，在各种考试和就业等问题上，也可能会产生焦虑、紧张情绪。参加体育锻炼能有效地缓解紧张情绪、降低焦虑水平、调节精神状态。

2. 培养高度的自信心、责任感和强烈的求知欲，形成顽强的意志品质

没有对自身能力的高度自信，就无法动员和控制自己的内在身心潜力。每当练习一个新动作或进行一场比赛时，都是迎接一次新的挑战，参与者必须具有强烈的求知欲和责任感。

意志品质包括自觉性、果断性、坚韧性和自制力。在体育锻炼中要不断面对客观困难（如动作的难度、气候条件的变化等）和主观困难（如紧张和恐惧心理、疲劳等），参与者在努力克服各种困难、挑战极限、超越自我的过程中，培养了顽强的意志品质。

3. 形成良好的自我概念，建立良好的人际关系

自我概念是指一个人对自己的身体、思想和情感等的整体评价。坚持体育锻炼，可以改善人的身体的自我概念。身体的自我概念包括一个人对自己体育能力的评价、对于自己的身体外貌（吸引力）的评价、对自己身体的抵抗力和健康状况的评价。研究表明，经常参加体育锻炼的学生比不经常参加体育锻炼的学生对自己的评价更为积极。建立一个良好的身体概念，将有助于提高身体的自我价值和自尊心。

随着社会的发展以及生活节奏的加快，人与人之间的联系越来越少。体育锻炼是一种增加人与人之间接触的好方式。研究表明，性格内向者更需要从事体育锻炼，在这个过程中，可以学会和别人友好相处、相互合作，体验良好的集体气氛，享受体育锻炼带来的乐

趣。所以体育锻炼对于消除人的孤独感和人际关系障碍具有显著的作用。

4. 提高智力，消除疲劳

体育锻炼能使人的反应速度、注意力、思维和想象能力等得到提高。由于体育运动要求人的双手及上下肢相互配合、协调用力，促进了大脑各个部分的均衡发展，从而提高了智力水平。

疲劳是一种综合性症状，当一个人的情绪消极，或任务超出个人的能力时，生理上和心理上都会很快地产生疲劳。如果体育锻炼时保持良好的心理状态和中等强度的运动量，就能减轻疲劳。人们持续紧张的学习和工作极易造成身心疲劳和神经衰弱，体育锻炼可以使他们的身心得到放松。

5. 治疗心理疾病

很多心理医生认为，体育锻炼可以作为治疗抑郁症及消除焦虑症的有效手段之一。现代社会中，由于学习、工作和其他方面的压力或挫折而患焦虑症和抑郁症的人不少，通过体育锻炼能有效地缓解或消除这些心理疾病。

第三节　体育锻炼的卫生、营养

一、运动卫生

1. 一般成年人的运动卫生

（1）体格检查。
（2）进行剧烈的体育活动前要做好充分的准备活动，使身体进入"工作状态"。
（3）剧烈运动后要做整理放松活动，使运动器官得到最好、最快的放松。
（4）体育锻炼时必须穿符合运动项目的服装和运动鞋，既方便锻炼又保护身体。
（5）冬季锻炼应注意保暖，防凉，注意呼吸，尽量减少冷空气对呼吸道的影响。
（6）剧烈运动后不要马上进行冷水浴或游泳。
（7）饭后一小时再去运动，运动中或运动后不宜马上大量饮水或吃冷食。
（8）在新鲜的空气环境中进行锻炼并要注意皮肤的卫生，早晨不宜做剧烈的运动。

2. 女子运动卫生

（1）女性可多做些平衡性、柔韧性、节律性、动力性的动作，静力性练习要适当降低要求，运动量不宜过大。
（2）女子进行力量练习时负荷不宜过重，时间不宜过长。
（3）对腹腔、盆腔震动较大的动作不宜练习。
（4）月经期间不宜做过于激烈、持续时间较长、对抗性强的运动，不宜参加竞赛。

3. 自我医务监督

自我医务监督是指体育运动参加者采用最简单，最直接的方法，对自己的健康状况和身体反应进行观察，以便更好、更科学地安排体育锻炼，防止意外的发生，提高锻炼效果。

自我监督的内容包括主观感觉和客观检查。主观感觉包括运动欲望、自我感觉、睡眠、食欲、排汗量等。客观检查包括对脉搏、体重、大小便的检查。经常参加体育锻炼的成年人晨脉一般为 44~60 次/min。

二、生活环境卫生

从事体育锻炼，除要遵循人体生理规律和符合运动卫生要求外，还必须遵守合理的生活作息制度，注意合理的饮食卫生和体育锻炼的环境卫生。

合理的饮食卫生包括以下几个方面。

（1）要有足够的进食量，以保证每天营养的需要。

（2）要重视蛋白质的补充，因蛋白质中含有 20 多种氨基酸，其中 8 种是人体所必需的。

（3）要建立合理的饮食制度，营养要全面，不可偏食。

（4）戒除不良嗜好，不可暴饮暴食。

三、运动中的生理反应和疾病防治

由于运动，使人体生理活动过程的有序性受到暂时性破坏，因而常常出现某种生理反应。如不注意或不及时处理好，就会对身体不利。

1. 肌肉酸痛

（1）原因：运动时肌肉活动量大，引起局部肌纤维及结缔组织的细微损伤，以及部分肌纤维的痉挛。

（2）症状：局部肌肉痛、发胀、发硬。

（3）处理：热敷，按摩，进行静力牵张练习，口服维生素 C。

（4）预防：科学安排运动量负荷，避免肌肉负担过重。准备活动中注意对即将练习时负荷重的局部肌肉进行活动。除进行一般性放松练习外，还应重视肌肉的伸展性练习。

2. 肌肉痉挛

（1）原因：准备活动不充分，肌肉收缩失调或损伤，肌肉受到寒冷刺激，长时间剧烈运动大量出汗，疲劳过度，体内缺少电解质。

（2）症状：肌肉突然变得坚硬、疼痛难忍，一时不易缓解。

（3）处理：牵拉屈曲的指（趾）或肌肉使其伸展，局部按摩热敷，离开寒冷环境，喝盐开水。

（4）预防：运动前做好充分的准备活动，冬季注意保暖，夏天喝些盐开水，疲劳时不宜剧烈运动。

3. 极点和第二次呼吸

（1）极点：人体在剧烈运动时，由于内脏器官的活动能力落后于运动器官的需要，从而产生一种机能障碍，氧债不断增加，酸性物质积累在血液中，引起呼吸和循环系统活动失调，出现如呼吸困难、胸闷难忍、下肢沉重、动作迟缓，并伴有恶心等现象，这种运动

生理反应称为"极点"。

（2）第二次呼吸：极点出现后再继续坚持运动，随着机能的调节及内脏器官机能的改善，氧气供应增加，极点逐渐消失，生理过程出现新平衡，运动能力又得以恢复或提高，这种现象称为"第二次呼吸"。

4. 过度疲劳

（1）原因：生活无规律，病后身体未恢复，疲劳未消除，训练不当，短期内参加竞赛过多，休息、睡眠不足。

（2）处理：早期发现可调整计划，减轻身体负担，注意休息。有症状阶段要暂停训练，并进行必要的治疗，如药物、按摩、医疗体育等。

（3）预防：合理安排学习或体育锻炼，注意休息和饮食，加强自我监督。

5. 运动中腹痛

（1）原因：准备活动不充分，开始运动过于剧烈，内脏器官功能尚未达到适应状态，致使脏腑功能失调，引起腹痛，或是肠胃痉挛，肝脾淤血，腹腔脏器有慢性病。

（2）处理：弯腰跑、减速、深呼吸或暂停运动，对胀痛的腹部揉按，也可按或针刺内关、足三等穴位。口服十滴水可解除胃肠痉挛。

（3）预防：合理安排训练或体育锻炼时间，注意运动节奏，充分做好准备活动。

6. 低血糖症

正常人的血糖为 80～120 mg/100 ml，若低于正常值 50%～60%，会出现一系列症状，称低血糖症。

（1）原因：运动或比赛前处于饥饿状态，过分紧张，长时间运动，血糖消耗太大，有不同程度的代谢紊乱疾患。

（2）表现：轻者感觉饥饿、疲乏、头晕、心悸、面色苍白、出冷汗，重者出现低血糖性休克。

（3）处理：轻者喝浓糖水，平卧保暖休息，重者掐或针刺人中、百会、涌泉、合谷等穴位，并迅速作静脉注射高渗葡萄糖。

（4）预防：不要在饥饿状态下参加剧烈运动。有较轻症状时，应停止运动，饮些糖水，有糖代谢疾患者应及早治疗。

7. 运动性贫血

（1）原因：因运动引起血红蛋白减少，即称运动性贫血（血液中血红蛋白含量的正常值男性为 12 g/100 ml，女性为 10.5 g/100 ml）。

运动时肌肉对蛋白质和铁的需求量增加，饮食中摄取的蛋白质不足可引起运动性贫血。此外，红细胞的新生与衰亡之间的平衡被破坏，也可导致运动性贫血。

（2）表现：头晕、恶心、呕吐、气喘、体力下降、运动后心悸、心率加快、面色苍白。

（3）预防：合理安排运动量和运动强度，比较饥饿的情况下不要长时间保持大运动量，运动后补充含蛋白质和铁丰富的物质。

8. 运动晕厥

在运动中或运动后一次性失去知觉称为运动性晕厥。

（1）原因：由于剧烈运动或长时间运动使大量血液聚在下肢，回心血量减少，脑供血量不足，致使心输出量减少。另外，不吃早饭、空腹运动、血糖含量低，造成能量供应不足而引起头晕，由于重力引起的乏力性休克。

（2）表现：先是全身乏力、头晕、耳鸣、眼前发黑、面色苍白，接着失去知觉，突然倒地，出现手足发凉、脉慢而弱、血压下降、呼吸缓慢、瞳孔缩小等症状。

（3）处理：有先驱症状时，应下蹲或休息片刻，正晕厥者应使其平卧，头低足高，解松衣领，注意保暖，不醒者可掐或针刺人中、百会、涌泉等穴位。

（4）预防：坚持锻炼，增强体质，久站时要经常交替活动下肢，急跑后不要骤停不动，久病体弱者暂不参加剧烈运动。

四、运动创伤的处理

运动创伤的处理分两个阶段：一是伤后的现场处理，二是离开现场以后的彻底处理。常见的运动创伤有软组织损伤、出血、骨折、脱臼、脑震荡等。

1. 软组织损伤

由发病过程可分为急性损伤和慢性损伤两类，由其表面可分为开放性损伤和闭合性损伤两类。属开放性损伤的有擦伤、切刺伤、碰撞打击引起的皮肤破裂伤、骨断端穿破皮肤的开放性骨折等。属闭合性的如扭伤、拉伤、挫伤、挤压伤等。

（1）表现：疼痛，肿胀，活动功能受到影响。

（2）处理：若是开放性伤，一般有外出血，应止血并对伤口进行包扎；若是闭合性伤，主要是控制肿胀和疼痛，可先用手直接按压伤处，然后用绷带或布条等替代物进行加压包扎。

2. 出血

出血可分为外出血和内出血两类。外出血又可分为动脉出血、静脉出血和毛细血管出血三种。动脉出血呈喷射状，颜色鲜红；静脉出血呈漫涌状，颜色暗红；毛细血管出血为缓慢渗出。

止血方法有以下两种。

1）压迫止血法

该方法是运动创伤中最常用的止血方法。常用的压点有：颞动脉、颌外动脉、颈总动脉、锁骨下动脉、肱动脉、股动脉等。

2）止血带法

动脉出血及较大静脉出血时用止血带。使用止血带时必须注意以下几个方面。

（1）带下局部要加衬垫物，以防损伤皮肤。

（2）上止血带时，先用指压法压住动脉。

（3）应立即填写止血带使用时间，并标志于显眼处，然后再运走伤者。

3. 骨折和脱臼

（1）骨折常见症状与体征：疼痛、畸形、活动失常、肿胀、压痛、骨擦音。

（2）脱臼的症状与体征：关节畸形、活动失常、患肢缩短、局部肿胀或积血、压痛。

（3）诊断：若骨虽已折但无明显移位、周围组织无严重损伤属于闭合性单纯性骨折，如果骨断端穿破皮肤外露则属于开放性骨折，骨断端刺伤神经、血管、内脏就是复杂性骨折。脱臼有单纯性脱臼和复杂性脱臼。

（4）现场救护：止血止痛以抗休克；制动以防发生其他损伤；对开放性伤口进行冲洗、包扎、防感染，并注射破伤风血清。

（5）制动方法：夹板固定、身体固定、其他物体固定。

4. 脑震荡

（1）表现：一时性意识丧失或休克，醒后有头晕、头痛现象，重者还会呕吐。

（2）治疗方法：早期安静休息、理疗、药物治疗。

（3）救护：现场救护及转运过程应避免头部的震动。

第四节　体育锻炼与营养

一、营养与健康

1. 营养的含义

生命的存在、机体的生长发育、各种生命活动及体育活动的进行，都依赖于体内的物质代谢过程，从而机体必须不断地从外界摄取新的构成细胞的物质、能源和其他活性物质，而且主要是从食物中摄取。这一获得与利用食物的过程，称为营养。营养是保证机体生命存在和延续的重要条件。

2. 营养膳食的合理性

营养膳食的合理性原则就是要求膳食中必须含有机体所需的一切营养元素，而且含量适当，种类互补，全面满足身体的一般需求和特殊需求，此外，营养的合理性还要求食物是易消化吸收的，不含对机体有害的成分。膳食的合理性应注意以下两个问题。

1）要做到食物营养成分的互补

所吃的任何一种食物，营养成分都不十分全面。在富含一种或数种营养成分的同时，可能缺少某一种成分。如：粮食主要提供糖类，肉禽蛋主要提供蛋白质和脂肪，蔬菜和水果是维生素、无机盐的主要来源。只有各种食物合理搭配，才能实现营养的互补，满足机体的需要。

2）要进行不同年龄阶段营养成分的选择

人类各个时期对营养的需求，无论从种类上还是数量上都有明显的不同。儿童和青少年时期处于生长发育的高峰期，对各类营养物质的摄取，在种类和数量上都要有充分的保障，做到高蛋白、高热量、高维生素、适量脂肪的全面均衡；而中老年人的营养也各有其特点。

二、营养素与健康

营养素是指能在体内被消化吸收,供给热能,构成机体组成部分,调节生理机能,为机体进行正常物质代谢所需的物质。包括蛋白质、脂肪、糖类、维生素、矿物质和水六大类。营养素与健康有着密切的联系。

1. 蛋白质

它是生命活动的第一重要物质,其主要生理功能是:构成机体组织、促进生长发育,构成酶和激素的成分、调节酸碱平衡,增强机体免疫力,供热等。机体一旦缺乏蛋白质,首先影响生长发育,肌肉萎缩甚至贫血,并出现抗病能力下降、内分泌紊乱、易疲劳、伤口不愈合等现象。

日常膳食中的肉、蛋、奶是动物蛋白的来源,而豆类是植物蛋白的主要来源。而米面谷物含蛋白量较低,只有10%左右。一般认为动物性和植物性蛋白在食物中应各占50%。我国成人蛋白质摄入量为每日每kg体重1.0~1.9 g,青少年可达3.0 g,参加体育锻炼的人,应适当增加。

2. 脂肪

构成细胞膜和一些重要组织,参加代谢、供热、保护内脏、保持体温、促进脂溶性维生素吸收等。

动物性脂肪来源于肉、蛋、奶等,植物性脂肪来源于植物油和各种植物性食物。就我国目前生活水平来看,普通膳食一般即可满足每天脂肪的需求量。食物中的粮类,在体内也很容易转变成脂肪供机体利用或储存起来。

3. 糖类

首要作用是供热。人体所需能量的60%是由糖类供应的。其次还构成组织并参与物质代谢,对中枢神经系统有特殊的营养作用,另外还有解毒作用,起到保护肝脏的功能。

机体缺糖使血糖下降,首先影响中枢神经系统大脑的机能,使兴奋性下降,反应迟钝,四肢无力,动作协调性下降,甚至晕厥,使运动不能继续。

糖的来源较广泛,食物中的米、面、谷物约80%属于糖类。也可直接摄取糖果和含糖饮料,提高肝糖原、肌糖原含量储备。日常膳食即可满足对糖的需求,不必大量补充。

4. 维生素

维生素是维持人体生命和调节正常机能不可缺少的一类营养素。它们在体内的储存量很少,必须经常从食物中获得。维生素的种类很多,按性质分为脂溶性和水溶性两大类。前者有维生素A、D、E、K四种,后者包括维生素B1、B2、C等。维生素在体内不构成组织原料,也不提供能量,它们的机能是调节物质能量代谢,保证生理机能。

维生素A的主要功能是维持正常视力,主要来源于动物的肝脏和鱼卵、乳品、蛋黄及胡萝卜、菠菜等黄绿色蔬菜中。

维生素D对机体的钙磷代谢和骨骼生长发育极为重要,能促进钙的吸收。主要来源于鱼肝油、蛋黄、奶品。

维生素 E 可增强机体对缺氧的耐受力，扩张血管，改善循环，增加肌肉力量和耐力。如与维生素 C 结合使用，能缓解和预防动脉硬化。主要来源于动物性食品、玉米和绿叶菜中。

维生素 C 能加强体内氧化还原过程，从而提高耐力，减缓疲劳，促进体力恢复，促进造血机能，参与解毒过程，增强抗病能力。主要来源于蔬菜和水果中。

5. 矿物质（无机盐）

体内矿物质元素种类很多，约占体重的 5%，是构成机体组织的成分，调节生理机能的重要物质。体内含量较多的有钙、镁、钾、磷等，其他的如铁、锌等称微量元素。人体代谢过程中有一定量的矿物质排出，因此必须从食物中得到补充。正常膳食一般能满足机体需要，最易缺乏的是钙和铁。

6. 水

水的主要作用是：构成机体的主要成分，参与所有物质代谢，完成机体的物质运输，调节体温，保证腺体正常分泌。

体内水分必须保持恒定，大量出汗后要合理地补充水分（加适量的盐，以补充电解质），以保证正常的生理机能。

三、体育锻炼与合理营养

合理的营养与体育锻炼是维持和促进健康的两个重要条件。以科学合理的营养为基础，以体育锻炼为手段，用锻炼消耗过程换取锻炼后的超量恢复过程，使体内积聚更多的能源物质，提高各器官系统的机能。此时获得的健康，较之单纯以营养获取的健康上升了一个高度。不同运动项目、不同年龄阶段有不同的营养特点。

第五节 国家大学生体质健康标准

为贯彻落实健康第一的指导思想、切实加强学校体育工作、促进学生积极参加体育锻炼、养成良好的锻炼习惯、提高体质健康水平，特制定国家大学生体质健康标准。

本标准是《国家体育锻炼标准》的有机组成部分，是《国家体育锻炼标准》在学校的具体实施，是国家对学生体质健康方面的基本要求，适用于全日制小学、初中、普通高中、中等职业学校和普通高等学校的在校学生。

本标准从身体形态、身体机能、身体素质和运动能力等方面综合评定学生的体质健康水平，是促进学生体质健康发展、激励学生积极进行身体锻炼的教育手段，是学生体质健康的个体评价标准。

本标准将测试对象划分为以下组别：小学一、二年级为一组，三、四年级为一组，五、六年级为一组，初、高中每年级各为一组，大学为一组。

小学一、二年级组和三、四年级组测试项目分为三类，身高、体重为必测项目，其他两类测试项目各选测一项。小学五、六年级组，初、高中各组，大学组测试项目均为五类，身高、体重、肺活量为必测项目，其他三类测试项目各选测一项。

选测项目每年由地（市）级教育行政部门、高等学校在测试前两个月确定并公布。选

测项目原则上每年不得重复。

学校每学年对学生进行一次本标准的测试，本标准的测试方法按《国家学生体质健康标准解读》（人民教育出版社出版）中的有关要求进行。

本标准各评价指标的得分之和为本标准的最后得分，满分为100分。根据最后得分评定等级：90分及以上为优秀，75~89分为良好，60~74分为及格，59分及以下为不及格。学生体质健康标准成绩每学年评定一次，按评定等级记入《国家学生体质健康标准登记卡》。学生毕业时体质健康标准的成绩和等级，按毕业当年得分和其他学年平均得分各占50%之和进行评定。因病或残疾免予执行本标准的学生，填写《免予执行〈国家学生体质健康标准〉》申请表。

本标准由教育部负责解释。

表2-1~表2-3为《国家学生体质健康标准》评分表。

表2-1 大学一年级~四年级男生身高标准体重（体重单位：千克）

身高段/厘米	营养不良	较低体重	正常体重	超重	肥胖
	50分	60分	100分	60分	50分
144.0~144.9	<41.5	41.5~46.3	46.4~51.9	52.0~53.7	≥53.8
145.0~145.9	<41.8	41.8~46.7	46.8~52.6	52.7~54.5	≥54.6
146.0~146.9	<42.1	42.1~47.1	47.2~53.1	53.2~55.1	≥55.2
147.0~147.9	<42.4	42.4~47.5	47.6~53.7	53.8~55.7	≥55.8
148.0~148.9	<42.6	42.6~47.9	48.0~54.2	54.3~56.3	≥56.4
149.0~149.9	<42.9	42.9~48.3	48.4~54.8	54.9~56.6	≥56.7
150.0~150.9	<43.2	43.2~48.8	48.9~55.4	55.5~57.6	≥57.7
151.0~151.9	<43.5	43.5~49.2	49.3~56.0	56.1~58.2	≥58.3
152.0~152.9	<43.9	43.9~49.7	49.8~56.5	56.6~58.7	≥58.8
153.0~153.9	<44.2	44.2~50.1	50.2~57.0	57.1~59.3	≥59.4
154.0~154.9	<44.7	44.7~50.6	50.7~57.5	57.6~59.8	≥59.9
155.0~155.9	<45.2	45.2~51.1	51.2~58.0	58.1~60.7	≥60.8
156.0~156.9	<45.6	45.6~51.6	51.7~58.7	58.8~61.0	≥61.1
157.0~157.9	<46.1	46.1~52.1	52.2~59.2	59.3~61.5	≥61.6
158.0~158.9	<46.6	46.6~52.6	52.7~59.8	59.9~62.2	≥62.3
159.0~159.9	<46.9	46.9~53.1	53.2~60.3	60.4~62.7	≥62.8
160.0~160.9	<47.4	47.4~53.6	53.7~60.9	61.0~63.4	≥63.5
161.0~161.9	<48.1	48.1~54.3	54.4~61.6	61.7~64.1	≥64.2
162.0~162.9	<48.5	48.5~54.8	54.9~62.2	62.3~64.8	≥64.9
163.0~163.9	<49.0	49.0~55.3	55.4~62.8	62.9~65.3	≥65.4
164.0~164.9	<49.5	49.5~55.9	56.0~63.4	63.5~65.9	≥66.0
165.0~165.9	<49.9	49.9~56.4	56.5~64.1	64.2~66.6	≥66.7

续表

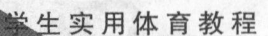

身高段/厘米	营养不良 50分	较低体重 60分	正常体重 100分	超重 60分	肥胖 50分
166.0~166.9	<50.4	50.4~56.9	57.0~64.6	64.7~67.0	≥67.1
167.0~167.9	<50.8	50.8~57.3	57.4~65.0	65.1~67.5	≥67.6
168.0~168.9	<51.1	51.1~57.7	57.8~65.5	65.6~68.1	≥68.2
169.0~169.9	<51.6	51.6~58.2	58.3~66.0	66.1~68.6	≥68.7
170.0~170.9	<52.1	52.1~58.7	58.8~66.5	66.6~69.1	≥69.2
171.0~171.9	<52.5	52.5~59.2	59.3~67.2	67.3~69.8	≥69.9
172.0~172.9	<53.0	53.0~59.8	59.9~67.8	67.9~70.4	≥70.5
173.0~173.9	<53.5	53.5~60.3	60.4~68.4	68.5~71.1	≥71.2
174.0~174.9	<53.8	53.8~61.0	61.1~69.3	69.4~72.0	≥72.1
175.0~175.9	<54.5	54.5~61.5	61.6~69.9	70.0~72.7	≥72.8
176.0~176.9	<55.3	55.3~62.2	62.3~70.9	71.0~73.8	≥73.9
177.0~177.9	<55.8	55.8~62.7	62.8~71.6	71.7~74.5	≥74.6
178.0~178.9	<56.2	56.2~63.3	63.4~72.3	72.4~75.3	≥75.4
179.0~179.9	<56.7	56.7~63.8	63.9~72.8	72.9~75.8	≥75.9
180.0~180.9	<57.1	57.1~64.3	64.4~73.5	73.6~76.5	≥76.6
181.0~181.9	<57.7	57.7~64.9	65.0~74.2	74.3~77.3	≥77.4
182.0~182.9	<58.2	58.2~65.6	65.7~74.9	75.0~77.8	≥77.9
183.0~183.9	<58.8	58.8~66.2	66.3~75.7	75.8~78.8	≥78.9
184.0~184.9	<59.3	59.3~66.8	66.9~76.3	76.4~79.4	≥79.5
185.0~185.9	<59.9	59.9~67.4	67.5~77.0	77.1~80.2	≥80.3
186.0~186.9	<60.4	60.4~68.1	68.2~77.8	77.9~81.1	≥81.2
187.0~187.9	<60.9	60.9~68.7	68.8~78.6	78.7~81.9	≥82.0
188.0~188.9	<61.4	61.4~69.2	69.3~79.3	79.4~82.6	≥82.7
189.0~189.9	<61.8	61.8~69.8	69.9~79.9	80.0~83.2	≥83.3
190.0~190.9	<62.4	62.4~70.4	70.5~80.5	80.6~83.6	≥83.7

注：身高低于表中所列出的最低身高段的下限值时，身高每低1厘米，实测体重需加上0.5千克，实测身高需加上1厘米，再查表确定分值。身高高于表中所列出的最高身高段时，身高每高1厘米，其实测体重需减去0.9千克，实测身高需减去1厘米，再查表确定分值。

表2-2 大学一年级~四年级女生身高标准体重（体重单位：千克）

身高段/厘米	营养不良 50分	较低体重 60分	正常体重 100分	超重 60分	肥胖 50分
140.0~140.9	<36.5	36.5~42.4	42.5~50.6	50.7~53.3	≥53.4
141.0~141.9	<36.6	36.6~42.9	43.0~51.3	51.4~54.1	≥54.2

续表

身高段/厘米	营养不良 50分	较低体重 60分	正常体重 100分	超重 60分	肥胖 50分
142.0~142.9	<36.8	36.8~43.2	43.3~51.9	52.0~54.7	≥54.8
143.0~143.9	<37.0	37.0~43.5	43.6~52.3	52.4~55.2	≥55.3
144.0~144.9	<37.2	37.2~43.7	43.8~52.7	52.8~55.6	≥55.7
145.0~145.9	<37.5	37.5~44.0	44.1~53.1	53.2~56.1	≥56.2
146.0~146.9	<37.9	37.9~44.4	44.5~53.7	53.8~56.7	≥56.8
147.0~147.9	<38.5	38.5~45.0	45.1~54.3	54.4~57.3	≥57.4
148.0~148.9	<39.1	39.1~45.7	45.8~55.0	55.1~58.0	≥58.1
149.0~149.9	<39.5	39.5~46.2	46.3~55.6	55.7~58.7	≥58.8
150.0~150.9	<39.9	39.9~46.6	46.7~56.2	56.3~59.3	≥59.4
151.0~151.9	<40.3	40.3~47.1	47.2~56.7	56.8~59.8	≥59.9
152.0~152.9	<40.8	40.8~47.6	47.7~57.4	57.5~60.5	≥60.6
153.0~153.9	<41.4	41.4~48.2	48.3~57.9	58.0~61.1	≥61.2
154.0~154.9	<41.9	41.9~48.8	48.9~58.6	58.7~61.9	≥62.0
155.0~155.9	<42.3	42.3~49.1	49.2~59.1	59.2~62.4	≥62.5
156.0~156.9	<42.9	42.9~49.7	49.8~59.7	59.8~63.0	≥63.1
157.0~157.9	<43.5	43.5~50.3	50.4~60.4	60.5~63.6	≥63.7
158.0~158.9	<44.0	44.0~50.8	50.9~61.2	61.3~64.5	≥64.6
159.0~159.9	<44.5	44.5~51.4	51.5~61.7	61.8~65.1	≥65.2
160.0~160.9	<45.0	45.0~52.1	52.2~62.3	62.4~65.6	≥65.7
161.0~161.9	<45.4	45.4~52.5	52.6~62.8	62.9~66.2	≥66.3
162.0~162.9	<45.9	45.9~53.1	53.2~63.4	63.5~66.8	≥66.9
163.0~163.9	<46.4	46.4~53.6	53.7~63.9	64.0~67.3	≥67.4
164.0~164.9	<46.8	46.8~54.2	54.3~64.5	64.6~67.9	≥68.0
165.0~165.9	<47.4	47.4~54.8	54.9~65.0	65.1~68.3	≥68.4
166.0~166.9	<48.0	48.0~55.4	55.5~65.5	65.6~68.9	≥69.0
167.0~167.9	<48.5	48.5~56.0	56.1~66.2	66.3~69.5	≥69.6
168.0~168.9	<49.0	49.0~56.4	56.5~66.7	66.8~70.1	≥70.2
169.0~169.9	<49.4	49.4~56.8	56.9~67.3	67.4~70.7	≥70.8
170.0~170.9	<49.9	49.9~57.3	57.4~67.9	68.0~71.4	≥71.5
171.0~171.9	<50.2	50.2~57.8	57.9~68.5	68.6~72.1	≥72.2
172.0~172.9	<50.7	50.7~58.4	58.5~69.1	69.2~72.7	≥72.8
173.0~173.9	<51.0	51.0~58.8	58.9~69.6	69.7~73.1	≥73.2
174.0~174.9	<51.3	51.3~59.3	59.4~70.2	70.3~73.6	≥73.7

续表

身高段/厘米	营养不良 50分	较低体重 60分	正常体重 100分	超重 60分	肥胖 50分
175.0~175.9	<51.9	51.9~59.9	60.0~70.8	70.9~74.4	≥74.5
176.0~176.9	<52.4	52.4~60.4	60.5~71.5	71.6~75.1	≥75.2
177.0~177.9	<52.8	52.8~61.0	61.1~72.1	72.2~75.7	≥75.8
178.0~178.9	<53.2	53.2~61.5	61.6~72.6	72.7~76.2	≥76.3
179.0~179.9	<53.6	53.6~62.0	62.1~73.2	73.3~76.7	≥76.8
180.0~180.9	<54.1	54.1~62.5	62.6~73.7	73.8~77.0	≥77.1
181.0~181.9	<54.5	54.5~63.1	63.2~74.3	74.4~77.8	≥77.9
182.0~182.9	<55.1	55.1~63.8	63.9~75.0	75.1~79.4	≥79.5
183.0~183.9	<55.6	55.6~64.5	64.6~75.7	75.8~80.4	≥80.5
184.0~184.9	<56.1	56.1~65.3	65.4~76.6	76.7~81.2	≥81.3
185.0~185.9	<56.8	56.8~66.1	66.2~77.5	77.6~82.4	≥82.5
186.0~186.9	<57.3	57.3~66.9	67.0~78.6	78.7~83.3	≥83.4

注：身高低于表中所列出的最低身高段的下限值时，身高每低1厘米，实测体重需加上0.5千克，实测身高需加上1厘米，再查表确定分值。身高高于表中所列出的最高身高段时，身高每高1厘米，其实测体重需减去0.9千克，实测身高需减去1厘米，再查表确定分值。

表2-3 大学生体质健康标准测试项目

等级	单项得分	男生身高体重指数	女生身高体重指数	男肺活量	女肺活量	男生60米	女生50米	男坐位体前屈	女坐位体前屈	男生立定跳远	女生立定跳远	男生引体向上	女生仰卧起坐	男生1 000米	女生800米
优秀	100	17.9~23.9	17.2~23.9	5 040	3 400	6.7	7.5	24.9	25.8	273	207	19	56	3'17"	3'18"
	95			4 920	3 350	6.8	7.6	23.1	24.0	268	201	18	54	3'22"	3'24"
	90			4 800	3 300	6.9	7.7	21.3	22.2	263	195	17	52	3'27"	3'30"
良好	85			4 550	3 150	7.0	8.0	19.5	20.6	256	188	16	49	3'34"	3'37"
	80			4 300	3 000	7.1	8.3	17.7	19.0	248	181	15	46	3'42"	3'44"
	78			4 180	2 900	7.3	8.5	16.3	17.7	244	178		44	3'47"	3'49"
	76			4 060	2 800	7.5	8.7	14.9	16.4	240	175	14	42	3'52"	3'54"
	74			3 940	2 700	7.7	8.9	13.5	15.1	236	172		40	3'57"	3'59"
	72			3 820	2 600	7.9	9.1	12.1	13.8	232	169	13	38	4'02"	4'04"
及格	70			3 700	2 500	8.1	9.3	10.7	12.5	228	166		36	4'12"	4'09"
	68			3 580	240	8.3	9.5	9.3	11.2	224	163	12	34	4'17"	4'14"
	66			3 460	2 300	8.5	9.7	7.9	9.9	220	160		32	4'22"	4'19"
	64			3 340	2 200	8.7	9.9	6.5	8.6	216	157	11	30	4'27"	4'24"
	62			3 220	2 100	8.9	10.1	5.1	7.3	212	154		28	4'32"	4'29"
	60	≥28.0	≥28.0	3 100	2 000	9.1	10.3	3.7	6.0	208	151	10	26	4'52"	4'34"

续表

等级	单项得分	男生身高体重指数	女生身高体重指数	男肺活量	女肺活量	男生60米	女生50米	男坐位体前屈	女坐位体前屈	男生立定跳远	女生立定跳远	男生引体向上	女生仰卧起坐	男生1 000米	女生800米
不及格	50			2 940	1 960	9.3	10.5	2.7	5.2	203	146	9	24	5′12″	4′44″
	40			2 780	1 920	9.5	10.7	1.7	4.4	198	141	8	22	5′12″	4′54″
	30			2 620	1 880	9.7	10.9	0.7	3.6	193	136	7	20	5′32″	5′04″
	20			2 460	1 840	9.9	11.1	−0.3	2.8	188	131	6	18	5′52″	5′14″
	10			2 300	1 800	10.1	11.3	−1.3	2.0	183	126	5	16	6′12″	5′24″

备注：1. 体重指数（BMI）＝体重（千克）/身高^2（米^2）；肺活量单位是毫升；男女生50米和耐力跑单位是秒；坐位体前屈、立定跳远单位是厘米。

2. 成绩超过单项评分100分后，男生引体向上每超过2个加1分（最高加10分），女生仰卧起坐每超过2—1个另加1分（最高加10分）；

3. 男生1 000米跑成绩超过100分后每减少5秒加1分（最高加10分），女生800米跑成绩超过100分后每减少4秒加1分（最高加10分）。

第六节　运动处方的制定与实施

运动处方是医生给锻炼者开的医疗运动处方，由医生或体育工作者按锻炼者年龄、性别、健康状况、身体锻炼经历和心肺功能或运动器官的机能水平等，用处方的形式，规定适当的运动内容、锻炼方法和运动量的大小。它是指导人们有目的、有计划，科学地进行锻炼的一个重要方式和环节，尤其是在倡导健康、终身体育的今天，掌握必要的处方锻炼知识，具有重要的指导意义。

一、运动处方的分类

一般情况下可分为：针对运动员训练的竞技性运动处方，普通人的健身运动处方；针对某些慢性疾病和创伤病人康复期的治疗性运动处方；健康人的预防性运动处方等。

二、运动处方原理

人体运动时，体内会发生各种变化，如脉搏和呼吸频率加快、血压升高、体温上升等。这种在运动中和运动刚刚结束时发生的变化称为"一时性适应"。表明通过运动，身体产热过程已经加强，身体功能通过调节已经动员起来。

"一时性适应"的发生情况，可因运动方法而不同。如跑步运动和体操运动所引起的反应就有所不同。即使是跑步，短距离与长距离、快跑与慢跑、时间长与时间短的不同，都会引起不同的变化。

"一时性适应"的多次重复，可产生"持续性适应"。"持续性适应"也因运动方法的不同而有差异。例如，经常参加长跑锻炼，则可增强心肺功能，从而可使更多的氧被摄入体内。但是并非重复什么运动都可以引起"持续性适应"。运动强度过小或时间过短，则不会引起适应，或即使引起适应也很小；如果重复间隔时间过长，也不会收到效果。相反，

如果运动强度过大，超过身体能够适应的界限，也会使身体陷入危险状态。运动处方主要采用中等强度有氧代谢为主的耐力性运动。因此，有氧运动的基本理论是运动处方的基础理论。为了获得更好的锻炼效果，运动处方是依据"超量恢复"或"超量负荷"的原理及"全面身心健康"的观点来编写的。为了使锻炼能达到理想的健身效果，要确定适宜的运动负荷。

三、运动处方的基本原则

1. 区别对待原则

由于每个人的年龄、性别和体力不同，故在制定运动处方时，必须注意区别对待。并且体力差别比性别和年龄的差别更为重要，体力差别应作为最重要的考虑内容。

2. 全面性原则

为了全面发展身体机能，在制定运动处方时，要考虑处方的内容、方法和对身体锻炼的部位、顺序、效果。针对锻炼目标和身体的薄弱部位，有针对性地实施健身运动处方的内容和方法，从而获得身心的全面发展。

3. 渐进性原则

人体生理机能的提高，不是一蹴而就的，而是一个渐进的过程。如果仅用一种健身运动处方数月或长年不变地进行健身运动，就不可能逐步提高健康水平和增强体质，只能起到维持原有健康水平的效果。如果突然进行一次大强度、长时间和多重复的锻炼，则可能导致身体机能失调，使身体受到伤害，更谈不上增强体质。

制定运动处方时，应以耐力水平（全身耐力）为基础。

为了提高全身耐力，运动时间应在 5~10 min 以上，摄氧水平应达到最大摄氧量的 60%~70%。

运动量的掌握很重要，运动强度是关键。运动强度上限可达最高心率的 85%，时间控制在 60 min 以内，每月 3~5 次为宜。

四、运动处方的制定程序

通过体检和临床医学检查，了解锻炼者的一般情况（如性别、年龄、职业、病史、锻炼情况、食欲、睡眠、常用药等），及其身体健康状况（采用医学手段检测生化指标及身体素质水平）。

（1）根据检测结果和锻炼者需求确定锻炼的目的，选择锻炼的手段。

（2）按照科学锻炼的原则和方法，制定运动处方。

（3）实际锻炼。

（4）锻炼一段时间后，再次检测健康状况，根据其承受运动负荷能力和体力状况所反馈的信息，评价运动处方效果。

（5）修订原运动处方和制定新的运动处方。

五、运动处方的主要内容

运动项目主要根据医疗所要达到的目的而定。一般健身或改善心血管及代谢功能，

预防冠心病、肥胖病等，可练习耐力性（有氧训练）项目，如走、慢跑、自行车、游泳、爬山及原地跑、跳绳、上下楼梯等；改善心情，消除身体疲劳，或防治高血压和神经衰弱等，可选择运动量较小的放松练习，如太极拳、散步、放松操或保健按摩等；针对某些疾病进行专门的治疗，必须选择有关疾病的医疗体操，如慢性支气管炎、肺气肿患者应做专门的呼吸体操；内脏下垂者应做腹肌锻炼；脊柱畸形、扁平足者应做矫正体操等。

运动强度对运动效果与安全有直接的影响，掌握适宜的运动强度是制定及执行运动处方的主要内容之一。反映运动强度的生理指标有运动时的心率、运动时吸氧量占最大吸氧量的百分数及"梅脱"，即运动时代谢率为安静时代谢率的倍数。一个梅脱是安静状态下的代谢率，约相当于消耗 3.5 ml/kg·min 的氧。这些指标间有着密切的关系（如表 2-4 所示）。医疗体育常用运动强度为 40%~60% 的最大摄氧量。

表 2-4 常用的医疗运动强度指标

强度	最大吸氧量/%	梅脱	心率/（次·min^{-1}）				
			20~29 岁	30~39 岁	40~49 岁	50~59 岁	60 岁以上
较大	80	10	165	160	150	145	165
	70	8	150	145	140	135	125
中等	60	6.5	135	135	130	125	120
	50	5.5	125	120	115	110	110
较小	40	4.5	110	110	105	100	100

每次耐力性运动的持续时间（有氧训练）可在 15 分钟至 1 小时，其中达到适宜心率的时间须在 5 分钟以上。医疗体操持续的时间视具体情况而定。运动中应常有短暂的休息。计算运动量时要注意运动的密度，并扣除休息的时间。

运动强度和运动持续时间决定其运动量。运动量确定后，运动强度大时，持续时间应相应较短（如表 2-5 所示），采用同样运动量时，体质好的宜选择强度大、持续时间短的练习，体弱者宜选择强度小而持续时间较长的练习。

表 2-5 运动强度与持续时间的关系

运动量	运动时间/min				
	5	10	15	30	60
	运动时吸氧量占最大吸氧量的百分比/%				
小	70	65	60	50	40
中	80	75	70	60	50
大	90	85	80	70	60

运动频率即每日或每月运动的次数。一般每日或隔日运动一次，但应视运动量的大小而定。运动量较大时，休息间隔时间稍长些。

运动处方的格式（如表 2-6 和表 2-7 所示）根据不同需要制定不同的格式。但在运

动处方中，必须同时指出禁止参加的运动项目、锻炼时的处方监督指标以及出现异常情况时停止运动的准则等。

表2-6 运用处方格式举例（正面）

运 动 处 方

姓名：　　性别：　　年龄：
健康状况：
功能检查：项目　（任选一项）20 次/30 s 蹲起
30 次/30 s 下蹲　　二阶梯　哈佛梯
功率自行车　　活动平板等
结果：
运动内容：
运动时最高心率/（次·min^{-1}）
每次运动持续时间：　　每周运动次数：
注意事项：　　禁忌运动项目：
自我监督项目：
复查日期：
医生或教练员签名　　年　月　日

表2-7 运动处方格式举例（背面）

日期	运动情况	身体反应情况

第三章 体育运动损伤及预防

第一节 运动损伤概述

一、运动损伤的概念

运动损伤是指在体育运动过程中,人体组织或器官在解剖上的破坏或生理上的紊乱所造成的损伤。与日常生活中所发生的损伤不同的是,运动损伤与运动项目、训练安排、运动环境、运动者的自身条件以及技术动作有密切的关系。其损伤部位与运动项目以及专项技术特点有关。如体操运动员受伤部位多是腕、肩及腰部,与体操动作中的支撑、转肩、跳跃、翻腾等技术有关。网球肘多发生于网球运动员与标枪运动员中。运动损伤是人们在参加体育活动中经常遇到的问题,并由于运动项目很多,运动损伤种类也很多。运动损伤的特点和防治重点,也因运动项目和部位的不同而不同。损伤的主要原因是:训练水平不够,身体素质差,动作不正确,缺乏自我保护能力,运动前不做准备活动或准备活动不充分,身体状态不佳,缺乏适应环境的训练,以及教学、竞赛工作组织不当。但总的来说小损伤多,慢性伤多,严重及急性伤少。这些慢性小损伤,有的是一次急性损伤后处理不当,训练过早而变成慢性的伤,而更多的是由于运动量安排不当或由许多细微损伤逐渐积累而成。常用的治疗运动损伤的方法有按摩、针灸、理疗、针对性的功能锻炼、保护支持带、使用中药等。对细微损伤应重视治疗,避免反复损伤,使受伤的组织有一个安静的修复过程和条件。

二、运动损伤的分类

运动损伤可能由单纯的暴力产生,如投掷实心球时用力过猛,上臂有附加扭转动作而造成肱骨骨折,小翻卷曲造成腕部舟状骨骨折等;也可由劳损加爆发力所致,如在跳跃时由于动作不正确,两脚掌不是同时落地,使地面的反作用力不是均匀地承担在两个跟腱上,久而久之就会造成单侧跟腱劳损变形,当受到突然外加较大的爆发力时,跟腱就会损伤。

运动损伤的分类方法很多,可按损伤的性质、损伤的程度或损伤的组织等进行分类。

(1) 按运动损伤的性质可分为:慢性损伤和急性损伤。
(2) 按运动损伤的表现形式可分为:开放性损伤和闭合性损伤。
(3) 按运动损伤的程度可分为:轻度损伤、中度损伤和重伤。
(4) 按运动损伤组织结构可分为:皮肤、肌肉、肌腱韧带损伤,关节损伤,骨组织损伤,骨髓损伤,神经和血管损伤,关节滑囊和滑膜损伤等。
(5) 按运动损伤时间可分为:新伤和旧伤。

第二节 常见的运动损伤与处理

一、运动中最常见的运动损伤

1. 软组织损伤

软组织损伤可分为开放性和闭合性损伤两类。前者有擦伤、刺伤和切伤等，后者有挫伤、肌肉拉伤和肌腱腱鞘炎等。

1）闭合性软组织损伤的紧急处理

受损伤的局部无创口者，称为闭合性损伤，主要包括关节扭伤、肌肉及韧带拉伤以及局部组织的挫伤等。关节扭伤是由于外力作用使关节活动超出正常生理范围，造成关节周围的韧带拉伤、部分断裂或完全断裂。闭合性软组织损伤早期处理的方法主要有如下几种。

（1）冷敷。冷敷在应急处理过程中效果最为显著，它具有止痛、止血和减轻局部肿胀的作用。受伤后可尽快用自来水冲淋受伤部位，也可用冷水或冰袋、酒精或白酒冷敷。有条件时可用氯乙烷、冷镇痛气雾剂喷射受伤部位，喷射距离约为10厘米，喷射时间为3～5秒，重复使用时至少间隔半分钟（不宜使用于面部和创口）。冷敷时须防止冻伤，尤其在寒冷季节。如受伤部位已出现肿胀，不要揉搓、推拿和热敷。急性软组织损伤1～2天内，原则上不做热敷。

（2）加压包扎。加压包扎是处理急性软组织损伤的关键，包扎得当可达到止血、防肿和缩短伤后康复时间的目的。受伤局部刚出现肿胀或肿胀虽不明显（如臀部、大腿部），但疼痛剧烈、活动障碍明显的，应经短时冷敷尽快加压包扎。包扎时注意松紧适度，包扎太松达不到加压的目的，太紧会引起局部血液循环障碍。包扎后要注意观察肢体循环状况，一旦出现青紫、发凉或麻木感，应及时松解重新包扎。加压包扎一般约需24小时。

（3）限制活动和抬高患肢。当肢体受伤较重时，为防止伤处继续出血，减轻肿胀和疼痛，一定要限制活动和抬高患肢数日，以促进血液、淋巴液的回流，加快消肿。

2）闭合性软组织损伤的原因、症状及处理

闭合性软组织损伤又分急性损伤和慢性损伤。下面介绍几种常见闭合性软组织急性损伤的原因、症状和处理方法。

（1）肌肉拉伤。

①原因与症状：肌肉拉伤是体育运动中最常见的一种肌肉损伤，通常指在外力直接或间接作用下，使肌肉过度主动收缩或被动拉长时所致的损伤。这种损伤特别是在准备活动不充分或运动过度，动作不协调以及肌肉弹性、伸展性、肌力差时更容易发生。肌肉拉伤后，受伤处肿胀、压痛，肌肉紧张或痉挛，触之发硬，出现功能障碍。严重的肌肉拉伤可导致肌肉撕裂。

②处理：肌肉拉伤可根据疼痛程度判断其受伤的轻重，一旦出现痛感应立即停止运动，受伤轻者可即刻冷敷，使小血管收缩，减少局部充血、水肿，并局部加压包扎，抬高

患肢。切忌搓揉及热敷，24小时后方可施行按摩或理疗。如果肌肉已大部分或完全断裂者，在加压包扎后，应立即送医院进行手术治疗。

（2）肌肉挫伤。

①原因与症状：肌肉挫伤是运动中身体某个部位受到钝性外力直接作用所引起的闭合损伤。运动时身体相互冲撞，或身体某部位碰在器械上，都可发生局部挫伤。单纯挫伤的损伤处出现红肿，皮下出血，并有疼痛以及功能障碍等。严重挫伤且有并发症时，还可能出现全身症状或特殊症状，若头部挫伤并发脑震荡或胸腹挫伤并发内脏器官损伤时，则出现头晕、脸色苍白、心慌气短、出虚汗、四肢发凉、烦躁不安，甚至休克症状。

②处理：在24小时内可冷敷或加压包扎，抬高患肢或外敷中药。24小时后方可施行按摩或理疗。进入恢复期后可进行一些功能性锻炼。如果怀疑有其他组织器官损伤并出现休克症状，应立即进行抗休克处理，并送医院急救。肌肉断裂者应及早进行手术治疗。

（3）肩关节扭伤。

①原因与症状：一般因肩关节准备活动不充分、训练过度、用力过猛以及反复劳损所致，也有因技术错误、违反解剖学原理而造成损伤，肩关节扭伤多发生在排球、棒球的投掷和田径等运动项目中。其症状有压痛、疼痛，急性期有肿胀，慢性期三角肌可能出现萎缩，肩关节活动受到限制。

②处理：单纯韧带扭伤，可采用冷敷，加压包扎，24小时后可用理疗、按摩和针灸等方法治疗。出现韧带断裂时，应立即送医院缝合和固定处理，当肩关节肿胀和疼痛减轻后，可适当进行功能性锻炼，但不宜过早活动，以防转入慢性病症。

（4）踝关节扭伤。

①原因与症状：踝关节扭伤多发生在赛跑、篮球、足球、跳高、跳远、滑冰、滑雪、跳伞、摔跤等运动中，是在运动中因跳起落地时身体失去平衡，使踝关节过度内翻或外翻所造成的损伤。在准备活动不充分、场地不平坦或动作不协调等情况下，更容易造成这类损伤。踝关节扭伤后，伤处肿胀、疼痛，韧带损伤处有明显压痛，皮下淤血。如果疼痛剧烈，不能站立、行走，可能发生骨折。

②处理：踝关节受伤后，应立即进行冷敷，用绷带固定包扎，并抬高伤肢。24小时后可根据伤情综合治疗，如外敷伤药、理疗、按摩等，必要时做封闭治疗，待病情好转后进行功能性练习。对严重患者，可用石膏固定。

（5）急性腰扭伤。

①原因与症状：急性腰扭伤是体育运动中最常见的一种急性损伤，尤其在举重、跳水、跨栏、投掷、跳高、体操、篮球、排球等运动中容易发生。运动时因腰部受力过重，肌肉收缩不协调，或脊椎运动超过正常生理范围都可能引起腰扭伤。损伤后，腰部疼痛，有时听到瞬间"咯咯"作响，有时出现腰部肌肉痉挛和运动受到限制的情况。

②处理：腰部急性扭伤后，若轻度损伤，可轻轻按揉；若受伤较为严重，应立即让患者平卧，一般不应随意扶动，并用担架护送医院治疗。处理后，应睡硬板床或腰后垫一枕头，使肌肉韧带处于放松状态，先冷敷后热敷，24小时后可施行按摩，也可用针灸、外敷药予以治疗。

（6）肌肉痉挛。

①原因与症状：肌肉痉挛俗称抽筋，是肌肉不自主地强直收缩，使肌肉变得坚硬，失去活动能力。游泳运动容易发生肌肉痉挛，最容易发生痉挛的肌肉是小腿后面的腓肠肌，其次是足屈拇肌和屈趾肌。引起肌肉痉挛的原因是多方面的，如在寒冷的环境中锻炼时，准备活动做得不充分，肌肉受到寒冷刺激后，兴奋性增高，容易引起肌肉痉挛；如果剧烈运动时间较长，由于身体大量排汗使体内盐分丧失过多，破坏了电解的平衡，导致体内盐分含量过低，兴奋性增高而使肌肉发生痉挛；在锻炼中肌肉快速连续收缩，放松时间过短，以致收缩与放松不能协调地交替，也会引起肌肉痉挛。在肌肉痉挛时，局部肌肉坚硬或隆起，剧烈疼痛，且一时不易缓解。有的缓解后，仍有不适感并易再次发生痉挛。

②处理：发生肌肉痉挛时，一般可通过慢慢加力、持续牵拉肌肉的方式缓解并消除疼痛。如小腿抽筋时，可伸直膝关节，用力将足尖勾起或用异侧手牵拉前脚掌或用类似方法处理。牵拉时要用力适宜，不可突然用力。此外，采用重力按压、推、揉、捏小腿肌肉以及点压委中、承山、涌泉穴等手法，也可使痉挛缓解。游泳时发生腓肠肌痉挛，不要惊慌，应尽量漂浮在水面上，用异侧手握住前脚掌向身体方向牵拉，即可缓解肌肉痉挛。

3）开放性软组织损伤

受损伤的局部有创口者，称为开放性损伤。开放性软组织损伤的处理如下。

首先，要止血。一般毛细血管出血，几分钟内会自行止血。创口出血较多时，现场可用干净的手帕覆盖伤口，再直接压迫或加压包扎止血；手指出血，则可用力压住手指根部两侧或扎紧手指根部止血。

其次，应减少创口污染，保持创口清洁，减少不洁物品接触创口。

再次，创口小、边缘对合良好的，可在消毒后直接用胶带牵拉固定一周。创口大或位于面部的创口要缝合，一周后拆线（面部五天即可）。

最后，必要时口服消炎药物，以防感染。对于较深的污染伤口，应在清洁伤口后注射破伤风抗毒素。

下面介绍几种常见开放性软组织损伤的原因、症状和处理方法。

（1）擦伤。

①原因与症状：擦伤是皮肤表面受到摩擦后的损伤。在运动中皮肤被擦伤最为常见，多发生在摔倒时，擦伤后皮肤有出血或组织液渗出。

②处理：如擦伤部位较浅，只需涂红药水即可。如擦伤创面较脏或有渗血时，应用生理盐水清创后再涂上红药水或紫药水，再用消毒布覆盖，最后用纱布包扎。如果是面部轻微的擦伤可用生理盐水或凉开水洗创伤面，在创口周围用76%酒精消毒，创伤面涂0.1%新洁尔溶液或消炎软膏，无须包扎。对面部不要擦有色药水。关节附近擦伤用消炎软膏包扎较好，这样可以防止关节活动时创伤面干裂而影响愈合。

（2）撕裂伤。

①原因与症状：在剧烈运动时，受到突然强烈的撞击，造成肌肉撕裂。常见有眉际撕裂和跟腱撕裂等。开放性撕裂伤有出血、周围肿胀等现象，有疼痛感。

②处理：轻度开放性撕裂伤，用红药水涂抹伤口即可。裂口大时，则需要止血并缝合伤口，必要时注射破伤风抗毒素，以防破伤风症。

2. 骨折

1）原因与症状

常见骨折分为两种，一种是皮肤不破，没有伤口，断骨不与外界相通，称为闭合性骨折；另一种是骨头的尖端穿过皮肤，有伤口与外界相通，称为开放性骨折。前者皮肤完整，较易治疗；后者皮肤破裂，骨折端与外界相通，容易发生感染，较难治疗。运动中发生的骨折多为闭合性骨折，它是严重的损伤之一，但是比较少见。

发生骨折后，肢体形态常发生改变，患处立即出现肿胀，皮下淤血，肌肉可产生痉挛，有剧烈疼痛，移动时可听到骨的摩擦声，肢体失去正常功能。严重骨折时，伴有出血和神经损伤、发烧、口渴，甚至导致休克等全身性症状。

2）处理

发生骨折后，如有休克症状者，应先让其躺下，将下肢抬高，头部略放低，同时注意保暖，保持呼吸道畅通，并给予止痛药，防止休克。若受伤者昏迷不醒，可用指掐人中、合谷穴使其苏醒。如果发生开放性骨折大出血，应迅速止血，并用消毒纱布等对伤口做初步包扎，此时不可用手回纳，以免引起骨髓炎。骨折后暂勿移动患肢，否则会产生剧烈疼痛或加重损伤，应用木板、塑料板等固定伤肢。若上肢骨折，可弯曲肘关节固定于躯干上；若下肢骨折，可伸直腿固定于健肢上；若疑似脊柱骨折，应平卧并固定躯体，不能抬伤者头部，否则会引起伤者脊髓损伤或发生截瘫；若疑似颈椎骨折时，需固定头颈以避免晃动。对于骨折患者不要盲目处理，最好是打急救电话请急救车送医院治疗。对伤者经过处理后，应选择适当的搬运方法尽快送医院治疗。

3. 髌骨劳损

1）原因与症状

髌骨劳损是由于膝关节长期局部负担过重或反复损伤累积而形成的，也可能是一次直接外力撞击致伤而未及时治疗所致，大多发生在足球、体操、篮球和排球等运动中。髌骨具有保护股骨关节面、维护关节外形、传递股四头肌力量的作用，是维护膝关节正常功能的主要结构。髌骨劳损常有关节疼痛、肿胀等症状，特别是在上下楼梯、跑跳用力和半蹲位起跳时疼痛明显，而且还常常伴随有膝关节发软无力，严重者在步行及静止时也觉疼痛。

2）处理

髌骨损伤后，可采用中药外敷、针灸和按摩等方法加以治疗。平时也可加强膝关节肌群力量的练习，如采用高位静立半蹲，每次保持 3~5 分钟。病情好转时，可逐渐增加练习时间，每日练习 1~2 次。

4. 关节脱位

1）原因与症状

关节脱位即脱臼，是因受直接或间接的外力作用，使关节面脱离了正常的解剖位置所致。关节脱位可分完全关节脱位和半关节脱位（或称错位）两种。在发生关节脱位的同时，由于暴力的作用，常常伴有关节囊、周围韧带及软组织损伤，甚至可能伤及神经、血管等。在运动中发生的关节脱位，大都是因间接外力撞击所致。如摔倒时用手撑地，引起

肘关节或肩关节脱位。

关节脱位常出现畸形，与健肢对比不对称，因软组织损伤而出现炎症反应、局部疼痛、压痛和关节肿胀等症状，并失去正常活动功能，甚至发生肌肉痉挛等现象。

2）处理

一旦发生关节脱位，应叮嘱病人保持安静，不要乱动，更不可揉搓关节脱位部位，妥善固定处理后送医院治疗。比如用长度和宽度相称的夹板固定伤肢，或者将伤肢固定在自己的躯干、健肢上；也可以先冷敷，扎上绷带，保持关节固定不动。如果是肩关节脱位，可把患者肘部弯成直角，用三角巾等宽带物把前臂和肘部托起，挂在颈上。如果是髋关节脱位，则应立即让病人平卧，并送往医院。必须指出，如果没有把握做整复处理时，切不可随意做整复手术，以免再度增加伤情。

5. 脑震荡

1）原因与症状

脑震荡是指头部受到外力打击或碰撞到坚硬物体后，使脑神经细胞和神经纤维受到过度震动后所引起的意识和功能的一时性障碍。根据受伤的程度可分为轻度、中度和重度脑震荡，一般可恢复，多无明显的解剖病理改变。在体育运动中，头部受到重物打击或撞击器械、地面、硬物时，都可造成脑震荡。

脑震荡后，由于大脑管理平衡的膜半规管、椭圆囊、球囊等感受器功能失调，伤者会出现神志不清、脉搏徐缓、肌肉松弛、瞳孔稍大但能保持对称、神经反射减弱或消失的症状。清醒后，患者常有头痛、头晕、恶心、呕吐感。头痛、头晕的症状在伤后数日内较明显，以后逐渐减轻；恶心、呕吐等现象在伤后数天内多可消失。此外，还可能出现情绪烦躁、注意力不易集中、耳鸣、心悸、多汗、失眠、记忆力减退等一系列植物性神经功能紊乱症状。

2）处理

应让伤者平卧，保持安静，不可坐起或站立，冷敷头部，注意保暖；若出现昏迷，可指压人中、内关、合谷穴；若发生呼吸障碍，应立即进行人工呼吸。上述处理后，出现反复昏迷或昏迷时间超过几分钟以上，两侧瞳孔不对称或耳、鼻、口内出血及眼球青紫，或者伤者清醒后有剧烈头痛、呕吐以及再度昏迷者，表明损伤较为严重，应立即送医院治疗。在运送途中，伤者要平卧，头部要固定，避免颠簸震动。意识不清者，要保持呼吸道的畅通，可使伤者侧卧，以防止发生窒息。

对于轻度脑震荡者，或者无严重征象、短时间意识丧失后很快恢复的伤者，也应注意休息，卧床休息到头痛、头晕等症状完全消失。切忌过早地参加体育活动和脑力劳动。在恢复过程中，可定期做脑震荡痊愈平衡试验，以检查病况进展。其方法是闭目、单腿站立、两臂平举，如果能保持平衡，表明脑震荡已基本治愈。这时可适当参加体育锻炼，但要避免滚翻和旋转性动作。

二、在运动损伤中最常见的急救技术

急救是指对运动中突然发生的严重损伤进行紧急、初步和临时性处理，以减轻患者痛苦，预防并发症，为转送医院进一步治疗创造条件。运动损伤的急救是一种极其重要的工作。如果处理不当，轻者加重损伤，甚至感染，增加患者痛苦；重者致残，甚至危及生命。因此，应当及时、准确、合理、有效地进行急救。对运动损伤采用的最常见的急救技术有止血、包扎和人工呼吸等方法。

1. 止血

人体受伤后，如果大量出血将危及生命，因此应立即进行止血处理。根据出血的性质分为毛细管出血、静脉出血和动脉出血。如果是静脉出血，血液呈暗红色，危险性较小，一般用加压止血法止血即可；如果是动脉出血，血液呈鲜红色，危险性较大，常用指压止血法和加垫屈肢止血法。根据出血的部位可分为外出血和内出血两种。在开放性损伤中血管因受伤破裂，而使血液从伤口向体外流出称为外出血。这里介绍外出血的止血法。

1）加压包扎止血法

主要用于小的外伤、毛细血管或小静脉出血，流出的血液易于凝结，在伤口部盖上消毒敷料，然后用三角巾或绷带等加压包扎即可。

2）指压止血法

是用手指压迫创口或压迫身体浅部的动脉达到止血的目的。一般用于动脉止血，即用手指将出血动脉的近心脏端用力压向其相对的骨面，以阻断血液来源而达到临时止血的目的。

3）用止血带止血法

四肢大动脉出血，不易用加压包扎或指压法止血时，可用止血带（橡皮带或其他代用品）缚扎于出血部的近心脏端。注意止血带不能直接压在皮肤上，而先要在用止血带的部位拿三角巾、毛巾等软物包垫好，将伤肢高抬，再扎上止血带，其松紧度以能压住动脉血流为原则，缚后以肢端蜡色为宜，如果呈紫红色则以能压住动脉血流为原则，如系上肢应每隔20～30分钟放松一次，如系下肢应每隔45～60分钟放松一次，并观察伤肢血液循环情况。凡用止血带后的伤者，必须记录用止血带的部位与时间，并应迅速送医院。

4）加垫屈肢止血法

主要用于前臂或小腿出血时的止血。在肘窝或膝窝放纱布等物品，屈曲关节，用绷带将屈曲的肢体紧紧缠起来，每隔1小时左右松开绷带一次，观察3～5秒钟，以防止肢体坏死。

2. 包扎

包扎有保护伤口、减少感染机会、压迫止血、固定骨折和减少伤痛的作用，是损伤急救的主要技术之一。包扎常用的材料有绷带、三角巾等。现场如果没有这些材料，亦可用毛巾、衣物等代替。包扎动作应力求熟练、柔软，松紧应适宜。下面介绍以绷带为材料或类似绷带的材料的几种包扎法。

1）环形包扎法

常用于肢体较小部位的包扎，或用于其他包扎法的开始和终结。包扎时打开绷带卷，把绷带斜放在伤口之上，用手压住，将绷带绕肢体包扎一周后，再将带头和一个小角反折过来，然后继续绕圈包扎，第二圈盖住第一圈，包扎3～4圈即可。

2) 螺旋包扎法

绷带卷斜行缠绕，每卷压着前面的一半或三分之一。此法多用于肢体粗细差别不大的部位。

3) 反折螺旋包扎法

在做螺旋包扎时，用一拇指压住绷带上方，将其反折向下，压住前一圈的一半或三分之一，多用于肢体粗细相差较大的部位。

4) "8"字包扎法

多用于关节部位的包扎。在关节上方先做环形包扎数圈，然后将绷带斜行缠绕，一圈在关节下缠绕，两圈在关节凹面交叉，反复进行，每圈压过前一圈的一半或三分之一。

3. 人工呼吸

人工呼吸的方法有举臂压胸法、仰卧心脏胸外挤压法、俯卧压背法、口对口呼吸法等，其中以口对口呼吸法和仰卧心脏胸外挤压法最为有效。

1) 口对口呼吸法（如图3-1所示）

首先清除患者口中的分泌物或呕吐物，松开衣领、裤带和胸腹部衣服，及时将患者仰卧，头部后仰，急救者一手托起患者下颌，掌根部轻压环状软骨（即食道管）以防止空气进入胃内，另一只手捏住患者的鼻孔，然后深吸一口气，与患者的口紧密接触后，将大口气吹入患者口中，吹气后将捏鼻子的手松开。如此反复进行，吹气频率每分钟16~18次，直至患者自主恢复呼吸为止。

2) 心脏胸外挤压法（如图3-2所示）

将患者仰卧在木板或平地上，急救者两手上下重叠，用掌根置于患者胸骨下半部，肘关节伸直，借助于自身体重和肩臂部力量，均匀而有节律地向下施加压力，将胸壁下压3~4厘米，随即松手，胸壁将自然回弹。如此反复进行，每分钟60~80次，直至患者自主恢复心脏跳动为止。

图3-1 　　　　　　　　　　　图3-2

必要时口对口呼吸法和心脏胸外挤压法同时进行。急救者之间应密切配合，两者以1:4频率进行。

第三节　常见运动性疾病的预防

大学生大都喜爱运动，并积极参与各项体育活动，但常常因缺乏一定的运动训练知识，受伤后往往造成不必要的痛苦，严重者甚至导致终生遗憾。为了减少运动损伤的发生，避免伤害事故，保证体育教学、训练和比赛正常进行，首要任务是做好预防工作。其实，只要了解运动损伤发生的原因，掌握一些基本的运动保健知识等，所有伤害都是可以预防和避免的。为此提出以下预防运动损伤的几点注意事项。

一、学习预防知识，加强安全意识

学习运动损伤的技术和理论，是防止发生运动损伤的基本要求。加强安全意识，克服麻痹大意是防止运动损伤发生的一个重要手段。认真进行体育道德风尚教育，提倡文明、健康的各种形式的体育比赛，也有助于预防运动损伤。

二、做好准备活动和整理活动

准备活动可以提高中枢神经系统的兴奋性，克服机体机能活动的生理惰性，为正式练习做好准备。准备活动能增加肌肉中毛细血管开放的数量，提高肌肉的力量、弹性和灵活性，同时还可以提高关节韧带的机能，增强韧带的弹性，使关节腔内的滑液增多，防止肌肉和韧带的损伤。在运动前要认真做好准备活动，除了做一般性、专门性的活动之外，还要有针对性地对易受伤部位的关节、韧带和肌肉等做好准备活动。在进行准备活动时，既要躯干、肢体的大肌肉群和关节充分活动开，同时也要注意各个小关节的活动。在运动、训练或比赛结束后要充分做好整理活动。

三、合理安排运动负荷，遵循教学规律

要掌握正确的训练方法和运动技术，科学地增加运动量，避免单调片面的训练方法，防止局部负担量过重。对于不同性别、年龄、水平及健康状况的人，训练时在运动量的安排上应因人而异、循序渐进、遵循教学规律、注意全面地锻炼身体。身体的全面发展对掌握动作，提高技术、战术，尤其是预防运动损伤起着积极的、重要的作用。

四、注意运动间歇的放松

在运动时，为了更快地消除肌肉疲劳，防止由于局部负担过重而出现的运动损伤，每次练习间隙应采取积极性放松的方法。许多锻炼群体对这一问题很不重视，往往采取消极性的休息，这样做并不能加快疲劳的消除，再练习时还易出现损伤。另外，放松应根据项目特点来进行。如侧重于上肢练习的项目，在间隙期可做些下肢练习；反之，则做些上肢的练习。这样可以改善血液循环，使肢体中已疲劳的神经细胞加深抑制，得到休息，对于消除疲劳及防止运动损伤有着积极意义。

五、防止局部负担过重

锻炼时负荷过于集中，会造成机体局部负担过重而引起运动损伤。如膝关节半蹲起跳动作过多，易引起髌损伤；过多地练习鸭步可引起膝内则副韧带及半月板的损伤。因此，在锻炼中应避免单调的锻炼方法，防止局部负担过重。

六、认真检查场地、器材，提高自我保护能力

熟悉运动环境，重视运动器材、场地的安全和卫生，掌握运动器材的正确使用方法，

加强对场地器材的维护和检查。在运动中，掌握运动要领，加强保护、帮助和自我保护意识。如摔倒时，立即屈肘低头、团身，以肩背着地，顺势滚动，而不能以直臂或肘部撑地；由高处跳下时，要用前脚掌着地，注意屈膝、弯腰，两臂自然张开，以便缓冲和保持身体平衡。另外，不要穿戴不适合运动的鞋子、服装和饰品参加运动。

七、加强易伤部位练习

运动中肌肉、关节囊、韧带等软组织的损伤较为多见。增强股四头肌的力量可以防止膝关节损伤。防止肩关节损伤应加强三角肌、肩胛肌、胸大肌和肱二头肌的锻炼。因此有意识加强易伤部位的锻炼对预防损伤也具有重要作用。

八、加强医务监督

加强医务监督，提高自我保健意识，并善于把握自己在运动前后的生理变化，定期进行体格检查，了解身体的生长发育和健康状况，结合实际，科学地安排锻炼计划，或者在医生和体育老师的指导下进行体育锻炼。

在实际的运动中，人体生理活动过程的有序性受到暂时性的破坏，因而常常出现某种生理反应。现将这些常见的生理反应的原因、症状及处理总结如下。

1. 肌肉酸痛

1）原因

刚开始或间隔较长时间后再锻炼，由于运动量较大，从而引起局部肌纤维及结缔组织的细微损伤，以及部分肌纤维的痉挛。

2）症状

局部肌肉疼痛、发胀、发硬。

3）处理

可对酸痛的肌肉进行热敷，还可进行肌肉按摩。

2. 肌肉痉挛

1）原因

在体育锻炼时，肌肉受到寒冷的刺激；准备活动不够充分，肌肉猛力收缩；局部肌肉疲劳，大量出汗，疲劳过度，体内缺少氢化物。

2）症状

肌肉突然变得坚硬和隆起，疼痛难忍，且不易缓解。

3）处理

立即对痉挛部分进行牵引，还可配合揉捏、扣打等按摩，症状即可缓解和消失。

3. 运动中腹痛

1）原因

主要是准备活动不充分，运动过于激烈，内脏器官的功能不能满足运动器官的需要，造成脏腑功能失调，引起腹痛。

2）症状

两肋处有胀痛感或腹部疼痛。

3）处理

减慢运动速度，加深呼吸，疼痛常可减轻或停止；若无效，应停止运动，口服十滴水或揉按内关、足三里、大肠腧等穴位；若仍无效，则应送医院治疗。

4. 运动性昏厥（休克）

1）原因

由于剧烈运动或长时间运动使大量血液聚在下肢，回心血量减少，脑供血不足导致昏厥。另外，有人空腹运动，血糖含量较低，造成能量供应不足而引起头昏。

2）症状

全身无力，头昏耳鸣，眼前发黑，脸色苍白，失去知觉，突然昏倒，手足发凉，脉搏慢而弱，血压降低，呼吸缓慢。

3）处理

应立即使患者平卧，足略高于头，并由小腿向大腿、心脏方向进行按摩，同时手指掐人中、百会、合谷等穴位。

5. 中暑

1）原因

在高温环境中（温度高、通气差、头部缺保护），被烈日直接照射，因体温调节功能障碍而发生中暑。

2）症状

轻度中暑时会出现面部潮红、头晕、头痛、胸闷、皮肤灼热、体温升高；严重时将出现恶心、呕吐、脉搏快而细弱、精神失常、虚脱抽搐、血压下降甚至昏迷。

3）处理

将患者迅速移至通风、阴凉处，冷敷额头，温水抹身，并喝含盐饮料或十滴水，数小时后即可恢复。

6. 极点和第二次呼吸

1）原因

由于内脏器官的活动跟不上运动器官的需要，能量消耗大，氧供应不足，下肢回流血量减少，血乳酸大量堆积，引起呼吸循环系统活动失调，而导致动力定型的暂时混乱，从而使动作慢而无力，也不协调。

2）症状

呼吸困难，胸闷难忍，下肢沉重，动作不协调，甚至有恶心现象，不愿意再继续运动下去。

3）处理

适当减慢速度，加深呼吸，坚持运动下去。无须疑虑和恐惧，这是一种正常的生理现象，随着训练水平的提高，这种生理反应将逐步推迟和减轻。

7. 运动性哮喘

1）原因

可能与体质过敏，冷空气对呼吸道的刺激等因素有关。

2）症状

一般在剧烈运动后 5~10 分钟发生。表现为面唇发绀、呼吸困难等。

3）处理

多数患者在 1 小时内可自行缓解。

8. 运动性血尿

1）原因

由于剧烈运动时肾脏血管收缩，肾血流量减少，氧气暂时供应不足，从而导致肾小管通透性增强而引起。

2）症状

常在剧烈运动后出现。健康人在运动后出现的一时性血尿，虽经详细检查未找到其他原因。

3）处理

这种情况需要立即休息，一般休息一周后可以完全消除。预防的办法是运动量逐渐增大，循序渐进，切忌过量运动。

9. 运动性贫血

1）原因

一是运动量过大使乳酸浓度增大、血液 pH 值下降，造成红细胞破坏，血红蛋白被分解；二是因剧烈运动出汗过量，使造血原料铁元素大量流失，又不能得到及时补充，引起缺铁性贫血。

2）症状

剧烈运动之后，出现面色苍白、头晕目眩、心慌气促、四肢无力、精神萎靡等症状，即运动性贫血。

3）处理

根据自身的体质选择相适应的锻炼项目，饮食要保证足够的蛋白质和铁元素供给。

第四章 篮　　球

第一节　篮球运动的起源

　　篮球运动是由在加拿大出生的体育教师詹姆士·奈·史密斯1891年发明的。他当时受启发于当地青年摘桃扔入桃筐的活动性游戏。即在一块场地的两端设置两个竹制桃筐，展开投篮比赛，这便是篮球运动的雏形。

　　后来史密斯将在室外开展的篮球游戏移至室内，并将桃筐悬挂在室内两侧离地面约10英尺[①]高的墙壁上，以足球代替其他物体向篮筐中投准，展开攻守对抗的游戏比赛。最初由于篮筐底部是封闭的，投进的球不能下落，需要架梯将球取出，开展活动十分不便，之后很快将篮筐底部去掉，并将悬挂在墙壁上的篮筐安装在特殊的立柱架上，移至场地两边进行游戏比赛。为了避免将球投掷到场地外，影响观看者，曾在篮筐后部设有挡网，有些还用网形装置罩住整个场地，类似一个大网笼，因此有些国家和某些版本的书上仍将篮球运动称为笼球运动。正因为这种活动的游戏性和趣味性较强，有较好的健身作用，所以便在游戏的基础上很快充实活动内容，制定了某些限制性规则，不断改革比赛方式，从而逐步形成了现代篮球运动。

第二节　篮球运动的发展及特点

一、初创试行时期

　　19世纪90年代，篮球运动无明确的竞赛规则，场地大小、活动人数不限，仅在室内一块狭长的空地两端各放一只桃筐，竞赛时把参加者分成人数相等的两队，当竞赛主持者在边线中心点把近似现代足球大小的球向场地中心区抛去后，两队便集体向球落点奔抢球，随即展开攻守对抗，球进筐者得一分，累计得分多者为胜。而每进一球都需要按开始时的程序重新比赛。

　　最初的活动与比赛目的是为了让更多的学生在冬季参与室内游戏活动，场地没有区域划分，也没有比赛时间的明确限制。由于攻守争球投篮十分激烈，往往在争抢过程中出现粗野的动作和某些不利于游戏和比赛正常进行的现象，为此，1892年，史密斯将比赛场地按照进攻方向分为后场、中场和前场，同时明确了比赛的要求，如不准个人持球跑，限制攻守对抗中队员身体接触部位等，对悬空的篮筐装置也做了明确规定，不久又提出了13条简明而必须严格执行的比赛规则，其中有比赛时间分为前后两个15分钟，中间休息5分钟；比赛结束双方打成平局时若双方队长同意可延长比赛时间，先投进球的队为胜；掷

---

① 英尺为非法定许用单位，1英尺≈0.304 8 m。

界外球规定在 5 s 内完成，超过 5 s 时裁判可判为违例，由对方发界外球。某一方连续犯规 3 次，判对方投中一个球，还规定可以用单手或双手运球，但不能用拳击球，不准用手或脚对对方队员进行打、推、拉、摔，违者第一次记犯规，第二次犯规者停止比赛，直到对方投进一个球才允许该犯规队员再次进入场地参赛。对故意或具有伤害性质的犯规行为，则取消犯规者该场比赛的资格，并且该队不得换人。

此后，比赛场地由不分区域的场地，逐步增划了各种区域的限制线，如中圈及罚球线，不久又增加了中场。篮圈也由铁圈代替了不同制作形式的篮筐，篮圈后部的挡网也换成了木质规则的挡板，并与铁质篮圈相连，接近于现代使用的篮板装置，竞赛开始程序改由中圈跳球，比赛中的队员也开始有前锋、中卫的位置分工。前锋、中锋在前场进攻，后卫负责守卫本篮和把球传给中场和前场的中锋、前锋。至此，现代篮球运动基本形成。从 1904 年第三届奥运会上由美国队举行了国际上第一次篮球表演赛至 20 世纪 20 年代末，国际间虽未有统一规则，但上场已基本定为 5 人，进而球场有了电灯泡式的限制区和罚球时的攻守队员分列站位线。此时攻守技术简单，仅限双手做几个传、运、投的基本动作，竞赛中以单兵作战为主要攻守形式，战术配合还在朦胧时期。1891—1920 年，由于篮球比赛的趣味性强，篮球运动在美国教会学校迅速得以推广，同时，通过基督教青年会组织、教师及留学生间的交往，篮球运动随着美国文化和宗教在 1891—1920 年期间先后传到美洲、欧洲、亚洲、澳洲及非洲。

二、完善和推广时期

进入 20 世纪 30 年代以后，篮球运动迅速向欧、亚、非、澳四大洲的许多国家推广发展，技术水平不断提高，单兵作战的基本形式逐渐被掩护、协防等几个人的相互配合所充实。为了适应并推动世界各国篮球运动的普及与发展，1932 年 6 月 18 日在瑞士的日内瓦由葡萄牙、罗马尼亚、瑞士、意大利、希腊、拉脱维亚、捷克斯洛伐克、阿根廷欧美 8 国的代表酝酿组织国际统一的竞赛规则 13 条，例如规定竞赛人数为 5 人；场地上增加了进攻限制区；投篮时对手犯规，则投中加罚 1 次，未投中罚 2 次；竞赛时间由女子 8 分钟、男子 10 分钟一节共赛四节，改为 20 分钟一节共赛 2 节；进攻队在后场得球后必须 10 s 过中线不得再回后场等。1936 年第 11 届奥运会上，篮球运动被列为男子正式竞赛项目，现代篮球运动从此登上国际竞技舞台。

20 世纪 40 年代，随着篮球技术、战术不断发展，特别是运动水平的提高，高大队员开始涌现，篮球规则进行了充分修改。例如严格了侵人犯规和违例罚则，篮板有了规范的长方形和扇形两种，球场中圈分为跳圈和禁圈两个圈，球场罚球区的两侧至端线，明确分设了争抢篮板的队员的分区站位线，篮球技术、战术不断变化，充实并各成体系地向集体对抗方向发展。到 20 世纪 40 年代末，进攻中的快攻、掩护、策应战术，防守中的人盯人防守、区域联防等战术阵形和配合已被各篮球队所运用，篮球运动在国际进入完善、推广的新时期。

三、普及与发展时期

20 世纪 50 年代至 20 世纪 60 年代，篮球运动在世界各地广泛普及，特别是随着篮球

运动技术、战术的创新发展，规则与技术、战术之间不断制约和相互促进，迫使篮球运动员身高增长加速，如美国巨型运动员张伯伦，苏联巨型运动员克鲁明及女运动员谢苗诺娃等，高度开始成为现代篮球竞赛中决定胜负的重要因素之一。因此，一种利用高大队员强攻篮下的中锋打法风行一时，篮球运动员进入了一个向高大体型发展的新时期，特别是1950年和1953年在阿根廷和智利举行的男女首届世界篮球锦标赛上，高大队员威震篮坛，国际上开始有了"得高大中锋者得篮球天下"的说法，迫使篮球规则在场地和时间上对进攻队增加了新的限制。如20世纪50年代将篮下门字型3秒区域扩大成梯形3秒区，一次进攻有30 s的限制，以及进入20世纪60年代中期，一度取消中场线等，攻守区域的扩大，高度与速度的相互交叉、渗透，提高了比赛的速度、技巧、准确性，争夺篮下的优势成为竞赛胜负的重要保证，有力地推动了攻守技术、战术的全面发展。例如进攻中的快攻，移动掩护突破快攻，以及防守中的全场紧逼、盯人防守，成为当时以快制高，以小打大的重要手段。20世纪60年代末，世界篮球运动开始形成以美国队为代表的高度、速度与技巧结合的美国型打法；以苏联为代表的高度、力量和速度相结合的欧洲型打法；以韩国、中国队为代表的矮、快、灵、准结合的亚洲型打的新时期。

四、全面提高时期

进入20世纪70年代以后，2米以上的队员大量涌现，篮球竞赛空间争夺越发激烈，高度与速度的矛盾更加尖锐，高空技术长足发展占有高空优势就显示着实力，篮球竞赛名副其实成了巨人们的空间游戏。为此，规则对高大队员在进攻时提出了更多的限制和要求，以利于调动防守和身高处于劣势队伍的积极性。随之，一种攻击性防守——全场及半场范围内的区域紧逼人盯人防守和混合型防守战术展现出新的制高威力。1973—1978年间竞赛规则又多次对犯规提出了次数的调整，增设追加罚球的规定，促使进攻与防守的技术、战术在新的条件制约下，向既重高度、速度，又重智慧、技巧、准确多变的方向创新发展，进攻中全面的对抗技术、快速技术结合更加巧妙；传统的单一型的攻击型技术、机械的战术配合和相对固定的阵形打法，被全面化、整体型、综合型的频繁移动中掩护的运动打法所取代，防守更具破坏性和威胁性，个人远距离斜步或弓箭步站位干扰式防守和单一型的防守战术，被近身平步站位，积极抢距、抢位，身体有关部位主动用力的破坏型的个体防守和集约型防守战术所取代。尤其是自1976年第21届奥运会篮球赛和1978年第8届男子世界篮球锦标赛后，篮球运动高身材、高技巧、高速度、多变化、高比分的特点，特别是高空技术有了进一步的发展。这一趋势和特点到20世纪80年代则更为突出和明显。为此，80年代中期，篮球竞赛规则对进攻时间、犯规罚则又做了新的修正，规定了远投区，增加了三分球规定等，篮球运动向更高水平全面发展和提高。

五、创新与攀登时期

进入90年代，国际奥委会允许职业篮球队员参赛，给世界篮球运动开创了新的发展渠道和方向。1992年西班牙巴塞罗那举行的第25届奥运会上，以美国梦之队中的超级球员乔丹、约翰逊等为代表的现代篮球技巧表演，把这项运动技艺表演得更加充实完善，战

5. 球回后场

当某队在前场控制球时，不能使球回后场，否则为违例。只要该队使球触及后场的地面及有部分身体触及后场的队员，裁判员即算该队回后场违例。

6. 带球走

篮球技术的特殊点之一是队员一旦持球，就必须确立中枢脚。从中枢脚离地后至再次落地前，球必须离开队员的手，否则为"带球走"。

7. 两次运球

队员在一次运球结束后不得再次运球。

8. 罚球时的违例

罚球时，罚球队员除了需遵守五秒规则外，脚不得触及限制区（罚球线是限制区的一部分）和投出的球必须触及篮圈以及不得做假动作。罚球时可有包括罚球队员在内的双方各三名队员在位置区站位。其余五人的站位方法是：如甲队罚球，则乙队的两名队员站在两侧靠篮下的两个位置，然后是甲队两名队员，再就是乙队的第三个队员可站在任一侧。非罚球队员的违例包括：罚球队员的球还没离手就进入限制区、干扰罚球队员投篮等。罚则是：若罚球队员违例则该次罚球投中不算；如是仅有的一次或最后的一次罚球违例后，由对方在罚球线延长线的边线外掷界外球。若非罚球队员违例，如甲队罚球，仅有一次或最后一次罚球投中与否分别按如下处理：球投中得分有效，双方的违例均不究；若不中，如乙队违例此球重罚，如甲队违例，由乙队在罚球线延长线的边线外掷界外球，如果双方同时违例则在该罚球圈跳球重新比赛。

以上是比赛中常见的违例，罚则都是失去球权，由对方在就近的界线外掷界外球。

四、常见的犯规

犯规包括有身体接触的侵人犯规和没有身体接触的技术犯规两大类。

1. 侵人犯规

比赛中常见的侵人犯规有"拉人""推人""撞人""阻挡""背后非法防守""非法用手""非法掩护"；等等。罚则是：上述犯规中凡是对做投篮动作的队员犯规均判罚球；如对没做投篮动作的队员犯规，则由非犯规队在就近的地点掷界外球；如果在那一节中该队已达四次犯规并且是非控制球的队，则判给二次罚球。

2. 违反体育道德的犯规

当裁判员判断某队员不是在规则的精神和意图范围内合法地去抢球而发生的侵人犯规，则判为"违反体育道德的犯规"。罚则视其犯规对象是否在投篮和投中与否分别按如下处理：如其没做投篮动作，判给二次罚球和一次中场掷界外球权；如正做投篮动作且投中，判二或三分有效再加罚一次；如未中，视其投篮地点判给二次或三次罚球。上述罚球无论投中与否都获得一次中场掷界外球权，此界外球可传入前场或后场。罚球时非罚球队员也不必站位。

46

3. 取消比赛资格的犯规

这是一种恶劣的违反体育道德的犯规。无论是队员、替补队员，还是教练员、随队人员，裁判员均有权判罚。罚则是除取消该犯规人员的比赛资格，令其离开比赛场地外，其他与"违反体育道德的犯规"相同。

4. 双方犯规

是两个队的两名队员同时的相互间的犯规。罚则是不判给罚球，按如下处理：如犯规同时一方投篮有效并命中，则得分有效，由另一方在端线掷界外球；如是某队已控制球或拥有球权，则判该队在就近处掷界外球；如双方都没控制球和不拥有球权，则在就近的圆圈跳球开始比赛。

5. 队员技术犯规

当一名队员不顾裁判员的警告或与裁判员、记录台人员、技术代表、对方队员交涉时没有礼貌，使用冒犯或煽动观众的言行，戏弄对方，阻碍掷界外球的迅速进行等，将被判技术犯规。罚则是一次罚球和中场处掷界外球。

第四节　篮球基本技术

篮球技术是进行篮球比赛所必需的专门动作方法的总称，它是篮球运动的基础，篮球比赛中完成战术质量的高低，主要是取决于队员基本技术掌握的准确和熟练程度。

篮球技术种类繁多，专业运动员需要全面的技术并练就绝招，但把篮球运动作为业余锻炼、娱乐方式的一般大学生，只要掌握一些比赛中的常用技术，并能组合运用，就一定能享受到篮球运动带来的乐趣。

一、移动技术

移动是篮球比赛中队员为了改变位置、方向、速度和争取高度等所采用的各种脚步动作方法的通称。移动包括起动、跑、跳、急停、转身、跨步、滑步及后撤步，在进攻中运用各种移动来摆脱防守和防守中看住对手，保持或抢占有利位置。移动技术主要包含以下8个基本动作。

1. 起动

起动是队员改变静止状态的一种方法。突然快速的起动能及时有效地摆脱防守，占据有利位置，争取进攻的主动权。队员在球场上动作速度的快慢取决于起动的合理性。起动是在基本站立姿势的基础上，迅速以上体的前倾或侧转，向跑动方向移动身体重心，同时用后脚或异侧脚的前脚掌短促有力地蹬地，同时脚尖转向起动方向，并向启动方向跨出。

2. 急停

急停是队员在快速移动中，突然制动的一种方法。急停不仅能够直接摆脱防守，而且可以衔接脚步动作的各种变化，从而更有效地完成攻守任务。急停分为跨步急停和跳步急停。

（1）跨步急停动作方法：队员在快速跑动中，先向前跨出一大步，用脚跟先着地并迅

(3) 单手低手传球：以左手传球为例。持球手法与双手低手传球相同。传球时，右脚向球方向迈出一步，右肩斜对传球方向，上体前倾，双手持球于体侧，左臂前摆，屈腕，拨指将球传出。

(4) 反弹传球：这是常用的一种近距离原地传球方法。此动作方法与各种传球相似，但要掌握好球的击地点，一般应在传球者距接球者2~3米的地方，如防守者距自己较远，而传球的距离又较近时，击地点可在防守者的脚侧。球弹起的高度一般在接球人的腹部为宜。

3. 接球技术

接球技术分为双手接球、单手接球、双手接反弹球三种：

(1) 双手接球：以双手接中部位的球为例。这是一种最基本的接球方法，中部位是指与胸部高度相平的部位。

动作方法：接球时，两眼注视来球，两臂自然迎球伸出，双手手指自然分开，两拇指成八字形，手指向前上方，两手成一个半圆形。当手指触球后，双手将球握住，两臂顺势屈肘缓冲来球的力量，两手持球于胸腹之间，成基本站立姿势（如图4-3所示）。

图4-3

(2) 单手接球：单手接球范围大，能接不同方向和部位的来球。有利于队员快速进攻。但是，没有双手接球牢稳。下面，仅以右手接高位球为例。动作方法：在原地右手接球时，两眼注视来球，右手伸向来球方向，五指自然分开，掌心正对传来的球，腕、指放松。当手指触球后，顺球的来势迅速收臂，置球于身体前方或体侧，左手迅速扶持球，保持身体平衡，做好下一个进攻动作的准备姿势（如图4-4所示）。

图4-4

(3) 双手接反弹球：接球时，迎球跨步，上体前倾，双臂迎球向前下方伸出，五指自然分开，在球刚刚离地或弹起到腰部高度时，手指触球将球接住，并顺势将球引至胸腹之间，保持身体平衡。成基本站立姿势（如图4-5所示）。

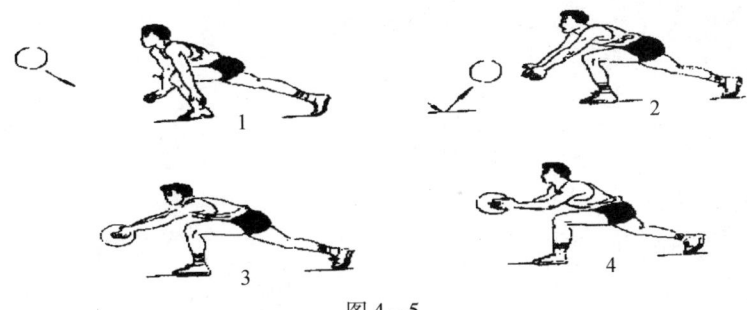

图 4-5

4. 传接球的练习步骤和练习方法

1）原地传接球练习

两人一组，对面站立，相距 3~5 米做各种传、接球练习。要求如下。

（1）传、接球动作要正确。

（2）传接球动作要先做徒手，后做有球练习，要由慢到快，距离由近到远。

（3）单手传、接球时，左右手要交替练习。

2）行进间传、接球练习

（1）两人一组一球，相距 4~6 m 面对站立，一人原地传球，另一人向左、右、前、后移动接球，传接球一定次数后，互相交换。

（2）迎面跑动传接球：两组人面对面站立，相距 6~7 m 在跑动中传、接球。某排头传球给对面排头后，快速跑至对面排尾，如此反复进行，动作要连贯，不能带球走（如图 4-6 所示）。

图 4-6

（3）四角弧形跑动传接球（如图 4-7 所示）：站位成四组，④传给⑤球后，并切入接⑤的回传球再传给⑥，然后跑到⑥组的队尾；当④传球给⑥时，⑤紧跟着起动切入接⑥的传球给⑦，然后跑到⑦组队尾，依次连续进行。

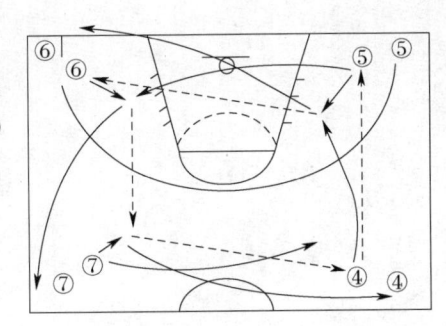

三、投篮

持球队员将球从篮圈上方投入球篮所采用的各种动作方法称为投篮。投篮是篮球运动的进攻技术之一，是唯一的得分手段，所以投篮是篮球竞赛中攻守对抗的焦点。

图 4-7

1. 持球方法

投篮持球手臂托住球的后下方，手心空出，手腕后仰，球的重心落在食指和中指之间，肘关节自然下垂，置球于同侧肩的前上方。

①徒手练习。做原地投篮动作，重点体会投篮的手法和用力过程。

②持球练习。两人用一个球，相互对投，体会原地投篮的手法及身体各环节的协调配合。

③自抛、自接做原地投篮的练习。体会跨步接球，举球协同配合的过程。

④有防守情况下的投篮练习。加强对抗条件下的投篮，提高在有防守情况下运用术的能力。

（2）原地投篮练习的方法。

①三点不同的距离的投篮练习。每组各用一个球自投自抢，先从近距离开始，然后，再进行中、远距离的投篮练习。

②固定距离、变化角度的投篮练习。分三组进行，每组用一个球在固定的距离内投篮，投篮后，按顺时针方向进行换位，到另一个角度的位置上进行投篮。

③变换距离、变换角度的投篮练习。每个依次在同一个角度、三个不同距离的位置上进行投篮，投完后，轮转到下一个角度的位置上。以上三个练习方法可用于跳起投篮的练习方法。

7）行进间投篮

（1）徒手练习：做行进间投篮的徒手练习，体会第一步和第二步以及抬臂用力过程的协调性。

（2）有球练习：两人一组，一人单手托球，另一人做跨步接球、上步收球、起跳投篮的连贯动作。然后，再做有篮板的投篮练习。

（3）运球投篮练习：练习者自拍一次球后，做行进间投篮练习。

（4）接传球后行进间投篮：练习者接另一人的传球后做行进间的投篮。

四、运球

持球队员在原地或移动中，用单手连续按拍借助地面反弹起来的球的技术叫运球，它不仅是进攻队员摆脱防守，创造传球突破、投篮得分的桥梁，也是进攻队员发动快攻、组织与调整战术配合、瓦解防守阵形的重要手段。以下简单介绍几种运球方法。

1. 高运球

运球时，两腿微屈，目平视，手用力向前下方推按球，球的落点在身体侧前方，使球反弹的高度在胸腹之间，手脚协调配合，使球有节奏地向前运行。这种运球，身体重心高，速度快，便于观察场上情况。

2. 低运球

运球遇到紧逼时，常用这种运球摆脱。重心下降，上体前倾，用上体和腿保护球。同时，用手短促地拍按球，使球从地面向上反弹的高度在膝部以下，以便更好地控制球和摆脱防守继续前进（如图4-12所示）。

3. 运球急停急起

在对手防守较紧的情况下，运球向前推进时，可利用急停急起的变化来摆脱对手。在快速运球中，突然急停时，手拍按球的前上方。运球急起时，要迅速起动，拍按球的后上

图 4-12

方，要注意用身体和腿保护球。在运球急停急起时，要停得稳，起动快。

4. 体前变向换手运球

这是当对手堵截运球前进的路线时，突然向左或向右改变运球方向，以摆脱防守的一种运球方法。运球队员从对手右侧突破时，先向对手左侧变向运球，然后向右侧变向。变向时，右手拍按球的右后上方，把球从自己的右侧拍按到左侧前方，同时右脚向左前方跨出，上体左转，用肩保护球。

5. 运球转身

当对方逼近，不能用直线运球体前变向运球突破时，可用此法过人。以右手运球为例，变向时，左脚在前为轴，做后转身的同时，右手将球拉至身体的左侧前方，然后换手运球，加速前进。运球转身时，要降低重心，不要上下起伏，手型要正确，以免违例。

6. 背后运球

当对手堵截一侧，距离较近时，运动队员可用背后运球改变方向突破防守。动作方法：以右手运球为例，变向时，用右手将球拉到身后，按拍球的右侧上方，将球拍至左脚的侧前方，并立即换左手运球，左脚迅速向前跨出，用左手运球突破对手。其要点是拍球的方位变化迅速，跨步及时，重心跟上。

运球技术练习的方法如下。

1) 原地运球的练习方法

（1）原地做高、低运球，左右手交替进行。

（2）原地做体前左右手变向运球。

（3）原地做体侧前后推拉运球。

（4）两人一组，一人原地做各种运球并报数，另一人伸出手指示意。

2) 运球急停急起练习方法（如图 4-13 所示）

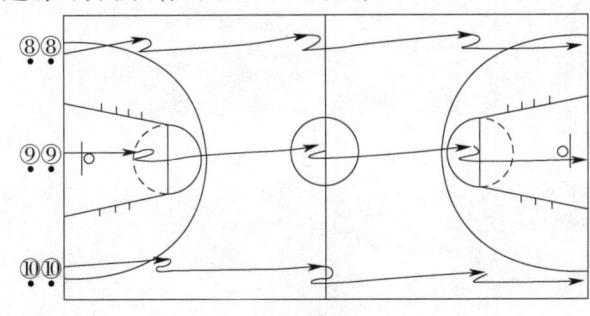

图 4-13

远球松，松紧结合"。

（3）要防止对手的摆脱空切，不让对手在有效攻击区和切向篮下接球，阻截对手的移动接球路线。

（4）要及时果断地进行协防配合，帮助同伴防守对方威胁最大的或持球进攻队员。

（5）要有随时补防、夹击和换防的集体防守意识和能力。

2. 防守无球队员的基本方法

（1）位置的选择：防守时，位置的选择非常重要。正确、合理地占据有利位置，会使防守主动。就一般情况而言，防守队员应站在对手与球篮之间的位置上，与对手保持适当的距离和角度。如图 4-19 所示，与对手的距离要根据对手与持球队员的距离而定，一般来说离球近则近，离球远则远，以能控制对手为原则。

（2）积极移动：防守时，要随时保持有利的防守位置，就必须有正确的准备姿势，以保证迅速及时地移动。

图 4-19

由于对手不断地向不同的方向移动，所以防守队员的准备姿势的站法也要随时变换，一般在离球近处防守时，应采用面向人侧向球的站法，不让对手摆脱接球；在离球较远处防守时，较多采用侧向人面向球的站法，以便断球或进行协防配合。不论哪种站法，都要积极运用撤步、滑步、交叉步、碎步和快跑等脚步移动跟住对手，堵截其移动路线。为了及时起动，防守队员应以短小的步幅，不停地滑动，以便更快地移动阻挠对手，使其向不利的位置上移动。

（3）手臂的配合：在积极移动的同时，必须借助手臂的动作，扩大防守面积，手臂要随着移动配合着做伸手、挥摆、上举等动作，以便更有效的阻挠对手接球和争取断球。

防无球队员的练习方法如下。

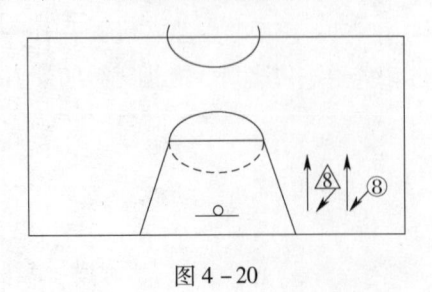

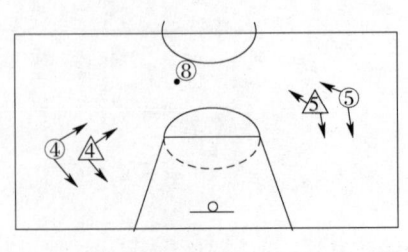

（1）在一定区域内进行脚步移动练习：如图 4-20 所示，△防守⑧，尽量不使⑧跑向另一侧面，利用脚步和身体动作堵截对手的移动路线。正确选择防守位置的练习：如图 4-21 所示，⑧持球。在规定的范围内，△防守④，△防⑤，△△尽量防止对手摆脱自己的防守，不让他到限制区内接球投篮。

图 4-20

图 4-21

（2）防守进攻队员溜底线练习：如图 4-22 所示，③持球，②尽量利用各种移动技术摆脱△的防守，并从底线溜过接③的传球，而△则利用堵截和各种防守动作不让②溜底线。

（3）空切的练习：如图 4-23 所示，⑧持球，△防④，△防⑤，⑧可与④和⑤在外围传球，④和⑤传球给⑧后即向另一侧空切，△和△根据④和⑤的移动路线，选择正确的防守位置进行阻截，不让④或⑤在限制区内接球。

图 4-22

图 4-23

3. 防守有球队员

防守有球队员的主要任务是尽力干扰和破坏其投篮，堵截其运球突破，封锁其助攻传球，并积极地抢、打、断球以达到控制球权的目的。

防守人应站在对手与球篮之间，使对方、自己和球篮保持在一条直线上，并根据对手与球离的远近，以及对手的进攻技术特点调整防守距离和位置。防守姿势分为平步和斜步两种：平步防守攻击性强，面积大，适合防守运球、突破；斜步防守便于前后移动，对投篮有利。防守有球队员的移动步法常用的有碎步、跳步、横滑步、撤步等。

1）防守有球队员时的技术要点包括。
（1）及时抢占对手与篮之间的有利位置。
（2）观察判断对手的进攻意图，合理地运用防投、运、突、传等技术。
（3）及时发现对手的进攻技术特点，以便有针对性地防守。
（4）在对手运球停止时，立即上前封堵。

2）防守有球队员的注意事项：①防守时脚步移动要快，及时到位，但要防止前冲过猛。②防中投时要举手干扰封盖，但要避免犯规。③防突破时，身体重心要低稳，手脚配合协调，不轻易放弃防守，同时避免犯规。④防运球时，要敢于贴近对手，抢先移动。

3）防守有球队员的练习方法如下。
（1）全场一攻一守攻防练习：两人一组，一攻一守。进攻队员运球突破，防守运用各种步法积极移动，并伺机抢、打球。一旦形成突破，防守迅速运用撤步，交叉步追防，重新占据合理防守位置。要求：两人始终保持一臂内距离，遵循堵中路、堵强手的原则。
（2）综合练习：两人一组用一球。防守者将球传给进攻者后，立即进行防守，进攻者可做投篮、急停跳投、运球突破等技术动作。一定次数后，互换攻守。

七、抢篮板球

抢篮板球是在投篮不中后双方争夺控制球权的技术。它是攻守转化的关键，对比赛起着重大的作用。

1. 抢篮板球的技术要点包括

1）抢占位置

抢占有利位置是抢篮板球技术的关键，无论进攻队员还是防守队员，都应设法把对手挡在身后。抢占位置时，应根据对手和投篮队员所处的位置，正确判断篮板球的反弹方向、距离，运用快速的脚步动作，配合身体动作抢占有利位置。

2）起跳动作

抢占到有利位置时，身体应保持正确的起跳准备姿势。起跳前，两腿微曲、重心降低、上体稍前倾，两臂屈肘举于体侧，重心置于两脚之间，观察和判断好球的反弹方向，及时起跳。起跳时，两脚用力蹬地，几乎同时两臂上摆，手臂向上伸，腰腹协调用力，充分伸展身体，并控制身体平衡。

3）抢球动作

根据攻、防队员的位置及球的方向，抢球动作可分为双手、单手抢篮板球和点拨球三种。

2. 抢篮板球的动作方法

1）双手抢篮板球

身体跳起在空中时，两臂用力伸向球反弹的方向，占据空间。身体和手达到最高点时，双手将球握住，腰腹用力，迅速收臂将球置于身前，以保护球。此法握球牢固，但制高点和控球范围不够。

2）单手抢篮板球

身体和手臂在空中要充分伸展，在最高点当指端触球的侧方或侧下方时，迅速屈腕、屈指握球，前臂随之拉球于胸前，另一手护球。此法接球点高，控制范围大，但不够牢稳。

3. 抢篮板球的练习方法

（1）两人一组，相距1 m，对面站立，攻方利用假动作摆脱守方，守方转身将攻方挡住，并起跳模仿抢篮板球。数次后，交换练习。

（2）如图4-24所示，①将球抛向篮板，②跳起在空中用单手或双手抢反弹回来的球，落地后将球再抛向篮板，③跳起抢反弹回来的球。依次连续进行。

（3）半场三对三、四对四或五对五的攻守练习：要求防守者挡人抢位，进攻队只准在外围做配合投篮，投篮后双方争夺篮板球。攻方抢到篮球时继续进攻，守方抢到篮板球则转为攻方。

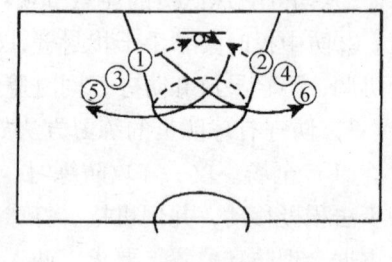

图4-24

第五节 篮球基本战术

战术基础配合，是两三人之间有目的、有组织，合作行动的方法。

一、进攻及防守基础战术配合

进攻战术基础配合是指在篮球竞赛中，队员两三人之间所组成的简单配合方法。它是

全队进攻战术的基础。

1. 传切配合

传切配合是进攻队员之间利用传球和切入技术所组成的简单配合。传切配合多用于半场阵地进攻，但也用于全场进攻，加快进入前场的速度或作为快攻的结束方法。传切配合是队员之间利用传球和切入技术所组成的简单配合。它包括一传一切和空切两种。

传切配合的方法如下。

（1）一传一切配合。是指持球队员传球后摆脱防守，向球篮方向切入接回传球投篮的配合。如图4-25所示，④传球给⑤后，先向右侧做切入假动作，同时注意观察❹的情况，然后突然从左侧切入，身体转向球的方向接⑤的传球投篮。

（2）空切配合。是指无球队员掌握时机，摆脱对手，切入篮下接球投篮或做其他进攻配合。如图4-26所示，④传球给⑥时，⑤乘❺注意球尚未调整防守位置的机会，突然横切或从底线切向篮下接⑥的传球投篮。

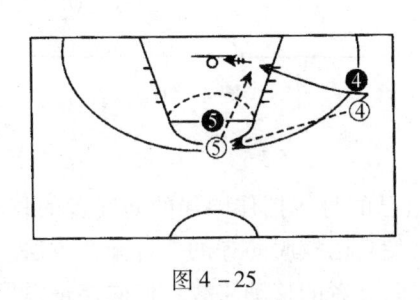

图4-25　　　　　　　　　　图4-26

传切配合的练习方法如下。

（1）练习一：如图4-27所示，练习者分成④、⑤两组，分别站在立柱后面。练习开始时，④传球给⑤后，做向左（右）切入的假动作，然后突然变向从右（左）切入。⑤接球后回传给④，做底线切入的假动作，然后变向从内侧切入。④切入后到⑤的排尾，⑤到④排尾，依次进行。

（2）练习二：如图4-28所示，练习者分成三组，④⑤组持球，④传球给⑥后迅速从右侧切入接⑤传球投篮。⑤传球给④后，横切接⑥的传球投篮。⑤⑥抢篮板球，按顺时针方向换位，依次进行。

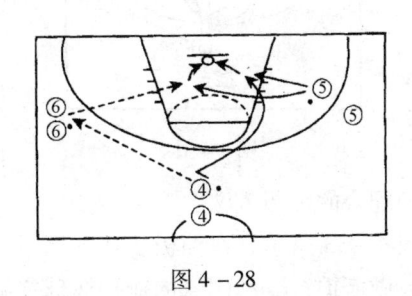

图4-27　　　　　　　　　　图4-28

2. 突分配合

是有球队员持球突破后，遇到对方补防时，主动地或应变地利用传球与同伴配合的方

法。突分配合用于对付扩大防守，能各个击破，打乱对方的防守部署；也可用来压缩对方防区，创造外围中、远距离投篮的机会。

如图4-29所示，④持球突破❹后，遇到❺补防时，④及时传球给横插篮下的⑤投篮。

突分配合的练习方法如下。

如图4-30所示，△持球，△传球给④，④接球后运球突破到篮下，回传球给△，△又传球给⑤，依次进行练习。亦可逐步增加难度，根据△的信号进行练习，△伸手则传球，△没伸手，则突破上篮。

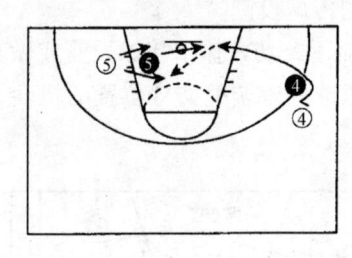

图4-29

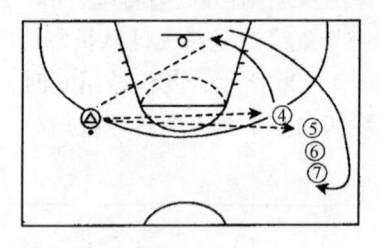

图4-30

3. 掩护配合

掩护配合是掩护队员采用合理的行动，用自己的身体挡住同伴的防守者的移动路线，使同伴得以摆脱防守，或利用同伴的身体和位置使自己摆脱防守的一种配合方法。侧掩护是掩护队员站在同伴防守者的侧面。用身体挡住防守者的移动路线，使同伴得以摆脱防守创造接球投篮或进攻机会的一种配合方法。

掩护配合的方法：掩护者站在同伴的防守者的侧（略靠后）方，用身体挡住该防守者的移动路线，使同伴摆脱防守获得进攻机会的一种配合方法。如图4-31所示，⑤传给⑥后，移动到❻的侧方给⑥掩护，⑥接球后做投篮或突破动作吸引❻，当⑤掩护到位时，立即从❻的右侧运球突破投篮。⑤随之后转身切向篮下。当⑥运球突破时，如遇对方交换防守，⑥则及时回传球给⑤进攻（如图4-32所示）。

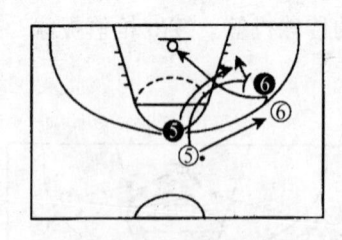

图4-31

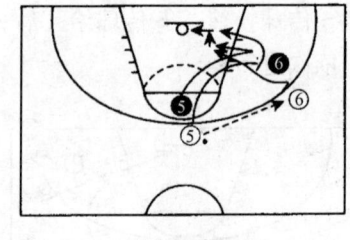

图4-32

掩护配合的练习方法：

如图4-33所示，在消极防守下练习，练习者分成两组，每组均加防守。④传球给⑤后去给⑤做掩护，⑤利用④的掩护运球突破投篮，④掩护后转身跟进准备接球和抢篮板。

4. 策应配合

策应配合是指进攻队员背对篮或侧对篮接球，由他做枢纽，与同伴空切相配合形成的

62

一种里应外合的方法。

策应配合是指处在内线的队员背对或侧对球篮接球后，以他为枢纽，通过多种传球方式与其他队员的空切、绕切相结合，借以摆脱防守，创造各种进攻机会的一种配合方法。

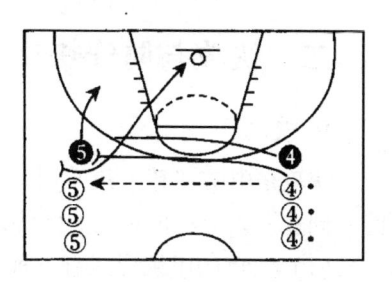

策应配合的方法：如图4-34所示，⑥在④传球给⑤的同时向底线做压切动作，然启突然移动到罚球线右侧接⑤的传球做策应，⑤传球后摆脱❺，向⑥的身前绕切，接⑥的传球跳投或突破，此时④应同时做反切摆脱，④准备接⑥的球投篮。⑥策应后转身跟进抢篮板球。

策应配合的练习方法如下。

如图4-35所示，④、⑥相互传球，❽突然跑到罚球线前做策应，接④或⑥的停球，④或⑥传球后交叉绕切接❽的传球投篮或运球突破投篮。❽也可自己进攻。

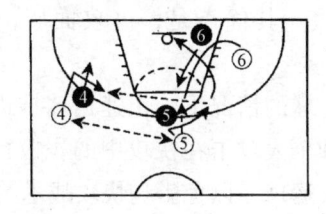

图4-33

图4-34 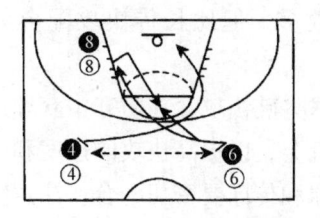　　　　　　　图4-35

5. 防守基础配合

防守基础配合，是指两三名防守队员，为破坏对方的配合，或当同伴防守出现困难时，及时互相协作行动的方法。防守基础配合包括"关门"配合、夹击配合、补防配合、挤过配合、穿过配合和交换防守配合。

（1）关门配合："关门"是两个防守队员靠拢协同防守突破的配合方法。

（2）补防配合：是指防守队员当同伴漏防时，立即放弃自己的对手，去补防那个威胁最大的进攻者，而漏人的防守队员及时换防的一种防守方法。

（3）夹击配合：是两个防守队员防守一个进攻队员的一种配合方法。

（4）交换防守配合：为了破坏进攻队员的掩护配合，防守队员之间彼此及时地相互交换自己所防守的对手的一种配合方法。补防配合的要求：补防时，动作要快速，果断。其他防守队员要及时换防威胁最大的进攻者。

（5）穿过配合：它是破坏掩护的一种方法。当进攻队员掩护时，防掩护者的队员及时提醒同伴并主动后撤一步，让同伴及时从自己和掩护队员之间穿过，继续防守自己的对手。

（6）绕过配合：是破坏掩护的一种方法。当进攻队员掩护时，防掩护者的队员贴近对手，让同伴从自己的身后绕过，继续防守自己的对手。

（7）挤过：它是破坏掩护配合的方法之一。当对方掩护，防守队员在掩护队员接近自己时，要迅速向前跨出一步，靠近对手，从两个进攻队员之间侧身挤过，继续防守自己的对手。防守掩护的队员应及早提醒同伴并后撤一步，以备补防。

二、快攻与防守快攻

1. 快攻

快攻是由防守转入进攻时，以最快的速度、最短的时间，在对方尚未部署好防守之前，创造人数上、位置上的优势，果断而合理地进行攻击的一种速度决战的进攻战术。

（1）快攻的组织形式有三种：长传快攻，短传结合运球推进快攻，运球突破快攻。

①长传快攻。也称长传偷袭快攻，是指队员在后场获得球后，立即把球传给迅速摆脱对方进行偷袭的同伴的一种配合，是由一两个进攻队员利用自己奔跑的速度和同伴长传球的速度超越防守来完成的。是一种速度快，时间短，配合简单，成功率高的快攻战术配合。

②短传和运球结合快攻。队员在后场获球后，立即以快速的奔跑和短促的传接球迫近对方篮下，创造有利的投篮机会的一种战术配合。短传快攻虽然在速度上比长传快攻慢，参加的人数多，但比长传快攻配合灵活而且变化多。其优点是，进攻面广，配合灵活多变。

③运球突破快攻。在防守中获球后，在不便于传球的情况下，快速运球推进，创造或寻找配合机会，以提高快攻的速度和威力。这是一种个人攻击在快攻中的积极行动，在推进时，运球和传球要密切配合。注意防止盲目的个人运球，以免影响快攻战术的质量。

（2）发动快攻的时机。

发动快攻的时机，即为抢获后场篮板球时，抢、断和打球获球时，跳球时，对方投中篮后掷端线界外球时。抢获后场篮板球后，发动快攻机会最多，抢断得球后发动快攻成功率最高。

（3）快攻是由发动接应、推进和结束三个阶段组成的。

①发动与接应阶段的方法。

发动快攻要抓住时机，主要是通过在防守中的获球队员和后场掷界外球队员的快速传球或运球突破来发动。一般来讲，先争取长传快攻，再与接应队员配合共同发动快攻。

②推进阶段的方法。

在快攻推进过程中，场上五名队员注意保持前、后、左、右合理的纵深队形，并根据场上的情况各自努力完成向前推进的任务。

③结束阶段的方法。

快攻结束阶段是决定快攻成败的关键，在保持速度和时空优势的基础上，保持推进中的纵深队形，不论处于最前沿人数多或少，都要乘防守立足未稳之时，果断地展开有组织的攻击，毫不犹豫地投篮和跟进抢篮板球，准备第二次进攻和转入阵地进攻。

（4）快攻战术练习方法。

①长传快攻练习方法如下。

- 全场长传球上篮练习。如图4-36所示，⑤与⑦每人一球，⑥与④沿边线快下，接⑤与⑦传球投篮，投篮者自抢篮板球，换位按④→⑤→⑥→⑦→④→⑤顺序进行。

- 篮板球结合运球摆脱长传快攻。如图4-37所法，教师位于罚球线前，④队在罚球线后，每人手持一球。⑤队在罚球线右端。练习开始，④队第1名队员将球交给教师，教师投篮碰篮板，④转身抢篮板，迅速运球至场边，传球给向前场快下的⑤，⑤接球后投篮。换位按④→⑤→④顺序进行。

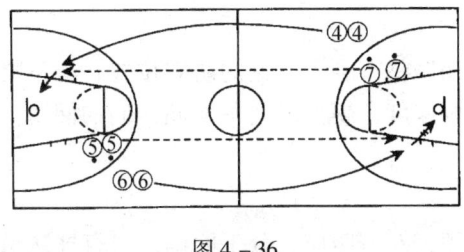

图4-36 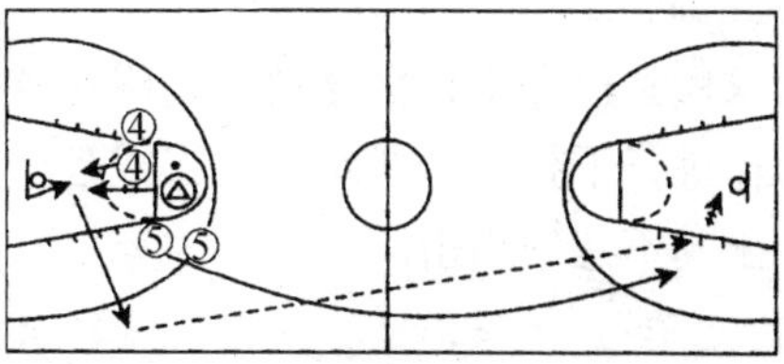　　　　　　　　　　图4-37

②短传和运球结合快攻练习。

- 插上接应及运球推进练习方法。如图4-38所示⑤队第一名插上接后场教师的球，运球向前场推进过中场线，又将球传给前场教师△，自己切入篮下接⑥队第一名队员的传球上篮。⑥传球给⑤后插上接教师的传球运球过中线，又将球传给前场的教师△切入篮下接⑤队第二名队员传球上篮。投篮队员自抢篮板球按⑤→⑥→⑤顺序换位。

- 交叉推进二攻一守。如图4-39所示，⑭队每人手中一球，⑭队第一名队员传球给插上的⑮，⑮传球给教师，⑮先跑，⑭从背后交叉，⑭接教师△传球，运球吸引防守，然后分球给⑮投篮。每次练习由前一组的投篮者留下防守。

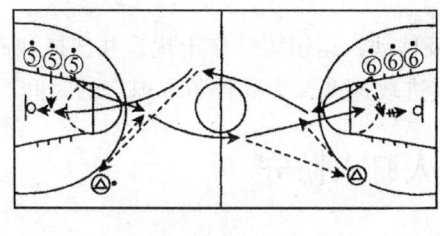

图4-38 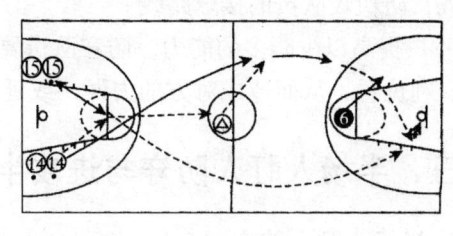　　　　　　　　　　图4-39

③全场三攻二守前后站位防守。如图4-40中⑤持球，传球给右侧边线④，④向球场中路运球，⑤和⑥沿边线快下，④到达三分线前，根据⑤和⑥的情况，可以自己切入篮下，也可传球给右边锋或左边锋，尽量使接球者不运球便可做行进间投篮。返回时方法相同，方向相反。换位按④→⑤→⑥→④的顺序进行。

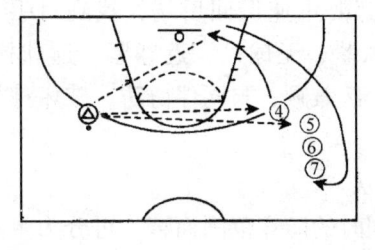

图4-40

2. 防守快攻

防守快攻是防守战术的重要组成部分。防守快攻要在积极主动的思想指导下，针对快攻的三个阶段，采取积极防御行动来阻止对方快攻的发动或进行，争取时间，为组织阵地防守战术创造条件。

1) 一防二

力求做到退守中积极移动，始终注意占据和调整有利于兼顾的防守位置，有策略地利用假动作进行干扰，造成对方失误或延缓其进攻速度，赢得时间争取同伴们的回防。准确判断，出其不意地出击。

2) 二防三

力求做到积极退守中，紧密配合，里外兼顾，左右照应，分工明确，对有球队员和无球队员加以控制。严控篮下，不让对方轻易切入篮下进行攻击。准确判断，出击断球或打球。

防守快攻的练习方法如下。

（1）提高成功率，拼抢篮板球。应特别注意减少传接球过程中的失误，不给对方抢断的机会。要有组织地拼抢前场篮板球或补篮，减少对方发动快攻的次数。

（2）堵截快攻第一传和接应。有组织地堵截快攻的第一传和接应是制止对方动快攻的关键。

（3）对方队员抢篮板球后运用二夹一进行封堵第一传。

（4）防守快攻队员。当对方发动快攻时，站在外线的防守队员应中路退守占据内线控制后场，防快攻队员的接球路线。

（5）提高以少防多的能力。防守队员要积极移动，运用假动作干扰，并选择和占据防守的有利位置，从而造成对方的失误，或延误其进攻速度，为同伴争取退守的时间。

三、半场人盯人防守与进攻半场人盯人防守

1. 半场人盯人防守

人盯人防守是篮球比赛中运用最普遍的一种防守战术，它的特点是每个队员盯住一个进攻队员，同时协助同伴完成全队防守任务。人盯人防守积极主动，分工明确，能发挥队员的防守积极性和提高防守责任感。这种防守战术方法容易理解，便于掌握。

1) 半场人盯人防守的基本要求

由攻转守时，每个队员都要迅速退回后场，找到对手，组成集体防守。根据对手、球、球篮选择有利位置。有球紧、无球松，近球紧、远球松，近篮紧、远篮松。积极移动，控制对手，做到球、人、区兼顾，与同伴协防，破坏对方的进攻配合，加强防守的集体性。

2) 半场人盯人防守的方法

半场人盯人的防守按运用时的防守范围而言，可分为半场缩小人盯人防守（离篮 7 m 左右范围）和半场扩大人盯人防守（离篮 8～10 m 范围），它们不仅在防守区控制范围上有差异，而且在防守的重点上也不同。半场缩小人盯人防守用于对付中、远距离投篮不太

准，而突破和篮下攻击能力较强的对手。半场扩大人盯人防守则用于对付外围投篮较准，突破与篮下进攻能力较弱和后卫控制、支配能力较弱的队。但在运用时，都要根据队员身高、攻守位置、技术水平等进行合理分工，明确要盯的对手，按半场人盯人的基本要求，积极进行防守。

选位与移动的方法是：在防守时，根据场上的变化和盯人为主的原则，要球、人、区兼顾，对强侧（指有球侧）与弱侧（指无球侧），进行不同的防守。

2. 人盯人防守的练习方法

在运用人盯人防守时，从方法上说可分松动（缩小）盯人和紧逼（扩大）盯人，从防守范围上说又分半场和全场盯人，它们各有特点。下面主要介绍几种缩小人盯人的防守方法。

（1）强侧与弱侧的防守方法：以球场纵轴为界，有球一侧为强侧，无球一侧为弱侧。

如图4-41所示，⑥持球，强侧的❻紧逼⑥，控制⑥投篮，传球助攻和突破；❺、❹紧防⑤、④，其采用错位防守，严密控制⑤、④接球。防弱侧的❼向罚球区移动，❽回缩篮下以便防⑦，❽还要注意⑦、⑧背插和溜底线。如果⑥传球给弱侧的⑦（如图4-42所示）时弱侧变为强侧，❼迎上紧逼⑦，❽迅速绕前防⑧接球。❻回撤准备协防，❹、❺回调保护篮下，❹要防⑦高吊球给⑧，同时防止⑤、④背插和溜底线。

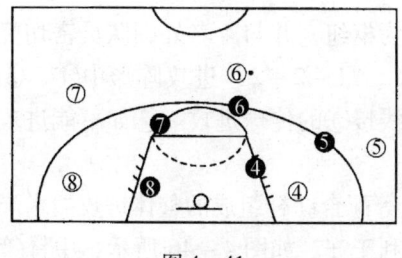

图4-41

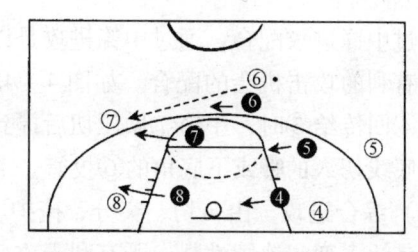

图4-42

（2）防掩护进攻的配合方法：如图4-43所示，⑧在④传球⑤的同时去给④做掩护，❽及时提醒❹，❹在⑧靠近一刹那，迅速从④和⑧中间挤过去跟防。

（3）防中锋进攻的配合方法：如图4-44所示，当进攻队员⑦将球传给⑥时，❻紧逼⑥，❺绕前防⑤不让⑤接球，并尽快调整防守位置移动到⑤的右侧前防守。❼回撤围守中锋⑤，并注意⑦切向篮下。❹、❽回缩篮下准备协防，同时注意④、⑧背插和溜底线。如⑤接⑥的传球，❻立即回缩并与❼协同❺夹击⑤，迫使⑤把球传出。

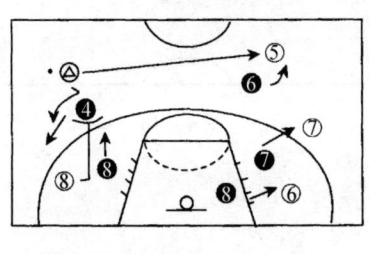

图4-43

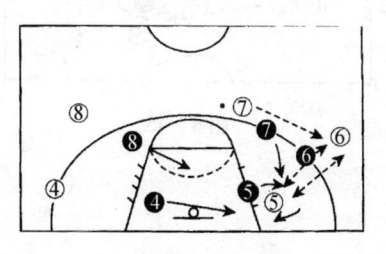

图4-44

3. 进攻半场人盯人防守

进攻半场人盯人防守战术是由各种传切、突分、掩护、策应等基础配合组成的全队战术，战术的基本要求如下。

（1）进入半场后，应合理地组织进攻队形，迅速地落位。

（2）要充分利用基础配合及其变化来创造攻击机会，要正面进攻与侧面进攻、内线进攻与外围进攻、主动进攻与辅助进攻相结合，扩大攻击面，增多攻击点，加强进攻的攻击性。

（3）在组织进攻中，要根据防守情况，攻其薄弱环节，有目的地穿插、换位，造成防守的漏防，同时注重速度，讲究节奏，快慢结合，动静结合，在动中配合，在比赛中默契，加强进攻中的针对性和灵活性。

（4）组织拼抢前场篮板球，注意攻守平衡，保证攻守转换的速度。

进攻人盯人防守战术，是根据人盯人防守战术的特点，综合运用传切、突分、掩护、策应等基础配合所组成的全队进攻战术。它是进攻战术系统中主要组成部分，经常被采用。

4. 进攻人盯人防守战术的配合方法

（1）选用合理的落位阵形。选用阵形要从本队实际出发，扬己之长，攻彼之短。常用的进攻阵形有："2-3"阵形，"2-1-2"阵形，"2-2-1"阵形，"1-3-1"阵形，"1-2-2"阵形等。

通过中锋进攻配合。通过中锋进攻是以中锋为枢纽，并与4名外围队员密切配合，共同创造有利的攻击机会的配合。如图4-45所示，"1-2-2"进攻阵形中④、⑤外围传球，当④回传给⑤时，中锋⑦做压切后提到罚球线接⑤的传球进攻。⑦如不能进攻，应及时传给底线切入的❽或下底角的⑥投篮。

（2）综合进攻。由传切、突分、掩护、策应等配合综合组成的整体进攻战术配合。这种方法灵活多变，连续性强，既有利于攻，也有利于守。如图4-46所示，中锋策应结合掩护进攻。⑤传球给④的同时，❽上提到罚球线策应接④的传球；此时，⑦给④、⑤给⑥做掩护，❽策应接球后，视当时情况传球给④、⑥进攻或自己进攻。④、⑥、❽3人抢篮板球，⑦、⑤准备退防。

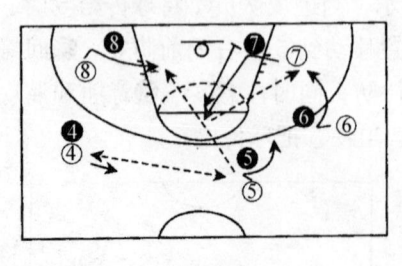

图4-45 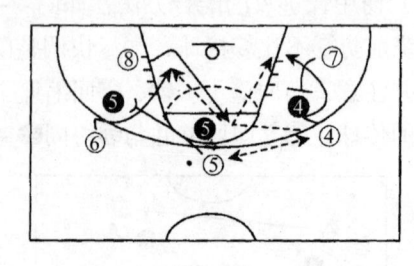   图4-46

四、区域联防与进攻区域联防

1. 区域联防

区域联防是由进攻转入防守时,防守队员退回后场,每个队员分工负责防守一定的区域,严密防守进入该区域的球和进攻队员,并与同伴协同防守,用一定的队形,把每个防守区域有机地连接起来,组成区域联防战术。

1)区域联防的基本要求

(1)每个队员必须认真负责自己的防区,积极阻挠进入该防区的进攻队员的行动,并联合进行防守。

(2)要以防球为重点,随球的转移而经常调整位置,做到人球兼顾,不让持球队员突破和传球给内线防区。

(3)对进入罚球区附近或穿过罚球区的进攻队员,必须严加防守,切断其接球路线,不让其轻易接球,传球或投球、加强篮下区域防守。

(4)每个防守队员要彼此呼应,随时准备协防、换位、越区、"护送"等,相互帮助,加强防守的集体性。处于远离球的后线防守队员,要起指挥防守的作用。

2)区域联防的形式和特点

区域联防的站位队形有"2-1-2""2-3""3-2""1-3-1"等,图中黑线区为联防的薄弱区。下面主要介绍"2-1-2"区域联防(如图4-47所示),"2-3"区域联防(如图4-48所示)。

"2-1-2"区域联防的优缺点:五个防守队员分布比较均衡,移动距离近,便于相互协作,并能根据进攻队员的防守位置,变换防守队形,所以它是区域联防的基本形式。这种防守队形便于控制篮下,有利于抢篮板球和发动快攻。但有薄弱地区,不利于防守这些区域内的中远距离投篮,不利于在球场底角进行"夹击"防守配合。

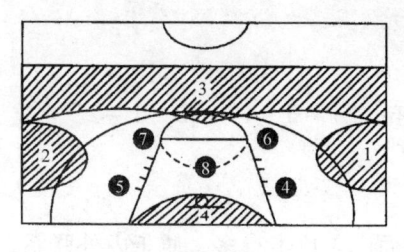

图4-47

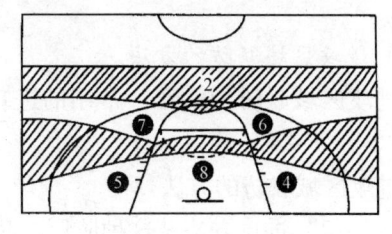

图4-48

3)区域联防的方法

示例一:球在外围左侧时的防守移动如图4-49所示,❸传球给❶,❶上❶,❸稍向下移动,协助❷防守,❷站在❶的侧后方,切断❶与❷的传球路线,并防❷向篮下空切。❺站在❺的侧前方,注视❶与❺的传球路线,减少❺接球。❶稍向球区移动,既要协助防守篮下,又要堵❹背插,还要准备断❶给❹的横传球。当❶

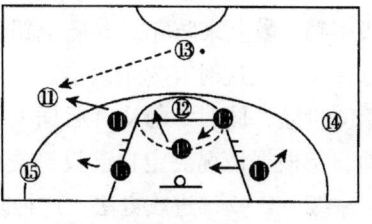

图4-49

投篮时，⓬、⓫、⓯拼抢篮板球。

示例二：堵截后卫向中锋传球移动的配合（如图4-50所示）。❻正要向⑤传球时❺和❼围守⑤，不让其接球，❹向罚球线中间移动，防⑧空切，❽向罚球区内移动，防④横插和溜底线，保护篮下。

示例三：防左前锋中投与供中锋球结合的移动配合（如图4-51所示）。当❽持球时，❽上前防守⑧，❹和❼围守④，不让其接球，❻向罚球区移动，防⑥空切和保护禁区腹地，❺移动到篮下，防⑤空切和溜底线并保护篮下。

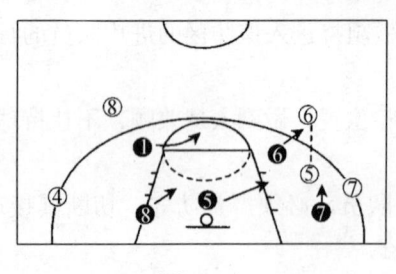

图4-50

图4-51

4）进攻区域联防

进攻区域联防是针对区域联防的特点、队形、方法和变化所采用的进攻战术。

（1）进攻区域联防的基本要求。

①由防守转入进攻时，应首先争取快攻。乘对方立足未稳，尚未组织好防守之前进行攻击。

②根据对方区域联防队形，采用针对性落位队形，组织对薄弱地区的攻击。

③运用传球转移、中远距离投篮等进攻技术，通过"人动""球动"打乱对方防守队形。运用声东击西、内外结合、以多打少等方法，创造投篮机会进行攻击。

④要组织拼抢篮板球，争夺二次进攻机会，同时还要保持攻守平衡，准备及时退防。

（2）进攻区域联防的方法。

①进攻区域联防的队形：常用的进攻阵式有："1-3-1""2-1-2""2-2-1""1-2-2""1-4"等。

②进攻区域联防的方法。

"1-2-2"进攻方法：这种队形，队员分布面广，攻击点多，便于内外联系，左右配合，有利于组织抢篮板球和保持攻守平衡。

示例一："1-2-2"落位进攻"2-3"区域联防。如图4-52所示，⑥、⑧互相传球吸引⑥、⑦上来防守，⑤插至罚球线准备接球，防守⑧也跟上防守，底线拉空，⑥突然将球传给⑦，这时有3个攻击点，第一个是⑦本身投篮，若④上防⑦，④就是空档，⑦可传给④投篮，同时，⑧从背后插入罚球区，形成⑦、④、⑧进攻④、⑧的以多打少的有利局面，⑦根据情况决定自己投篮或传球给④或⑧投篮。

"2-1-2"进攻方法：这种队形，队员站位有针对性，利用进攻"1-3-1"，便于内外联系，有利于突破和外线。

70

示例二:"2-1-2"阵形落位进攻"1-3-1"区域联防。如图4-53所示,⑦、⑥相互传球,吸引防守,当❻上防⑥时,⑥将球传给⑧;⑧接球后转身投篮。若❽上防,⑧将球传给底线的④,④接球后投篮,若❺上来防守,⑧迅速切入篮下,准备接球进攻,同时,⑤插入罚球区,④根据防守情况,将球传给⑤或⑧投篮。

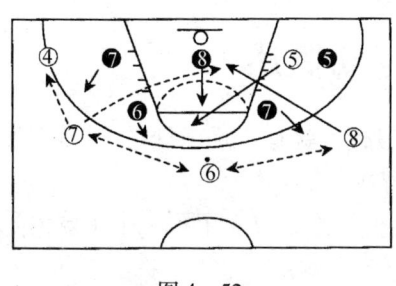

图4-52

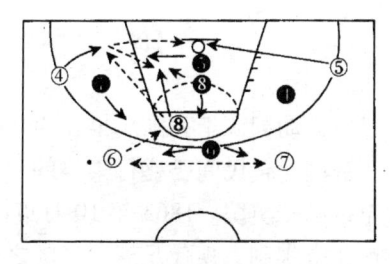

图4-53

第五章 足　球

第一节　足球运动概述

古代足球运动起源于我国。早在 3500 年前的殷代，就有"足球舞"。这是古代足球游戏的雏形。战国时代民间已盛行集体的"蹴鞠"游戏。

现代足球始于英国。1863 年 10 月英国足球协会在伦敦成立了第一个足球俱乐部，制定了最初的比赛规则，现代足球运动随之逐渐兴起。

最早的比赛阵型是英国人创造的"九锋一卫"式，即九个前锋，一个后卫，再加一名守门员。随着技术水平的提高，一名后卫难以抵挡九名前锋的进攻，于是产生了"七锋三卫"式阵型，使攻守力量达到相对平衡。

由于技术水平的进一步提高，战术的发展，前锋活动的加强，防守力量又日趋薄弱。为了改变这种状况，1870 年苏格兰人创造了"六锋四卫"式阵型。接着，英国人又创造了"1+2+3+5"阵型。这一阵型对当时世界足球运动的发展影响很大，因为它体现了攻守力量的基本平衡。为了适应足球运动的发展需要，1904 年 5 月 21 日，法国、比利时、丹麦、荷兰、西班牙、瑞典、瑞士等国在巴黎发起成立了国际足球联合会。1925 年，国际足联公布了新的"越位"规则，加重了防守任务，攻防矛盾又趋尖锐。据此，英国人契甫曼于 1930 年创造了"WM"式阵型，使攻防人数的分布达到均衡状态。这一阵型虽然在 20 世纪 40 年代前盛行于全世界，但因"W"式的进攻很容易被"M"式的防守看死，故此阵型的出现对战术的发展并没有起到重大的推动作用。20 世纪 50 年代以来，世界足球运动经历了三次革命性的变革。

1953 年，匈牙利人突破了"WM"式的传统打法，运用四前锋制的打法击败了足球王国——英国队，并在第五届世界杯赛中以创纪录的进球数战胜了大多数的世界强队，震动了世界足坛。由于这一阵型开创了以攻为主的局面，因而有力地推动了当时的世界足球运动。1958 年，巴西人在技术、技巧上有了新的发展，并创造了攻守趋于平衡的"四二四"阵型，使其夺取第六、七、九届世界杯的冠军，轰动了世界足坛。由于这一阵型与现代足球"全攻全守"打法相适应，因而很快被世界各国广泛采用，"WM"式打法被彻底抛弃。此后，又出现了"四三三"式及其变体，但基础特点与"四二四"式相同，只不过在力量分配上更侧重于防守。1974 年，在第十届世界杯赛上出现了以荷兰、西德、波兰为代表的总体型打法。按照这种打法，阵型只是在比赛开始前队员站位时看得出来。比赛开始后，由于全攻全守，阵站就难以辨认。这种踢法打破了严格的位置分工，每个队员既能进攻又善防守，且守中有攻，攻中有守，攻守转换快速，战术灵活多变，体现了技术、战术和身体素质全面发展的趋势，因而被誉为足球运动史上的第三次革命。

目前，国际上规模较大的足球比赛有两种：一种是由国际足联每四年举办一次的世界杯足球比赛，另一种是奥林匹克运动会的足球赛。国际足联还从 1977 年起，举办两年一

届的世界青年足球锦标赛；从 1981 年起，举办世界少年足球锦标赛。1934 年，我国加入了国际足联。1958 年，由于国际足联承认所谓"中华民国足球协会"为会员，我国足协宣布退出。1979 年 10 月，国际足联决定恢复我国足协的合法权利，确认我国足协是中国的唯一代表。现在，足球运动已经成为亿万人民喜爱的"世界第一运动"。足球运动水平的高低，不但代表了一个国家的体育运动水平，而且是一个国家物质文明和精神文明的标志之一。现代女子足球运动于 16 世纪初始于英格兰。1890 年，英格兰首次举办了有一万多人观看的女子足球赛，并于 1894 年建立女子足球俱乐部。

第二节　足球基本技术

足球技术是指运动员在足球竞赛规则条件下，运用身体的有效部位完成各种动作方法的总称。足球技术是运动员进行比赛活动的基本手段，是完成战术配合，决定战术质量的前提和保证。

根据运动员的位置分工，我们将足球技术分为守门员技术和锋、卫队员技术两大类：在比赛过程中，运动员的全部比赛行为都是以球为核心展开的，运动员为获得球、控制和处理球所采用的动作方法，称为有球技术，而在处理球后到再次获得球前的时段，运动员所采用的动作方法，称为无球技术（如图 5-1 所示）。

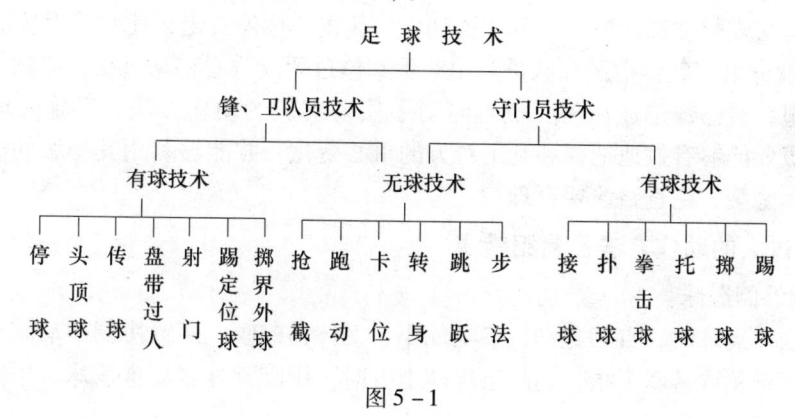

图 5-1

一、运球及运球过人

运球是指运动员在跑动中为将球控制在自身范围内，用脚部进行的推拨球动作。采用此类方法突破防守队员时，称为运球过人。

运球及运球过人是运动员控球与进攻能力的具体表现形式，熟练掌握与合理运用运球及运球突破技术，对调控比赛节奏、丰富战术变化、破解密集防守、创造射门机会都具有实际的意义。

1. 运球动作方法

直线运球时，自然跑动，步幅偏小，上体稍前倾，两臂协调摆动。运球脚屈膝提起前摆，脚趾稍内转斜下指，摆至球体上方时，用脚推拨球的中后部，重心随球跟进。

曲线运球时，触球作用力方向应偏离球心，使球呈弧线运行。

变向运球时，应根据变向角度的大小，调整支撑脚的位置、触球部位及运球脚用力方向，以保证蹬脚用力与推拨触球动作协调一致。

2. 运球过人

运球过人从动作方法上可大致分为强行突破、假动作突破、变向突破、交叉突破和人球分离突破几类。

（1）强行突破：指利用速度优势，以突然快速的推拨和爆发式的起动，加速超越防守队员的动作方法。实施强行突破时，通常要求防守队员身后有较大的纵深距离，从而使速度优势能够得到充分发挥。

（2）假动作突破：指运动员利用各种虚晃动作迷惑对手，如假射、假传、假停等。使其不知所措或贸然盲动失去重心，并乘机突破的动作方法。实施假动作突破时，要真真假假，真假结合，假动作要带真，真动作要快捷，在控好球的同时，能够有效调动对手，利用其重心错位进行突破。

（3）变向突破：指队员利用灵活的步法和娴熟的运球技术，不断改变球路，使对手防守重心出现错位，并利用出现的位置差乘机突破的动作方法。实施变向突破时，运球队员脚下要娴熟，步法要灵活，重心变幻随心所欲，变向动作要突然，变向角度要合理。

（4）变速突破：指队员通过速度的变化，打乱对手的速度节奏，并利用产生的时间差乘机突破的动作方法。实施变速突破时，节奏变化要鲜明，做到骤停疾起，要充分利用攻方的先决优势去支配和调动对方，真正做到你快我慢，你停我走，使对手无从适应。

（5）人球分离突破：指运球队员利用对手站位过死或重心移动过猛，突然推球从其跨下或体侧越过，自己却迅速从另一侧超越对手实现突破的动作方法。实施人球分离突破时，运球队员要能够有效地把握和利用对方的重心变化，并能够利用其身后的空间，推拨球动作要快速隐蔽，跑进路线要合理。

3. 运球过人的动作方法及易犯错误

1）脚背外侧运球

动作方法：运球时，自然跑动，步幅偏小，上体稍前倾，两臂协调摆动。运球脚屈膝提起前摆，脚趾稍内转斜下指，当膝至球体上方时，用脚背外侧部推拨球后中部，重心随即跟上（如图5-2所示）。

易犯错误：①运球脚直腿前摆，难以控制推拨力量；②膝踝关节僵硬，影响控球效果；③身体重心偏高或坐后，影响重心跟进。

2）脚背正面运球

动作方法：自然跑动，步幅偏小，上体稍前倾，两臂协调摆动。运球脚屈膝提起前摆，脚背绷紧，脚趾下指，在着地前用脚背正面推拨球前进（如图5-3所示）。

图5-2　　　　　　　　　　图5-3

易犯错误：①运球脚触球时松动不稳定，难以控制运球的力量和方向；②膝踝关节僵硬、变推拨为捅击动作，控制不住球；③支撑腿靠后，推球后重心置后，人球分离。

3）脚背内侧运球

动作方法：自然跑动，步幅偏小，上体稍前倾，两臂协调摆动。运球脚屈膝提起前摆运球腿屈膝提起，脚尖稍外转，前摆用脚背内侧部向侧前推拨（如图5-4所示）。

易犯错误：①身体重心过高或侧倾不够，影响运球变向；②触球时脚形不稳，影响控球效果。

4）脚内侧运球

动作方法：支撑脚在球的侧前落位，膝微屈，上体稍前倾侧向球。随重心前移，运球脚膝外转，用脚内侧部推运球（如图5-5所示）。

图5-4　　　图5-5

易犯错误：①支撑脚选位不好，挡住球路或影响运球脚做动作；②推拨球时踝关节松动或脚尖外转不够，影响运球方向。

5）人球分离突破

它是利用对手站位过死或重心移动过猛时，突然从其一侧或胯下向前推球，并从另一侧超越对手控制的动作方法。

运球突破时用于控制和支配球的基本动作有以下几种。

（1）拨球：指利用脚踝的动作，以脚背内侧或外侧触拨球的动作方法。用脚背内侧的拨球称"里拨"，用脚背外侧的拨球称"外拨"（如图5-6所示）。

易犯错误：①拨球部位不准确，控制不好拨球方向；②拨球时重心跟进慢，动作的连贯性差。

（2）拉球：指用前脚掌触压球，并向某一方向拉动的动作方法。在拉球到位后，通常要连接一个推拨动作使球离开原地。

易犯错误：①脚掌压球太紧，拉动不灵活；②髋关节带动转动不够，影响拉球变向。

（3）扣球：指通过快速转体和脚踝的急转扣压，将球控至反方向的一种动作方法。用脚背内侧的扣球称"里扣"，用脚背外侧的扣球称"外扣"（如图5-7所示）。

图5-6　　　图5-7

易犯错误：①支撑脚的指向不正确，挡住球路或影响扣球变化的角度；②扣球腿膝踝关节扣压不紧，变为拨球动作。

(4) 挑球：指利用脚背或脚尖将球向上撩挑，使其从空中改变方向或超越防守的动作方法。

易犯错误：①挑球部位掌握不好，影响出球的角度和方向；②挑球后重心跟进迟缓，影响控球和快速衔接下一动作。

拨、拉、扣、挑、推球既是运球过人的基本动作方法，又是技术教学中用作熟悉球性的行之有效的练习方法。在比赛中，这些动作既可单独运用，也可有机地组合使用，但切忌僵化地套用概念模式，而应视比赛需要，以娴熟的球性为纽带，通过合理有效的技术组合，使技术发挥更大的效力。

二、踢球

踢球是指运动员有目的地用脚将球击向预定目标的动作方法。踢球是运动员进行比赛活动的主要技术手段，它在比赛中的主要用途是传球和射门。

踢球动作接触击球时脚的部位可分为脚内侧、脚背外侧、脚背内侧、脚背正面、脚尖和脚跟踢球几种方法。

1. 脚内侧踢球

脚内侧踢球的动作特点是触球面积大，可控性强，出球平衡准确，是短距离传球和射门常用的脚法。

动作方法如下。

(1) 踢定位球时，直线助跑，支撑脚踏在球侧约15 cm处，膝微屈，脚趾指向出球方向，踢球腿以髋关节为轴由后向前摆，膝踝外展，脚尖稍翘，以脚内侧部位对准来球，当膝关节接近球体上方时，小腿加速前摆，击球瞬间，脚跟前顶，脚形固定，用脚内侧击球的后中部（如图5－8所示）。接近球体上方时，小腿加速前摆，击球刹那，脚跟前顶，脚形固定，用脚内侧部位击球的后中部。

图5－8

(2) 踢地滚球时，要根据来球速度、方向以及摆腿的时间，确定支撑脚的选位，保证踢球能充分地摆踢发力。

(3) 进行蹭踢球时，大腿要抬起，小腿应拖后，利用小腿的加速前摆击球，抬腿的高度要与来球高度相适应，摆腿的时间应与来球速度相对应，并根据出球的目标调整击球的部位。

易犯错误：①踢球腿膝踝外展角度不够，脚趾没勾翘，击球脚形不正确，影响击球效

果;②踢球腿直腿摆击球,出球无力。③击球瞬间,脚形不固定,出球不顺畅。

2. 脚背正面踢球

脚背正面踢球的动作特点是踢摆幅度大,动作顺畅,便于发力。但出球路线及性能缺乏变化,适用于远距离的传球和大力射门。

动作方法如下。

(1) 踢定位球时,直线助跑,支撑脚踏在球侧约15 cm处,脚趾指向出球方向,膝微屈,眼睛注视球。在支撑脚前跨的同时,踢球腿大腿顺势后摆,小腿后屈。前摆时,大腿以髋关节为轴带动小腿前摆,当膝关节摆近球体上方时,小腿加速前摆,脚背绷直,脚趾扣紧,以脚背正面击球的后中部。击球后,踢球腿顺势前摆落地(如图5－9所示)。

(2) 踢反弹球时,要准确判断球的落点、反弹时间和角度,选好支撑脚的位置,在球落地的刹那,踢球腿小腿加速前摆击球,在球反弹离地时击球的后中部。

图5－9

(3) 踢地滚球时,支撑脚应正确选位,踢两侧地滚来球时,脚趾应对准出球方向,击球部位应准确,以保证击球能发上力。对速度较快的来球,要通过加大摆踢力量和调整出球方向,消除其初速度对出球方向的影响。

(4) 踢空中球时,支撑脚的选位要稍远,以踢球腿能顺利踢摆发力为原则,并可根据来球角度或击球目的选用抽击、弹击或摆击等方法。

易犯错误:①支撑脚选位不当,影响摆踢发力和击球效果。②击球瞬间,脚形不固定,脚尖上挑,影响出球力量和方向;③踢球腿摆踢路线不直,出球方向不正。

3. 脚背内侧踢球

脚背内侧踢球动作的特点是踢摆动作顺畅,幅度大,脚触球面积大,出球平衡有力,且性能和线路富于变化,是中远距离射门和传球的重要方法。

动作方法如下。

(1) 踢定位球时,斜线助跑,助跑方向与出球方向约成45°,支撑脚踏在球侧后方约25 cm处,膝微屈,脚趾指向出球方向,重心稍微倾向支撑脚一侧。在支撑脚踏地的同时,踢球脚以髋关节为轴,大腿带动小腿由外后向前内略呈现弧线摆动,膝踝关节稍外旋,当膝关节摆至接近球的内侧上方时,小腿加速前摆。击球时,膝向前顶送、脚背绷直,脚趾扣紧斜下指,以脚背内侧击球的后中下部,击球后踢球腿顺势前摆着地(如图5－10所示)。

图 5-10

（2）踢地滚球时，要注意调整身体与出球方向的角度关系，以便踢球摆踢发力。

（3）搓踢过顶球时，踢球脚背略平，插入球的底部做切踢动作，击球后脚不随球前摆。

（4）转身踢球时，助跑最后一步略带跨跳动作，支撑脚的脚趾和膝关节尽可能转向出球方向，击球点应在球的侧前部，并利用腰的扭转协助完成摆踢动作。

（5）踢内弧线球时，击球点应在球的后外侧，击球刹那，踝关节内旋发力，脚趾勾翘，使球内旋并呈弧线运行。

易犯错误：①支撑脚选位不当，脚趾没对准出球方向，影响摆踢动作的完成。②击球瞬间，膝不向前顶送，而是顺势内拐，出球侧内旋；③踢球腿后摆动作紧张，影响前摆速度，击球发力不足；④支撑脚偏后，上体放松后仰，出球偏高。

4. 脚背外侧踢球

脚背外侧踢球动作的特点是预摆动作小，出脚快，能利用膝、踝关节的灵活变化改变出球的方向和性质，是实用性较强的技术手段。

动作方法如下。

（1）踢定位球时，脚背外侧踢球的动作方法类似脚背正面踢球，只是摆踢时，脚面绷直，脚趾向内扣紧斜下指，用脚背外侧击球的后中部，击球后，踢球腿顺势前摆着地（如图 5-11 所示）。

图 5-11

（2）踢地滚球时，踢球脚同侧的来球多用直线助跑，支撑脚在球侧后约 25 cm 处落位，异侧来球则多用斜线助跑，支撑脚一般距球 10~15 cm。其他动作则类似踢定位球。

（3）踢外弧线球时，支撑脚踏在球侧后 15~20 cm 处，踢球腿略显弧形摆踢，作用力方向与出球方向约成 45°，脚形同踢定位球，击球点在球的内侧后部。击球后，踢球脚向支撑侧斜摆，以加大球的外旋力量。

易犯错误：①支撑脚选位不当，影响摆踢发力和击球效果；②摆腿时髋关节内转或直腿击球，击球发力不足；③膝踝关节内旋不够，影响击球的准确性；④击球瞬间，脚形不稳，脚尖上撩，出球不稳。

三、停球

停球是指运动员运用身体的有效部位，将运行中的球有目的地接控在所需位置上的动作方法。它是运动员获得球的主要手段。良好的接控球能力能为球队创造更多的进攻机会，也是保证进攻顺畅的重要因素。

停球按触球部位可分为脚部、腿部、胸部、腹部和头部停球几类，下面重点介绍常用的3类停球方法。

1. 脚部停球

脚部停球的动作方法最多，运用最广，是停球技术的最基本内容。动作方法如下。

（1）接地滚球时，身体正对来球，判断来球的速度和方向，选好支撑脚位置，膝关节微屈。停球脚根据球的状态相应提起，膝、踝关节旋外，脚趾稍翘，用脚内侧对准来球，触球刹那，停球部位做相应的引撤或变向停球动作，将球控制在所需要的位置上。

（2）接反弹球时，停球腿小腿应与地面形成一定的夹角，向下做压推动作时，膝要领先，小腿滞留在后面。

（3）接空中球时，停球腿要屈膝提起，可根据需要采用引撤或切挡动作，并在球落地时随即将球控制住。

下面针对脚部不同部位停球的动作方法和易犯错误做详细介绍。

1）脚内侧停球

脚内侧停球的特点是接球平稳，可靠性强，动作灵活多变，用途广泛。

动作方法：接球时，身体正对来球，判断来球的速度和方向，选好支撑脚位置，膝关节微屈。接球根据来球的状态相应提起，膝踝关节旋外，脚趾稍翘，用脚内侧对准来球，触球刹那，接球部位做相应的引撤或变向接球动作，将球控在所需要的位置上（如图5-12所示）。

易犯错误：①接球腿膝踝关节外展不够，影响触球角度，控球不稳；②接球腿膝踝关节紧张，动作僵硬，缓冲效果差；③压推或拨转接球后，重心跟进慢，接、控动作脱节；④接球腿动作僵硬，直腿接球，难以接控。

2）脚背正面停球

脚背正面停球的技术特点是引撤动作自如，关节自由度大，接球稳定，但变化较少，适用于接下落球。

图5-12

动作方法：身体正对来球，判断来球路线或落点，选好接球位置并稳固支撑，接球腿屈膝提起，以脚背正面对球迎出，触球刹那，接球脚引撤下放，膝踝关节相应放松、以增强缓冲效果（如图5-13所示）。

易犯错误：①接球腿膝踝关节紧张，动作僵硬，缓冲效果差；②引撤时机和速度掌握不好，控球不稳；③对球的判断不准，接球部位没对准来球，将球碰跑。

图 5-13

3）脚掌停球

脚掌停球的技术特点是动作简单，控球稳定可靠，适用于接迎面地滚球或反弹球。

动作方法：判断来球路线或落点，选好接球位置并稳固支撑，接球腿屈膝提起，脚尖勾翘，使脚掌与地面形成一定的仰角，球临近或落地刹那，接球腿有控制地下放，用脚前掌部位触压球的后中部，将球控在脚下（如图 5-14 所示）。

易犯错误：①抬脚的高度和角度控制不好，使球漏掉；②球的落点判断不准或支撑脚站位不当，影响接球动作的完成；③接反弹球时，踏压时机掌握不好，触压不到球或使球漏掉。

4）脚背外侧停球

脚背外侧停球技术特点是动作幅度小、速度快、灵活机动、隐蔽性强。但动作难度较大，停球时常伴随假动作和转体动作，适用于接地滚球和反弹球。

动作方法：停球时，判断来球路线或落点，选好接球位置并稳固支撑，接球腿屈膝提起，膝踝关节内翻，以脚背外侧对准来球，当球临近时，接球脚以脚背外侧推拨球的相应部位，将球控在所需位置上（如图 5-15 所示）。

图 5-14　　　　　图 5-15

易犯错误：①支撑脚选位不当，影响接球腿完成动作；②掌握不好球的落点和推压动作时机，接不住球或接球不稳；③膝踝关节的摆动僵硬不灵活，接球力量失控；④接反弹球时，小腿与地面的夹角不当，接球"卡壳"或控球不到位。

2. 胸部停球

胸部停球技术的特点是触球点高，面积宽停球稳定，适用于接胸部以上的高空球。

动作方法如下。

（1）挺胸式停球，适用于接有一定弧度的高球。停球时，身体正对来球，两腿自然开立，膝微屈，两臂在体侧自然抬起，上体稍后仰与来球形成一定的角度。触球刹那，胸部主动挺送，使球触胸后向前上方弹起落于体前。

（2）缩胸式停球适用于接齐胸的平直球。缩胸停球与挺胸停球的动作差异在于触球刹

那，靠迅速收腹、缩胸缓冲来球力量，使球直接落于体前（如图 5-16 所示）。

图 5-16

易犯错误：①触球刹那，躲闪转体，接球动作不稳定；②收挺时机掌握不好，缓冲效果差；③挺胸接球时，上体仰角不合理，球反弹角度不理想。

胸部停球的触球点高，停球后球下落反弹。因此，做完胸部动作后，需及时跟进将球控在脚下。如要将球接向两侧时，身体在触球的刹那要向出球方面转动，带动球的变化。

3. 大腿停球

大腿停球技术的特点是接触球部位面积大，且肌肉丰厚有弹性，动作简便易做，适用于接有一定弧度的落降高球。

动作方法：身体正对来球，选好支撑脚位置并稳固支撑，停球腿屈膝上抬，以大腿中前部对准来球。触球刹那，停球积极引撤下放，停球部位的肌肉保持功能性紧张，以对抗来球冲力，使球触腿后落于体前（如图 5-17 所示）。

易犯错误：①接球腿引撤时机和速度掌握不好，缓冲效果差；②接球部位靠前或偏后，接球效果不理想。

图 5-17

接力量较小的来球，还可采用大腿垫接的方法。即停球腿屈膝上抬迎接，触球刹那，大腿相对稳定，停球部肌肉适度紧张，将球向上垫起，用这种方停球，可在球落地前处理球，也可待球落地后将球控在脚下。

四、头顶球

头顶球是指运动员用额部将球击向预定目标的动作方法。

现代足球比赛是一种立体的攻防战，攻守双方不仅在地面上寸土必争，在空中的对抗也互不相让。头顶球的击球位置高，是争取时间和空间主动的重要技术手段。尤其是在罚球区附近，头球的争夺对攻防双方都有举足轻重的意义，是一种快速简练，适用于进攻和防守的技术手段。

头顶球技术按顶球部位可分为前额正面和前额侧面顶球。

1. 前额正面顶球

前额正面顶球技术的特点是触球部位平坦；动作发力顺畅，容易控制出球方向，出球平稳有力。

动作方法：原地顶球时，身体正对来球，两腿自然开立，腿微屈，两眼注视来球。随球临近上体稍后仰，展腹挺胸，两臂自然张开，下颌收紧，身体自下而上地蹬地、收腹、摆体、顶送发力，当头摆至身体垂直部位时，用前额正面顶击球的后中部。（如图5-18所示）。

易犯错误：①上肢与下肢发力脱节，不协调，影响发力效果；②击球时机掌握不好，使头在被动位顶球，影响顶球效果；③击球刹那闭眼缩颈，影响顶球力量和准确性；④跳起顶球时，起跳点、起跳时机和击球掌握不好，影响顶球动作质量和出球效果。

2. 前额侧面顶球

动作方法：身体稍侧对来球，两脚前后开立，出球侧支撑腿在前，身体侧后微屈，重心落在后腿上，两臂自然张开，两眼注视来球。顶球时，后脚向出球方向猛力蹬伸，身体随之向出球方向转动侧摆，同时颈部侧甩发力，用额侧部将球击出（如图5-19所示）。

图5-18　　　　　图5-19

易犯错误：①身体侧屈转体和回转侧摆动作不协调，顶球发力不足；②支撑脚站位不当，不能充分利用腰腹力量；③起跳点、起跳时机和击球掌握不好，影响顶球动作质量和出球效果。④起跳与空中动作不协调、脱节，无法完成跳顶动作。

3. 不同动作顶球的动作要点

（1）转身顶球时，身体稍侧对来球，出球方向一侧支撑脚靠前站立，以便转体发力。击球刹那，后脚用力向出球方向蹬转带动身体转动，当身体转向出球方向时加速摆体，用前额部顶击球。

（2）跳起顶球时，要选好起跳位置，掌握好起跳时机，起跳脚积极蹬跳发力，手臂协调向上提摆，以加强起跳力量。起跳后，展腹挺胸，形成背弓，两眼始终注视来球。跳至最高点时，快速收腹摆体，下颌收紧，前额积极迎球顶送发力，顶球后屈膝缓冲落地。

（3）鱼跃顶球时，要准确判断来球，掌握好起跳时机和击球点，利用积极后蹬使身体向前水平跃出，两臂微屈前伸，眼睛注视来球。利用身体的水平冲力将球顶击。出球后，两臂屈肘伸手撑地，随后胸部、腹部、大腿、小腿依次缓冲着地。

五、抢、断球

抢、断球指防守队员有目的地运用身体的某一部位，将对手控制下或传递中的球夺过来、踢出去、破坏掉的技术动作方法。

抢、断球是运动员获得球的主要手段之一，是球队转守为攻的主要途径，是运动员个人防守能力的综合体现。

抢断球动作方法如下。

1. 断球

断球的动作方法，从比赛意义上讲是运动员根据防守和进攻的双重需要，合理地选用停球、踢球、顶球和铲球技术方法。如果需直接将球处理或破坏掉，就可选用踢球、顶球或铲球动作来实现，若是为了将球控在脚下，则可选用合理的停球动作来达到目的。动作的关键是判断准、起动快、连接紧。

2. 抢球

正面抢球：在逼近控球队员时，防守队员应控制好身体重心，两膝弯曲，上体略前倾，并注意观察对手的脚下动作，在对手触球的刹那，支撑脚前跨将球控住。如双方双脚触球，则应顺势向上做提拉动作，将球从对方脚背上带出。根据攻防双方具体的跑位抢球主要分为以下3种。

1）正面抢截

动作方法：逼近控球队员时，防守队员应控制好身体重心，两膝弯曲，上体略前倾，并注意观察对手的脚下动作，在对手触球的刹那，支撑脚后蹬发力，抢球腿屈膝以脚内侧向球跨出，身体重心继续快速前移，支撑脚前跨将球控住。如对方双脚触球，则应顺势向上做提拉动作，将球从对方脚背上带出（如图5-20所示）。

图5-20

易犯错误：①抢球时机把握不好，不能抢先触球；②抢球动作缺乏力度，提拉速度慢，影响抢球效果；③触球后重心跟进不及时，不能及时控球。

2）侧面抢截（合理冲撞）

当与运球队员成平行时，重心略降，身体向对手倾靠，手臂贴紧。在对手近侧脚离地刹那，用肩以下肘以上部位猛然发力冲撞对手相应部位，使其重心失控，趁机伸脚将球控在脚下（如图5-21所示）。

3）侧后抢截

动作方法：同侧脚铲球。在对手触拨球的刹那，异侧脚猛力蹬跨，同侧脚顺势从外侧沿地面对球滑出，用脚背或脚尖将球铲出，随后小腿及大腿外侧，臀部依次着地缓冲，并顺势翻转起身。异侧脚铲球。掌握好铲球时机，用同侧脚后蹬发力成跨步，异侧脚顺势从外侧沿地面对球滑出，用脚底部将球铲出。也可用小腿

图5-21

挡住球路，将球卡在两腿之间再夺过来控制住。铲球后顺势翻转起身。（如图 5-22 所示）。

图 5-22

易犯错误：①蹬跨发力不足，滑降速度慢，铲不住球；②着地支撑缓冲动作不合理，造成损伤，③铲球后起身动作缓慢，影响动作的连贯性。

第三节　足球基本战术

一、足球战术概念与分类

足球比赛是由攻与守这对矛盾组成的。根据攻守这对基本矛盾足球战术方法可分为进攻战术和防守战术两大类。攻守战术又分别包括个人战术、局部战术、整体战术和定位球战术。

战术是借用军事的术语。战可以理解为比赛，术可以理解为方法、方式、行动、动作。足球运动从游戏发展为比赛，就伴生了简单、朴素的战术，随着足球运动不断发展，新的战术层出不穷、变化莫测、永无止境。

战术的运用是以体能为前提，技术为基础，心理智能为保证的。从战术能力特征上看，它既对这些素质有着相对独立的要求，同时又要求它们协调发展并融为一体。这种相对独立的要求，要求这些素质必须在相应训练中获得高度发展，而这种融合，必须通过系统性的战术训练和在技术、身体训练中有目的地培养战术意识，并通过比赛的实践锤炼才能使它们相互作用、彼此交融，日臻完善、不断提高。

足球运动是一项对抗性的运动项目，它是由进攻和防守这对矛盾所组成的。足球战术是指比赛双方为了充分发挥个人与集体的特长，进攻对方弱点，取得比赛胜利所采用的手段和方法。根据攻防的基本特点，足球战术可分为进攻战术、防守战术、比赛阵型三大部分。在进攻和防守战术中，又分别包括个人、集体与全队的攻防战术。

1. 战术原则

足球战术原则是足球比赛攻守基本规律的反映，是人们在长期的足球比赛中探索出指导足球比赛的基本原则。

1）进攻战术原则

在比赛中，本队获得对球控制的瞬间，便展开了进攻。一次完整的进攻由组织发动、突破防线和结束进攻三个步骤构成。当然每次进攻不总是完整的，进攻因素也有多种，但

一般来讲，这三个步骤是存在的，差别只在于过程的长短与涉及人员的多少而已。为此，应遵循下列进攻原则。

（1）组织发动进攻要制造宽度，保持纵深。

（2）突破防线要利用空当、渗透切入。

（3）结束进攻要敢于"冒险性"传球，拼抢射门区。

（4）临场运用要机动灵活、随机应变。

（5）攻中寓守。

2）防守原则

在比赛中，本队失掉控球权的瞬间，便即刻转为防守。为了扼制对方进攻，并设法夺回控球权，应遵循下列防守原则。

（1）延缓对方的进攻速度。

（2）迅速回位布防。

（3）收缩保护防止突破。

（4）封锁射门保护球门。

（5）守中寓攻。

3）个人战术原则

为了遵循和实施攻守战术原则，每个队员还应该遵守个人战术原则。

（1）得球后立即进攻。每个队员（包括守门员）在获得球后都要发动新的进攻。

（2）失球要防守。一旦本方失球，每个队员必须立即担任防守的职责，并且力争把对手置于外线。

（3）传球后跑动。控球队员传球后，立即跟上接应和支援同伴，射门后要跟进，以便进行补射。

（4）主动迎上接球，不要等球。这样接到球可以摆脱开对手而赢得时间，便于处理球。

（5）有意识地运控球，绝不盲目运球，更不要轻易丢球。

（6）防守的位置要保持在对手与本方球门之间，控球时，要使自己处于对手与球之间来掩护球。

（7）抢点处理球，不要让空中球落地，若球已落地，要在球落地瞬间迅速控制住球。

2. 比赛阵型

阵型是比赛战术的一个组成部分。场上队员必须在明确自己的基本位置并保证完成主要职责的前提下，充分发挥自己的智慧，根据场上具体情况创造性地参与进攻和防守。阵型既有模式的一面，又有灵活的一面，两者是有机的统一，不可偏废，不同水平的队应有所侧重。目前足球比赛中较多采用的阵型有以下几种。

（1）"四三三"阵型；

（2）"四四二"阵型；

（3）"五三二"阵型；

（4）"三五二"阵型。

3. 集体的局部配合进攻战术

集体战术是指两个或两个以上队员在比赛中为了完成全队攻防任务而采用的局部协同作战的配合方法，它包括交叉掩护配合、传切配合、"二过一"战术配合、"三过二"战术配合和反切配合等进攻战术。

1）交叉掩护配合

指在局部地区两名进攻队员在运球交叉换位时，以自己身体掩护同伴越过一名防守队员的配合方法。交叉掩护配合成功的要素为：①控运球队员必须以自己的身体挡住防守队员，在交递给同伴球后，要继续向前跑动。②接球队员必须主动迎面跑向同伴，接得球后，要快速向同伴移动反方向运球。

2）传切配合

指控球队员将球传给切入的进攻队员的配合方法。传切配合的形式有：局部一传一切和长传切入。传切配合成功的要素为：①控球队员要在跑位队员刚一起动时传球，并且控制好传球的力量与方向；②跑位队员要在控球队员传球刹那起动，并且突然快速。

3）"二过一"战术配合

顾名思义，"二过一"是两个进攻队员通过传球配合突破一个防守队员。"二过一"是集体配合的基础，可以在任何场区、任何位置上运用这种方法来摆脱对方的抢截或突破防线。"二过一"是进攻的两个队员之间相距10米左右，进行一传一切的配合。要求传球平稳及时，一般多用脚内侧、脚外侧等脚法，传地平球为主。传球的位置，尽可能是接球人脚下或前面两三步远的地方。"二过一"战术配合的形式根据传球和跑位的路线有：横传直插斜传"二过一"、横传斜插直传"二过一"、横传斜插斜传"二过一"和回传反切直传"二过一"等。

4）"三过二"战术配合

"三过二"是在比赛中局部地区三个进攻队员通过连续配合突破两个防守者的防守。由于这种配合有两个同队队员可以同时接应传球，因此使持球人传球路线更多，且进攻面扩大。

4. 整体进攻战术

整体进攻战术是指，为了完成进攻战术任务所采用的全局性的进攻配合方法。整体进攻战术涉及的人员比较多，是全队协调一致的行动，体现一个队的进攻实力和配合能力。

一次完整的整体进攻是由发动、发展和结束三个阶段组成的。发动阶段是获得球、控制球、传球的进攻阶段；发展阶段是整体的无球跑动和有球配合迅速展开的全面进攻阶段；结束阶段是传中、运球突破、传切配合等形式创造的射门和包抄、补射等攻击对方球门的进攻阶段。

下面逐一介绍各种进攻方式。

1）边路进攻

利用球场两侧地区发起进攻的方法叫边路进攻。边路进攻是全队进攻战术的主要形式之一，其目的在于充分利用场地的宽度、拉开对方的防线、制造中路空隙、创造中路破门得分的有利时机。

边路进攻的特点是充分利用场地的宽度，拉开对方的防线。边路边区防守队员较少，防守的纵深保护较差，可利用的空当较大。较容易突破对方防线然后采用传中等手段，创造中路射门得分机会。但直接射门角度小很难射中球门。

边路进攻分为三个阶段：①发动阶段，通常有两种形式，一是中、后场得球后，直接将球传给边路接应的队员发动进攻，二是中路进攻受阻将球转移边路进攻；②发展阶段，通过各种战术配合和运球突破对方防线，创造传中或切入射门的机会；③结束阶段，通常采用的手段是侧传中，另一侧和中路同伴包抄抢点射门。

2）中路进攻

中路进攻是利用球场中间区域组织的进攻，这种进攻虽能直接射门，但难度最大，因中路防守最为严密，前面的攻击手必须是反应极其敏锐、意识强、技术高、敢于冒险、速度快和善于跑位策应的队员。

中路进攻的特点是进攻投入的人数多，层次深、配合点多、面广，射门角度大，破门机会多。但防守人员较密集，纵深保护有力，突破难度较大。

中路进攻方式有运球突破、踢墙式二过一配合、运球交叉掩护配合、回撤反切突破、横扯插上突破、头球摆渡和定位球配合等。

中路进攻分为三个阶段。

（1）发动阶段，一是中、后场得球后直接向前推进；二是边路进攻受阻，将球转移中路。

（2）发展阶段，通过各种战术配合和运球突破对方阵线，制造射门机会，通常采用的配合方法有：①运球推进远射，当进攻队员在中前场得球，对方守门员离球门较远时，可立即起脚远射；②长传反击配合突破，当守方全队压上进攻，后防空虚，暴露较大空隙时，攻方一旦得球就应立即长传给突在前面的队员进行快速反击；③快速传球配合创造射门机会。

（3）结束阶段，在中路突破对方的防线后，要抓住中路地区射门角度大的有利时机，迅速果断地射门。

3）快速反击

快速反击是指在本方后场获得球后，由于对方防线压至中场，后场有较大空间，快速将球传给插向前场空当的攻击队员，或在攻守频繁转换时在中、前场争夺到球后快速突破或传球，创造出射门机会的进攻。

4）转移进攻

转移进攻是指中路进攻受阻转移到边路组织进攻，或者边路进攻受阻转移到中路，或另一侧边路组织进攻。

转移进攻的特点是，充分利用场地的空间和足球比赛进攻没有时间和传球次数限制的规则，及时转移攻击点，迫使对方防线横向扯动，出现空当，从而成功地突破防线。

5）层次进攻

层次进攻是指在对方已组织好防守队形的情况下，所采用的有组织、有步骤的进攻战术配合方法。

层次进攻的特点是，有较充裕的时间和随机选择的空间进行配合来寻找对方的防守漏

洞，进行逐层突破，以获取进攻的成功率。

5. 定位球战术

定位球战术是指在比赛中，利用"死球"后重新开始比赛的机会组织进攻与防守配合的战术方法。定位球战术包括中圈开球、角球、任意球、点球、掷界外球等。

在势均力敌的高水平比赛中，定位球战术有时起决定胜负的作用。在配合上要利用简练的一次配合取得射门机会，配合越复杂成功率就越低。故要进行专门性的练习，才能在比赛中奏效。

6. 个人防守战术

1）选位

选位指防守队员在防守时选择占据合理防守位置的行动。选位的基本原则是在本方失球后快速回位，并站在对手与本方球门中心所构成的连接线上，与对手的距离要根据场区以及球所处的位置决定。

2）盯人

盯人指防守队员限制进攻队员所采取的行动。盯人分为紧逼盯人和松动盯人两种。紧逼盯人是贴近对手（也称贴身紧逼），不给对手从容活动的机会。一般运用于罚球区附近地区和有球的局部地区以及对对方进攻的核心队员的防守。松动盯人是与对手保持一定距离，既能盯住对手，又能保护同伴，一般运用于防守离球较远的进攻队员。

3）保护

保护指同伴紧逼控球对手时，自己选择有利位置来保护同伴，防止对手突破的配合。

4）补位

补位是足球比赛中局部地区集体配合进行防守的一种方法。当防守过程中一个防守队员被对手突破时，另一个队员则立即上前进行堵封。

5）围抢

围抢是指比赛中在某局部位置上，防守一方利用人数上的相对优势（通常是两三个队员）同时围堵对方的持球队员，以求在短暂时间内达到抢断或破坏对方的目的。

7. 造越位战术

造越位战术是利用规则而设计的一种防守战术。是一种以巧制胜的省力打法，因而成为一种重要的防守手段。但由于其配合难度较大，搞不好会适得其反，让对手钻空子，因此此战术往往是为水平较高的球队所采纳，但在一场比赛中也不是多次运用。

8. 全队防守战术

防守战术可分为两种基本类型：盯人紧逼防守（人盯人防守），即在规定的范围内盯人紧逼，不交换看守；区域紧逼防守（盯人和区域相结合），即现今流行的综合防守，紧逼和保护相结合，在个人的防区内紧逼，做交替看守。盯人防守即各自都有明确的防守对象，如对方左边锋大幅度地斜插至右路，则右后卫紧跟盯防，不交替看守。防守最根本的原则是紧逼和保护。只有紧逼才能有效地主动抢断，压制对方技术的优势而获取主动权；保护是为了更好地紧逼和控制空当。

防守原则如下。

(1) 延缓对方的进攻；
(2) 保持平衡；
(3) 适当收缩；
(4) 加强控制。

第四节　足球比赛规则简介

一、国际比赛场地

长度：最短 100 米（110 码），最长 110 米（120 码）。宽度：最短 64 米（70 码），最长 75 米（80 码）。

球门必须放置在每条球门线的中央。它们由两根距角旗杆等距离的垂直的柱子和连接其顶部的水平的横梁组成。两根柱子之间的距离是 7.32 米（8 码），从横梁的下沿至地面的距离是 2.44 米（8 英尺）。

二、球

圆形；用皮革或其他适当的材料制成；圆周不长于 70 厘米（28 英寸）、不短于 68 厘米（27 英寸）；重量在比赛开始时不多于 450 克（16 英两）、不少于 410 克（14 英两）；压力在海平面上等于 0.6~1.1 个大气压力（600~1100 克/平方厘米，8.5~15.6 磅/平方英寸）。

三、队员人数

1. 队员

一场比赛应有两队参加，每队上场队员不得多于 11 名，其中必须有一名守门员。如果任何一队少于 7 人则比赛不能开始。

2. 正式比赛

在由国际足联、洲际联合会或国家协会主办的正式比赛中，每场比赛最多可以使用三名替补队员。

四、裁判员

每场比赛由一名裁判员控制，他被任命具有全部权力去执行与比赛有关的竞赛规则。每场比赛应委派两名助理裁判员，他们的职责由裁判员决定。

五、比赛时间

1. 比赛时间

比赛分为两个半场，每半场 45 分钟。特殊情况经裁判员和双方同意另定除外。任何

改变比赛时间的协议（如因光线不足每半场减少到 40 分钟）必须在比赛开始之前制定，并要符合竞赛规程。

2. 中场休息

队员有中场休息的权利。中场休息不得超过 15 分钟。竞赛规程必须阐明中场休息的时间。只有经裁判员同意方可改变中场休息时间。

3. 扣除损失的时间

在每半场比赛中损失的所有时间应被扣除：替换队员；对队员伤势的估计；将受伤队员移出比赛场地进行治疗；拖延时间；任何其他原因。根据裁判员的判断扣除损失的时间。

六、越位

1. 越位位置

队员处于越位位置本身并不是犯规。队员处于越位位置：队员较球和最后第二名对方队员更接近于对方球门线。队员不处于越位位置：他在本方半场内；他齐平于最后第二名对方队员；他齐平于最后两名对方队员。

2. 犯规

处于越位位置的队员，在同队队员踢或触及球的一瞬间，裁判员认为其就下列情况而言"卷入"了现实比赛中时才被判为越位犯规；干扰比赛；干扰对方队员；利用越位位置获得利益。

3. 没有犯规

如果队员直接从下列情况下接到球，则没有越位犯规：球门球；掷界外球；角球。

4. 违规/判罚

对于任何越位犯规，裁判员应判给对方在犯规发生地点踢间接任意球。

七、犯规与不正当行为

下列情况将被判罚犯规或不正当行为。

1. 直接任意球

裁判员认为，如果队员草率地、鲁莽地或使用过分的力量违反下列六种犯规中的任何一种，将判给对方踢直接任意球：踢或企图踢对方队员；绊摔或企图绊摔对方队员；跳向对方队员；冲撞对方队员；打或企图打对方队员；推对方队员。

如果队员违反下列四种犯规中的任何一种，也判给对方踢直接任意球：为了得到对球的控制而抢截对方队员时，于触球前触及对方队员；拉扯对方队员；向对方队员吐唾沫；故意手球（不包括守门员在本方罚球区内）。在犯规发生地点踢直接任意球。

2. 罚球点球

在比赛进行中无论球在什么位置，如果队员在本方罚球区内违反了上述十种犯规中的任何一种，应被判罚球点球。

3. 间接任意球

如果守门员在本方罚球区内违反下列四种犯规中的任何一种，将判给对方踢间接任意球：用手控制球后在发出球之前持球超过6秒；在发出球之后未经其他队员触及，再次用手触球；用手触及同队队员故意踢给他的球；用手触及同队队员直接掷入的界外球。裁判员认为，队员在出现下列情况时，也将判给对方踢间接任意球：动作具有危险性；阻挡对方队员；阻挡对方守门员从其手中发球；违反规则第十二章以前未提及的任何其他犯规，而停止比赛被警告或罚令出场。在犯规发生地点踢间接任意球。

4. 纪律制裁

只有对场上人员、替补队员或是被替换下场的队员，才能出示红黄牌。

八、任意球

任意球分为直接任意球和间接任意球两种。无论是直接任意球还是间接任意球，踢球时必须将球放定，踢球队员在球未经其他队员触及前，不得再次触球。

1. 直接任意球

如果直接任意球直接踢入对方球门，判为得分。如果直接任意球直接踢入本方球门，判给对方踢角球。

2. 间接任意球

当裁判员判间接任意球时，应单臂上举过头，并保持这种姿势直到球踢出后被其他队员触及或成死球为止。

只有当球进门前触及另一名队员才可得分。如果间接任意球直接踢入对方球门，判为球门球；如果间接任意球直接踢入本方球门，判给对方踢角球。

九、罚球点球

当比赛进行中，一个队在本方罚球区内由于违反了可判为直接任意球的十种犯规之一而被判罚的任意球，应执行罚球点球。罚球点球可以直接进球得分。在每半场比赛或决胜期上下半场结束时，应允许延长时间执行完罚球点球。

1. 球和队员的位置

球：放定在罚球点上。主罚球点球的队员：确认由其主罚。防守方守门员：留在本方球门柱间的球门线上，面对主罚队员，直至球被踢出。除主罚队员外的队员应处于：比赛场地内；罚球区外；罚球点后；距罚球点至少9.15米（10码）。

2. 裁判员

应在队员处于规则规定的位置上后发出执行罚球点球的信号；做出罚球点球完成后的决定。

3. 程序

主罚队员向前踢出球点球；在其他队员触球前主罚队员不得再次触球；当球被踢并向

前移动时比赛即为进行；在比赛进行当中，以及在上半场或全部比赛结束而延长时间执行或重新执行罚球点球时，如果球在越过球门柱间和横梁下之前遇到下列情况，应判定得分：该球触及任何一个或连续触及两个球门柱、横梁、守门员。

十、掷界外球

掷界外球是重新开始比赛的一种方法。掷界外球不能直接进球得分。判为掷界外球：当球的整体不论从地面或空中越过边线时；从球越出边线处掷界外球；判给最后触球队员的对方。

在掷出球的一瞬间，掷球者应：面向比赛场地；任何一只脚的部分站在边线上或站在边线外的地上；使用双手；将球从头后经头上掷出。掷球队员在其他队员触球前不得再次触球。球一进入比赛场地，比赛即为进行。

十一、球门球

球门球是重新开始比赛的一种方法。球门球可以直接射入对方球门而得分。

判为球门球：当球的整体不论从地面或空中越过球门线，而最后触球者为攻方队员，且根据规则第十章不是进球得分时。

由防守方从球门区内的任何一点踢球；对方应在罚球区外直至比赛进行；踢球队员在其他队员触球前不得再次触球；当球被直接踢出罚球区，比赛即为进行。

十二、角球

角球是重新开始比赛的一种方法。角球可以直接射入对方球门而得分。判为角球：当球的整体不论在地面或空中越过球门线，而最后触球者为守方队员，且根据规则第十章不是进球得分时。

第六章 排　　球

第一节　排球运动概述

一、排球运动的起源

排球运动于 19 世纪末始于美国。1895 年，美国马萨诸塞州霍利奥克市基督教男子青年会体育干事威廉·摩根认为当时流行的篮球运动过于激烈，于是创造了一种比较温和的、老少皆宜的室内游戏。最初这种游戏是将网球球网挂在高处，用篮球胆从网上排来排去，不使其落地，很受人欢迎。1896 年春田市霍尔斯特德博士将此项游戏定名为 Volley-ball 即"空中截击"之意，并一直沿用至今。1896 年在斯普林费尔德体育专科学校举行了世界上最早的排球比赛。1897 年，摩根制订了排球比赛规则，它有力地推动了排球运动的发展。排球运动约在 1900 年传到印度，1905 年传入中国，1906 年一名美国军官约克把排球带到了古巴，1908 年传到日本，1910 年传入菲律宾。亚洲最早的排球比赛是 1913 年在菲律宾马尼拉举行的。1947 年，排球运动世界性组织——国际排球联合会成立。1964 年排球被列为奥运会正式比赛项目。

沙滩排球在 20 世纪 20 年代初在加利福尼亚州圣莫尼卡海滩兴起。在 1930 年，圣莫尼卡举行了第一场双人配合的沙滩排球赛，这种阵型成为现在最普及的打法。1996 年沙滩排球首次成为奥运会的比赛项目。

二、排球运动的特点

排球运动的特点如下所述。

1. 具有广泛的群众性

排球运动不需要太多经费，对场地、器材要求不高，主要规则容易掌握，运动量可大可小。它既适宜于青少年，又适宜于中、老年人。

2. 具有激烈的对抗性

排球比赛是攻防不断转化的过程。比赛有发球和接发球，有扣球和拦网，有进攻和防守反击，球又不能落地，双方始终在激烈对抗中进行。水平越高的比赛，其对抗性越强。

3. 具有技术的会面性和高度技巧性

比赛规则规定场上队员必须不断轮转，这就要求每个队员必须全面掌握攻防各种基本技术，做到能攻能守，以适应项目的特点和要求。

4. 体现紧密的群体合作精神

排球比赛是一项靠集体配合取胜的球类竞赛项目。除发球外，三次击球环环相扣，互相关联，任一环节出现差错就会影响全队的成绩。

三、排球在我国的发展概况及世界排球大赛简介

排球运动于 1905 年传入我国，开始是 16 人制，1919 年改为 12 人制，1927 年采用 9 人制，1950 年在全国逐渐开展了 6 人制排球。1963 年，中国排球学习日本女排训练模式，狠抓了身体训练和基本技术，提倡走自己发展的道路，并创造了一些独特的技术和战术，如"盖帽"拦网、"平拉开"快球等。70 年代后期，又创造了一些新的进攻战术，如"前飞""背飞""快抹"等。进入 80 年代，我国这些独特的打法引起世界排坛的注意，从 1981 年，我国女排以独特的技、战术风格和顽强的拼搏精神，获得"五连冠"。男排技、战术水平也有了很大的提高。

当今世界排球大赛较多，主要有世界锦标赛、奥运会排球赛和世界杯赛。

1. 世界锦标赛

第一届世界男排锦标赛于 1949 年在布拉格举行。第一届世界女排锦标赛 1952 年在莫斯科举行。此项赛事每 4 年举办一次，与奥运会排球赛穿插进行。中国女排分别在 1982 年第 9 届世界锦标赛和 1986 年第 10 届世界锦标赛中获得冠军。

2. 奥运会排球赛

1964 年第 18 届东京奥运会上，排球运动第一次被列为奥运会比赛项目。中国女排于 1984 年第 23 届奥运会上获得冠军。

3. 世界杯赛

该赛事的前身是"三大洲"（亚、欧、美）排球赛。1964 年国际排联决定，将"三大洲"排球赛更名为"世界杯"排球赛，并决定于 1965 年 9 月在波兰举行首届世界杯男子排球赛。1973 年在乌拉圭举行了第一届女子世界杯排球赛，并规定每 4 年举办一次。中国女排分别在 1981 年第 3 届世界杯和 1985 年第 4 届世界杯排球赛上获得冠军。

第二节　排球的基本技术

一、排球技术的概念与分类

排球技术是指运动员在比赛中采用的各种合理击球动作和为完成击球动作必不可少的其他配合动作的总称。

排球技术分类表如图 6-1 所示。

排球技术繁多，其中最基本的是上手发球、正面垫球、正面上手传球、正面扣球和单人拦网等技术。

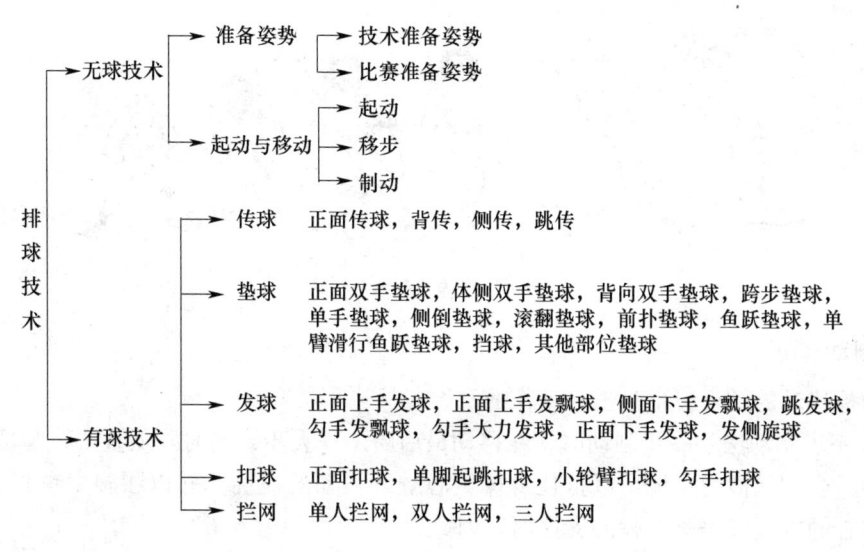

```
                    ┌→ 准备姿势 ┬→ 技术准备姿势
          ┌→ 无球技术┤          └→ 比赛准备姿势
          │         │          ┌→ 起动
          │         └→ 起动与移动┼→ 移步
   排     │                    └→ 制动
   球     │         ┌→ 传球   正面传球，背传，侧传，跳传
   技     │         │
   术     │         │         正面双手垫球，体侧双手垫球，背向双手垫球，跨步垫球，
          │         ├→ 垫球   单手垫球，侧倒垫球，滚翻垫球，前扑垫球，鱼跃垫球，单
          │         │         臂滑行鱼跃垫球，挡球，其他部位垫球
          └→ 有球技术┤
                    │         正面上手发球，正面上手发飘球，侧面下手发飘球，跳发球，
                    ├→ 发球   勾手发飘球，勾手大力发球，正面下手发球，发侧旋球
                    │
                    ├→ 扣球   正面扣球，单脚起跳扣球，小轮臂扣球，勾手扣球
                    │
                    └→ 拦网   单人拦网，双人拦网，三人拦网
```

图 6－1

二、准备姿势和移动技术与教学

1. 准备姿势

准备姿势和移动是排球运动中各项技术的基础。准备姿势的好坏，直接影响到脚步移动，而脚步移动又直接影响其他技术动作的质量。

准备姿势：两脚开立，略比肩宽，两脚稍内转，脚跟提起，两膝稍弯曲和内扣，上体前倾，重心靠前，两臂自然弯曲，置于腹前，眼视来球。

技术要领：重心低于稍蹲，膝部超过脚尖，思想高度集中，肌肉适当放松。

2. 移动

移动是指运动员从起动到制动之间的位置移动和动作。它是由起动、移步、制动三个环节所组成。移动的目的在于使身体尽快接近来球，将球最为合理地击出。根据来球的速度和距离，可以采取不同的脚步移动方法。

（1）跨步法。当来球较低，距离身体一到两步之间，可采取此法。移动时一脚蹬地，一脚向来球方向跨出一大步。上体前倾，使重心移至跨步腿上，另一腿适当伸直或随重心移动而跟着上步成击球的准备姿势。

（2）并步法。一脚先迈出一步，同时另一脚用力蹬地。当前脚落地时，另一脚迅速跟上成击球前的准备姿势。连续并步即为"滑步"。

（3）交叉步。若向右移动，上体稍向右转，左脚从右脚前向右交叉迈出一步，然后右脚再向右跨出一步，同时身体转向来球方向，迅速成击球前的准备姿势，如图 6－2 所示。

（4）跑步法。球的落点距离身体较远时，采用跑步法。跑步时，应迅速起动，跑动的最后阶段要逐渐降低重心，做好击球前的准备姿势。

图 6-2

3. 制动

制动是移动的结束，也是击球动作的开始。

（1）一步制动法：一步制动时，在移动最后跨出一大步，同时降低重心，膝部和脚尖适当内转，全脚掌横向蹬地，以抵住身体重心继续移动的惯性。并以腰腹力量控制上体，使身体重心的垂直线停落在脚的支撑面以内。

（2）两步制动法：即以最后第二步开始做第一次制动，紧接着跨出最后一步做第二次制动，同时身体后倾，两膝弯曲，降低重心，双脚用力蹬地，使身体处于有利于做下一个动作的状态。

技术要领：制动步应跨大，膝部脚尖要内转。两膝弯曲，重心降低，上体后倾。

4. 准备姿势和移动练习顺序

（1）准备姿势练习。

（2）移动练习。

①集体练习，学生成二（四）列横队，成半蹲准备姿势，按老师手势方向作向前、后、左、右的一步、两步和其他步法移动。

②两人一组，一人向另一人的前、后、左、右抛球，另一人快速移动，用手接住球。

③学生成一列横列，站端线外，原地跑步。听哨声后，快速跑过中线。

④学生侧对球场，半蹲准备姿势站边线外，看手势后快速跑向另一边线。

⑤面对球场，半蹲准备姿势站端线外，看手势后跑到进攻线，返回到端线，跑到中线，返回进攻线，跑到另半场进攻线，返回到中线，跑到端线。或侧对球场，按同样路线左右移动。

⑥学生每人一球，成纵队站立，队首第一人将球抛给老师，老师接球后将球抛向较远处，第一人迅速向球飞行方向跑动，在球落地前，接住球或将球垫回场内，然后拾球排队尾，其余学生依次继续练习。

三、传球技术与教学

传球是用全身协调力量通过手指手腕的弹力，将球传至一定目标的击球动作。它在组织进攻、串联进攻中起纽带作用。传球有正面传球、背传、侧传、跳传等。现只介绍一般双手正面上传球。

1. 技术方法

（1）准备姿势：稍蹲姿势，但上体稍挺起，抬头看球，两手自然抬起，屈肘仰腕，放

松置于额前上方。

（2）迎球动作：当来球接近额前时，开始蹬地、伸膝、伸臂，手指微长从额前向前上方迎球，全身各部位动作应协调一致。

（3）击球点：在额前上方约一球距离处击球。

（4）手型：手触球时，十指应自然张开成半球状，手腕后仰，以拇指内侧，食指全部和中指的二、三指节处球的后下部，无名指和小指在球的两侧控制传球的方向，两拇指相对近似"八"字形，两手间要有一定距离。

（5）用力方法：传球动作是由蹬地、伸膝、伸髋使身体重心升高开始的；紧接着再屈肘、抬臂、伸肘、送肩，在身体重心上升的同时两手迎向来球；在手和球即将接触前，手腕和手指有前屈迎球的动作；手和球接触时，各大关节继续伸展，手指手腕最后用力将球传出。在上述用力顺序中，下肢蹬地和伸臂动作应贯穿整个传球动作的始终，最后通过手指手腕动作将全身协调力量作用于球体。

（6）传球后动作：身体重心随即下降，两手自然下收，准备做其他动作。

（7）技术要领：蹬地伸臂对正球，额前上方迎击球。

触球手型呈半球，指腕缓冲反弹球。

传球是排球基本技术之一。主要用于衔接防守和进攻，是组织进攻战术的基础。由于传球是利用全身协调力量，通过手指手腕动作击球，因此，容易控制出球方向和落点，准确度高。其内容有：正面传球，背向传球，侧面传球和跳起传球等。

2. 技术动作

1）传球的技术动作

（1）正面双手传球。

①准备姿势。稍蹲，上体适当抬起，眼看球，双臂抬起，自然弯曲，两手置于脸前。

②迎球。来球接近脸前时，两脚蹬地，伸膝伸臂，两手微张，在脸前上方迎球。

③手型。触球时，两手自然分开成半球形，手指与球吻合（如图6-3所示），手腕稍后仰，以拇指、食指、中指托住球的后下部。两手拇指、食指组成的"△"形和中指承担来球的主要冲力。传球时用拇指内侧，食指全指，中指二、三指节触球，无名指和小指在球的两侧辅以控制传球方向。

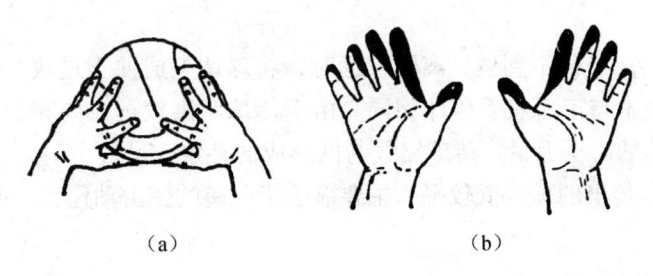

(a)　　　(b)

图 6-3

④击球。击球点保持在额前上方约一球之距，两手击球后下方。击球时伸臂用力伴送球（如图6-4所示）。

图 6-4

⑤用力。借助蹬地、展腹、伸臂力量和来球对手指手腕所产生的反弹力将球传出。

动作要领：额前击球最适当，触球手形半球状，蹬地伸臂指腕弹，指腕缓冲控方向。

（2）背向传球。

向后上方传球，称背向传球；其准备姿势像正面传球，唯上体稍直。迎球时，两臂上抬，触球时手腕稍后仰，掌心向上，击球点保持在额上方，两手击球下部。并迅速蹬腿、展腹、抬臂、伸肘，通过手指手腕弹力将球向后上方传出（如图 6-5 所示）。

（3）侧面传球。

身体侧对传出方向，并向侧面传出球，称侧面传球。其动作技术基本与正面双手扒球相同，唯击球点稍偏向传出一侧。

图 6-5

（4）跳起传球。

起跳后在空中传球，称跳起传球。起跳时两臂上举至脸前，传球时，注意迎球动作；手形同正面传球。

2）传球的运用

传球，常用作二传，是由防守转入进攻的桥梁，分为一般二传、调整二传和传低球。

（1）一般二传，又称顺网正面二传。由于一传多来自后场，所以二传队员不宜正对来球方向，而应当适当转向传出方向，保持正面传球。其技术和正面双手传球相同。球出手后顺网飞行，抛物线的高度可高可低，可集中可拉开，依扣球者的特点和技术要求而定。

（2）调整二传。一传不到位，离网较远时，将球调整成便于进攻队员扣球的近网球，称调整二传。其技术与正面双手传球相同。由于传球距离较远，要充分利用蹬地，展体，伸臂和手指、手腕的协调力量。传球路线与网形成的夹角应尽量小些。

（3）传低球。传出的球较低较平，主要靠手指手腕的弹击动作，一般距网上沿 50 cm，以便组成快攻。

3）传球练习顺序

（1）正面双手传球练习。

①正面双手对墙传球。

②自传球。

③移动传球。两人一组，甲将球抛（传）到乙身边任何位置，乙快速移动到位后传球。

④对传。两人一组，相互传一般球、平球和高球。

⑤三角传球。

⑥四人传两球。两人定位传球，另两人左右移动传球。

（2）背向传球练习。

①两人一组，同向站立，前面人自抛背向传球给背后的人。

②三人一组背向传球，中间的人作背传，站在前后者，一人传近球，一人传远球。

③两人对墙站立，一人正面传球，一人背传球。

（3）二传练习。

①两人一组，网前练习近、中距离顺网对传。

②三角传球。进攻线后的传球者应传调整球，近网者做一传，二传或传低球。

③6号位调整二传。1、5号调整二传。

四、垫球技术与教学

垫球是用手臂从球的下部利用来球的反弹力向上击球的技术动作。是接发球和接扣球的主要方法，适用于接较低的球。垫球方法有正面双手垫球、背向垫球、体侧垫球和挡球等。本节主要介绍正面双手垫球技术。

1. 技术方法

（1）准备姿势：面对来球，成半蹲或稍蹲姿势站立。

（2）垫球手型：两手掌根相靠，手指重叠，手掌互握，两拇指平行前伸，手腕下压。

（3）垫球动作：当球飞到腹前约一臂距离时，两臂夹紧前伸，插入球下，向前上方蹬地抬肩，以全身协调动作迎向来球，身体重心随击球动作稍向前移。

（4）击球点：腹前30 cm。

（5）击球部位：利用前臂手腕关节上10 cm左右的两小臂桡骨内侧所构成的平面击球的后下部。

（6）击球后动作：在击球瞬间，两臂要保持稳定，身体重心继续向抬臂方向送球，使整个动作协调自然，动作结束后，立即做好下一个动作的准备。

技术要领如下。

插：移动取位，两臂前伸插到球下。

夹：两臂夹紧，掌根相靠，手腕下压。

提：用蹬地抬臂、提肩顶肘的动作去迎击球。

2. 技术动作

（1）正面双手垫球。利用双手小臂形成的垫击面，在腹前垫击来球，称正面双手垫球。

①准备姿势。移动到位，正对来球成半蹲姿势。

②手形。有抱拳互握式、叠掌式、互靠式三种。

③击球。当球来到腰前，夹臂前伸，插到球下，两脚稍蹬地，抬臂，用腕关节以上10 cm左右桡骨内侧垫击来球后下部（如图6-6所示）。

图6-6

④垫击角度。手臂形成的垫击面与地面的夹角叫垫击角。垫球时，应根据来球的角度和击球的方向，调整垫击角和垫击面的方向。如来球抛物线较平，垫击角应大；反之，垫击角应小。

⑤垫击用力。靠来球的力量与手臂碰撞后所产生的反弹力，练习者主动发力将球垫起。来球力量不同，主动用力各异。一般是垫球用力大小和来球力量大小成反比，与垫球距离远近、抛物线高低成正比。

动作要领：概括为插、夹、抬。

插——移动到位，两臂前伸，插到球下。

夹——含胸收肩，两臂夹紧成平面，前臂击球，同时压腕。

抬——蹬腿，提肩，抬臂，身体重心随球向上向前移动。

（2）跨步垫球。左（右）脚向来球方向跨出一步垫球，称跨步垫球。跨步垫球用于垫低球，是滚翻、倒地垫球的基础。其方法是：当判断来球落点后，及时向来球方向跨出一步，屈膝制动，身体重心落在跨出脚上，上体前倾，臀下降，两臂积极前伸插入球下，用前臂击球的后下部（如图6-7所示）。

图6-7

（3）体侧垫球。在体侧垫击来球称体侧垫球。其方法是：右侧来球时，左脚前掌内侧蹬地，右脚向右跨出一步，屈膝，身体重心移至右脚，两臂夹紧向右侧伸出，左肩微向下倾斜，向左转体，收腹，两臂自右后方，向前截在球飞行的路线上，用前臂垫击球的后下部（如图6-8所示）。

图6-8

（4）背向垫球。从体前向背后垫球，称背向垫球。背向垫球时，先判断并迅速移动到球的落点，背对出球方向，当来球略高于肩时，两臂夹紧伸直击球，抬头、挺腹、展腹，将球垫出（如图6-9所示）。

图 6-9

（5）单手垫球。一只手垫击来球，称单手垫球。其方法是：来球飞向右（左）侧较远处，迅速跑步近球，最后右（左）脚跨出一步，上体向右（左）倾斜，右（左）臂伸直，自右（左）后向前摆动，用前臂内侧，掌根或虎口处击球的后下部。

（6）挡球。双手或单手在肩部以上挡击来球，称挡球。双手挡球有抱拳式和并掌式。抱拳式：一手半握拳，另一手外包，屈肘，两手小指外侧朝前。并掌式：两肘弯屈，两虎口交叉，紧贴，两掌合并成勺形。挡球时小臂放松，手腕后仰，以掌根或两掌外侧组成的平面在额前或肩上击球的后下部。挡球时，手腕要紧张，如来球力量较小，应用小臂前摆力量把球向上挡起，对追胸球则应屈膝，使击球点在脸前上方。

单手挡球时，手半握拳，腕紧张后仰，击球的后下部。

3. 垫球练习

（1）垫固定球。两人一组，面向站立。甲双手持球于腹前，乙双手正面垫球（球不击出）。然后交换。

（2）抛垫。两人一组，相距4~5 m，甲抛球，乙垫球。然后交换。

（3）自垫。每人一球，垫不同高度的球。

（4）对垫。两人一球，连续作垫球。

（5）一人垫两球。三人成三角形站立。两人依次抛球，另一人用正面垫球动作将球垫给抛球者。

（6）变方向垫球。三人成三角形站立，按顺时针方向用正面、体侧垫球动作垫球。

（7）移动转身垫球。三人一组，两人相距5~6 m，抛球；另一人站在两人中间，垫球，转身来回移动到抛球者正面垫球。

（8）体侧垫球。两人一组，甲向垫球者乙左右两侧抛球，乙做体侧垫球。然后交换。

（9）单手自垫。单手连续自垫或左、右两手轮流自垫。

4. 接发球练习

（1）一掷一垫。两人一组，相距6~7 m，甲掷球，乙垫球。然后交换。

（2）发垫球练习。两人相距8~9 m，甲发球，乙接发球，将球垫给甲。

（3）发、垫、传练习。三人一组，成三角形站立，一人发球，一人用垫球接球，一人传球。

（4）后排接发球练习。一人发球（或抛球），另三人分别站在1、6、5号位接发球，将球垫到2、3号位之间位置。

（5）"1-3-2"接发球。

5. 接扣球练习

（1）一扣一垫或一扣两垫。两（三）人一组，相距约 5 m，一人原地扣球，另一（两）人垫球。

（2）扣、垫、传串联练习。三人组成三角形站立。一人扣球，一人垫球，一人传球。

（3）后排接扣球练习。两人分别站在1、5号位，接从对方4（或2）号位扣来的球，将球垫到2、3号位之间。

五、扣球技术

扣球是队员跳起在空中，用一只手臂作鞭甩式挥动，将本方场区上空高于球网上沿的球有力地击入对方场区的一种击球方法。它是排球技术中攻击性最强的一项技术。扣球技术可分为正面扣球、单脚起跳扣球、小轮臂扣球和勾手扣球。基本技术是正面扣球。初学者应从正面扣球学起。

1. 技术方法

（1）起动姿势：起动时由稍蹲准备姿势开始，两臂下垂，站在离网3米左右，身体稍转向来球方向，以便于观察球向各个方向助跑起跳。

（2）助跑：两步助跑开始时，左脚先向前迈出一步，紧接着右脚再快速跨出一大步，左脚及时跟上，踏在右脚之前，两脚尖稍向右转准备起跳。

（3）起跳：在助跑跨出最后一步的同时，两臂绕体侧后引，左脚跟上踏地制动过程中，两臂由后积极向前摆动，随着双腿蹬地向上起跳，两臂配合起跳有力地向上摆动。

起跳中，手臂向前上方及时快速摆动，对起跳的高度有帮助。两臂摆动应根据扣球技术的需要及个人的习惯，采用小划弧摆臂、大划弧摆臂或前后摆臂。

在助跑制动后向上摆臂的同时，两腿从弯曲制动的最低点，猛力蹬地向上起跳，双脚弯曲度可依个人腿部、腰部力量和扣球技术的需要而有所差异。但整个动作要协调、连贯，具有爆发力。

（4）空中击球：空中击球是扣球的关键，其动作合理与否直接影响着扣球的质量。起跳后，挺胸展腹，上体随右臂向后上方抬起而稍向右转，身体成反弓形。这样可以加大上体和手臂的振幅，增加挥臂的距离及加快手臂挥动的速率。

挥臂时，以迅速转体、收腹的动作发力，依次带动肩、肘、腕各关节向前上方呈鞭甩式挥动。击球时，五指微张，以掌心为中心，全手掌包满球体，并保持紧张，在右肩前上方处球后中部，同时主动用力屈腕屈指向前推压，使扣出的球呈上旋。

（5）落地：因为击球时，空中有向左转体收腹的动作，右肩抬得较高，所以下落时往往是左脚先着地。为了避免左腿负担过重，应力争双脚同时落地，以前脚掌先着地再过渡到全脚掌着地，并顺势屈膝，缓冲下落的力量，做好下一动作的准备。

技术要领如下。

（1）助跑：步幅由小到大，先迈方向步；步速由慢到快，后跨起跳步。

（2）起跳：看球落点决定起跳，后脚并上双脚猛力蹬地；看球高度决定起跳时间，向上摆臂用力协调。

（3）挥臂击球：屈臂敞肩拉得开，腰腹发力要领先；向上挥臂如甩鞭，全掌包球打得满。

2. 技术动作

1）正面屈体扣球

正面屈体扣球（均以右手扣球为例）按动作结构由准备姿势、助跑、起跳、空中击球和落地五个部分组成。

（1）准备姿势。两脚前后成稍蹲，两臂下垂观来球，快速起跳做准备。

（2）助跑是为了选择最佳的起跳点，由水平速度转化成垂直速度。以两步助跑为例，准备姿势右脚在前，左脚在后。第一步，左脚向前迈出一步，两臂前摆；第二步，右脚跨出一大步，重心前移。右脚跨出的同时，左脚迅速跟上并步，两臂后摆，身体重心由两脚过渡到前脚掌，两脚用力蹬地腾起，两臂由体后经体侧向上挥摆，带动身体向上腾起。

（3）起跳。起跳时两膝弯曲内收，上体前倾，两脚用力蹬地，两臂上摆带动身体向上起跳。

（4）空中击球。跳起后，抬头、挺胸、展腹成反弓形，两臂上摆，击球臂屈臂提肩往后拉，肘高于肩。挥臂击球时，以转体收腹发力，依次带动肩、肘、腕各关节成鞭甩动作，手臂向前上方挥摆，五指微张呈勺形，以全掌包满球，在最高点击球的后上部，主动用力屈腕屈指向前推压，加快球速，击球时手臂伸直向前上方挥动，击球点应保持在右额的前上方，将球击向对方场内。

（5）落地。两腿屈膝稍收腹，以缓冲下落的力量和速度，并做好下一个动作的准备。

动作要领：助跑速度由慢到快，一步定向二步调，后脚并上两脚蹬，两臂上摆腰发力，击球保持最高点，全掌包球后上方，挥臂击球如甩鞭，屈膝缓冲落地稳。

完整动作如图6－10所示。

图6－10

2）勾手扣球

勾手扣球能扩大进攻面，增加扣球点，当二传远离网时，仍能保持有利的进攻位置，弥补起跳过早和冲过球前的缺点。

动作要领：助跑最后一步，右脚脚尖转向右，起跳时身体侧对网，起跳后两臂摆至脸前，抬头挺胸。击球时，用腰腹部发力，收腹转体带动手臂，手臂伸直，快速由体侧向上抡臂，在额前上方用全掌甩击球的后上部。顺势屈膝弯腰，缓冲落地（如图6－11所示）。

图 6-11

3）快球

快球是我国的传统进攻技术，体现了时间短、速度快、隐蔽性强、突然性大等特点。

快球有近体快、背快、短平快、背平快、平拉开快、半快球、远网快、单脚快和快抹等。

（1）近体快球的打法。在二传队员体前或体侧约 50 cm 处打的快球，称近体快球。一种是一传到位后，扣球者快速助跑起跳，当二传手将球传出网上缘约 2~3 个球高时，扣球者依靠前臂挥动，以全手掌快速甩腕击球后上部。另一种是一传到位后，扣球者迅速助跑起跳，在空中等球。当二传手将球传出球网上缘约 1.5 个球高时，扣球者依靠前臂挥动，以全手掌快速甩腕击球的后上部（如图 6-12 所示）。

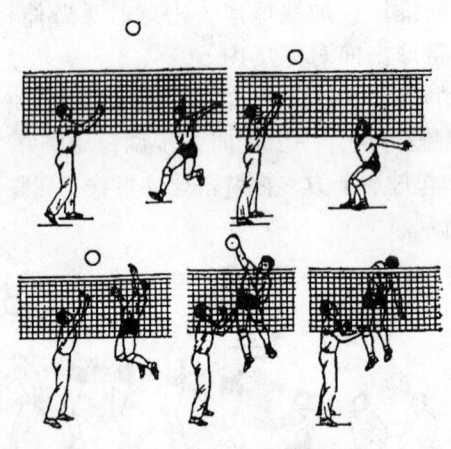

图 6-12

快抹球指的是扣球者为了加快节奏，利用高度腾空，以手指手腕动作，快速将球抹过的一种进攻技术。

（2）短平快球。短平快球是利用 4 号位空间和时间的差异，组织快攻。它具有进攻点多、迷惑性大、突然性强的特点。

当一传到位后，由 4 或 3 号位队员跑至 4、2 号位的网前，待二传手传出的球速度较快、弧度较平，球高出网一至一个半球，球距约 2 米时，扣球者正面直线助跑起跳迅速挥臂，以全掌击球的后上方。

（3）平拉开快球。充分利用标志杆内的全网长度，组织一种速度快、变化多、袭击性强的快攻，称为平拉开快球。其特点在于：二传手传出的球速度快；弧度低，扣球者起跳

104

击球迅猛，攻其不备。

3. 扣球练习

（1）原地两腿屈膝，向上挥臂蹬地起跳。

（2）一步助跑起跳（以右手扣球为例），右脚跨出一大步，左脚跟上并步双脚起跳。

（3）向前、后、左、右不同方向的一步助跑起跳。

（4）两步助跑起跳。第一步要小，定方向，第二步要大，调整人和球的位置，蹬地起跳。

（5）徒手举臂、拉臂、挥臂、扣腕的扣球模仿练习。

（6）原地徒手挥臂击球。两人一组，一人双手持球置头前上方，另一人原地挥臂击球的后上部。

（7）两人一组，相距6~8 m，练习者用左手持球于右肩的前上方，挺胸、拉臂、收腹、挥臂甩腕做原地扣球。

（8）降低球网，自抛自扣，助跑一步起跳扣球。

（9）助跑起跳扣固定球，扣击树叶。

（10）教师在网前高台托球，练习者在进攻线上助跑起跳，将球扣过网。主要体会助跑起跳点、空中击球位置和最高击球点。

（11）助跑起跳，在4号位扣一般球，二传先抛后传。

（12）在4、3、2号位上，结合一传二传练习扣球。

（13）结合拦网，练习4、3、2号位的扣球。

六、发球技术

发球是比赛的开始，也是先发制人的进攻技术。有威胁的发球不仅可以破坏对方战术，削弱其攻击力量，还可以直接得分；发球不好，不仅被动挨打，甚至失分失败（决胜局）。因此，重视发球技术，提高发球的准确性和攻击性是十分必要的。

发球是队员在端线后自行抛球，并用一只手将球直接击入对区的技术动作。它是比赛的开始，也是进攻的开始，是排球比赛中的一项重要的进攻性技术。发球技术有很多种，现只介绍正面上手发球。

1. 技术方法

（1）准备姿势：面对球网，两脚自然开立，左脚在前，左手托球于体前。

（2）抛球与引臂：左手将球平稳地抛于右前上方，同时右臂抬起，屈肘后引，肘部与肩平，上体稍向右侧，抬头、挺胸、展腹、手掌自然张开。

（3）挥臂击球：击球时，利用蹬地，使上体向左转动，同时收腹，带动手臂向前上方快速挥动。在右肩前上方伸直臂的最大点，用全手掌击球的后中部。手触球时，手指和手掌击球的后中部。手触球时，手指和手掌要张开并与球相吻合，手腕要迅速做推压动作，使击出的球呈上旋飞行。击球后，随着身体中心前移，迅速入场。

技术要领如下。

①平托抛球不拖腕，垂直上抛1米高；转体收腹带挥臂，弧形鞭打加速快。

②全掌击球中下部，手腕推压球上旋。

2. 技术动作

发球的方法很多，按动作结构有：正面下手发球、侧面下手发球、正面上手发球、上手发飘球、勾手发飘球、跳发球等；按性能可分为转球和飘球。

1）正面下手发球（以右手击球为例，下同）（如图6-13所示）

（1）准备姿势。左肩对网，两脚左右开立，与肩同宽，两膝微屈，身体重心落在两脚间稍靠右脚上。左手托球于腹前。

（2）抛球。左臂伸直，将球平衡抛向胸前，离手高度约30 cm。

（3）挥臂击球。抛球同时，右臂摆至侧后方。接着右脚蹬地，向左转体，带动右臂向前上方摆动，在腹前用手掌击球后下部。

图6-13

动作要领：腹前低抛一臂远，挥臂要靠蹬和转，由下到上成斜面，全掌击球后下部。

2）正面上手发球（如图6-14所示）

图6-14

（1）准备姿势。面对球网，左脚在前，右脚在后开立，左手托球于胸前。

（2）抛球。抬左臂同时，手掌托球平衡上送并垂直抛至右肩上方，高度适中。

（3）挥臂击球。抛球同时，右臂屈肘，抬起并后引，肘与肩平，上体稍向右侧扭转，抬头、挺胸、展腹。击球时，利用蹬地，使上体向左转动，同时收腹，以腰带肩，肩带臂，臂带腕，向右前方挥动。身体重心前移，在右肩上方，手臂伸直的最高点，用全掌击球的后下部。并主动用力推压手腕，使球上旋。

动作要领：平衡抛球右肩上，抬臂挺胸成弓状；蹬地转体带挥臂，弧线鞭打有力量；全掌击球后下部，手腕推压上旋强。

3）正面上手发飘球（如图6-15所示）

（1）准备姿势。同正面上手发球。

（2）抛球。同正面上手发球，唯抛球稍低、稍前。

（3）挥臂击球。与正面上手发球基本相同，唯击球时用掌根平面击球后下部。发力短促、集中，通过球体重心。手指手腕紧张，手型固定，无推压动作，而要突停或回抽。

图 6 – 15

动作要领：击球稍靠前，挥臂走直线，击球后下部，突停球不旋。

4）勾手发飘球（如图 6 – 16 所示）

图 6 – 16

（1）准备姿势。左肩对网，两脚左右开立，左手托球于胸前。

（2）抛球。左手将球垂直抛至左肩上方。

（3）挥臂击球。抛球时，右臂放松向后摆动。击球时，右腿蹬地，上体左转，向上、向前挥臂，肘关节伸直，手击球前加速发力，呈直线运动。击球瞬间，手腕后仰，保持紧张。用掌根击球的后下部，击球后急速制动。

动作要领：抛球不宜高，抛击要协调，蹬转带挥臂，平挥呈直线，击球不屈腕，突停容易飘。

5）勾手大力发球（如图 6 – 17 所示）

图 6 – 17

（1）准备姿势。同勾手发飘球。

（2）抛球。同勾手发飘球，唯稍高。

（3）挥臂击球。抛球同时，两腿弯曲，上体向右倾斜，并稍右转，右臂顺势向右侧后方摆动，身体重心稍偏右脚。击球时，右脚蹬地、转体，带动右臂做直线弧形挥动。身体重心移至左脚，在右肩前上方，在臂伸直的最高点，用全掌击球的后下部，屈腕推压。

动作要领：抛球左肩上，蹬转加力量，挥臂弧线摆，推压旋转强。

3. 发球练习

（1）抛球练习。每人一球，根据不同的发球动作，将球抛向固定的路线和高度。

（2）挥臂击球练习。击固定球。将吊球（或树叶）固定在击球点位置；或两人一组，甲将球置于乙发球时的击球点位置，乙反复做各种发球的挥臂击球动作，然后交换。

（3）完整练习。

①对墙或挡网近距离发球。

②两人一球相距 7~8 m 对发，站在端线后对发，在发球区对发球。

③提高稳定性的发球。要求发若干个好球，如中间有失误，则重新开始，直到达到要求为止。

④提高准确性的发球。教师规定发直线或斜线球，将球发到对方场内某一区内。

七、拦网技术

拦网是靠近球网的队员，将手伸向高于球网处阻拦对方的来球，并触及球。它是排球技术中一项重要的防守技术。随着排球运动的发展，拦网已由被动的防御性技术转化为具有强烈攻击性的技术。现代拦网技术不仅是能与扣球相抗争的第一道防线，而且已成为得分的重要手段。拦网分为单人拦网和集体拦网。现分别介绍单人拦网技术和集体拦网技术。

1. 单人拦网

（1）准备姿势：队员面对球网，两脚左右开立，约与肩同宽，距网约 30~40 cm。两膝微屈，两臂屈肘置于胸前，随时准备起跳或移动。

（2）移动：为了对正对方的扣球点起跳，需要及时移动，常用的移动步法有一步、并步、交叉步和跑步等。移动结束后要做好制动动作，以避免触及或冲撞同队队员。

（3）起跳：原地起跳时，两腿先屈膝下蹲，随即用力蹬地。两臂以肩发力，大臂为半径，在体侧近身处，作划弧或前后摆动，迅速向上跳起。

（4）空中动作：空中击球。两手经胸部沿额的前上方向上尽力伸臂接近球的空间，手指自然分开，两手距离以不漏球为准，屈指屈腕呈勺型。当触球时，两手突然紧张，手腕用力前屈"盖帽"，将球拦死或拦起，拦网后手臂上抬收回。如在 2、4 号位拦网，外侧手腕稍内转，防止打手出界（如图 6-18

图 6-18

所示）。

拦远网球不做压腕动作，手臂尽力向上伸直，以提高拦网点。如拦网高度较低，可用手腕后仰，争取把球拦起。

（5）落地：拦网后，要做含胸动作，以保持身体平衡。手臂不能放松和随球下拖。要先使手臂后摆或两臂上提，然后再屈肘向下收臂，以免触网。与此同时，屈膝缓冲，双脚落地。

技术要领如下。

取位对准球，起跳要及时，看清动作拦路线；

手臂伸过网，两手接近网，触球手掌压手腕。

2. 集体拦网

双人拦网或三人拦网都称集体拦网。集体拦网与单人拦网的动作技术基本相同。集体拦网的关键在于相互间的协同配合。

3. 拦网练习顺序

（1）原地做伸臂压腕的拦网动作。

（2）降低球网，站在网边原地起跳做伸臂压腕"盖帽"练习。

（3）两人一组隔网站立，一人持球，向上抛过网（高出网 30~50 cm），另一人跳起将球拦回。

（4）两人一组隔网站立，一人持球，自抛自扣过网，另一人跳起将球拦回。

（5）拦 2、4 号位固定线路的扣球，提高拦网的判断移动和选位能力。

（6）结合实践进行拦网练习。

第三节　排球的基本战术

一、战术概念

队员在比赛中，根据竞赛规则，排球运动的特点，双方情况和临场变化，有意识地运用技术及技术配合，所采取的有目的、有组织、有预见性的行动，称为排球战术。一般分进攻和防守两大类，内容有个人战术和集体战术。

排球比赛，从技、战术角度看，是多得分少失分。而排球竞赛是集体项目，既要发挥队员的长处和特点，又要使全队形成一个整体，充分发挥整体优势，扬长避短，因此，在选择与运用战术时，要知己知彼，我攻，使对方"不知其防守"，我防，使对方"不知其进攻"。

二、阵容配备及形式

阵容配备是合理地使用本队队员的一种组织形式。其目的在于把全队的力量有效地组织起来，扬长避短，最大限度地发挥每一个队员的作用和特长。

阵容配备的形式如下。

1. "六传手"配备

没有专门的二传队员，谁轮到3号位谁就作二传。

2. "三三"配备

由三名进攻队员和三名二传队员组成，站位时，一名进攻队员间隔一名二传队员。目前采用这种配备形式的比较少，一般适于初学者和水平较低的队。

3. "四二"配备

由四名进攻队员（两名主攻队员与两名副攻队员）和两名二传队员组成，他们分别站在对角的位置上（如图6-19所示）。这样每个轮次前后排都能保持有一名二传队员，两个进攻队员，便于组织和发挥本队的攻击力量。目前在水平一般的球队中，采用这种配备形式的较多。

4. "五一"配备

由五名进攻队员和一名二传队员组成。队员位置的站位与"四二"配备基本相同，只是一名二传队员作为接应二传主要承担进攻任务（如图6-20所示）。这样可以加强拦网和进攻力量。接应二传可弥补主要二传队员有时来不及传球所出现的被动局面。目前在水平较高的队中普遍采用这种配备形式。

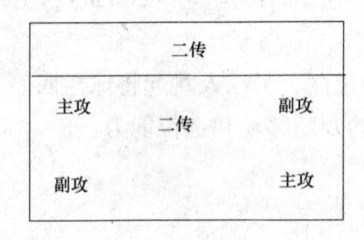

二传	
主攻　　二传	副攻
副攻	主攻

图6-19

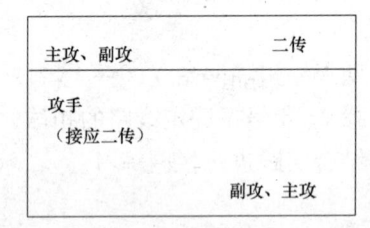

主攻、副攻	二传
攻手（接应二传）	
	副攻、主攻

图6-20

三、进攻战术简介

进攻战术是指排球比赛中，一传队员、二传队员和扣球队员之间所进行的各种进攻战术配合的方法，其目的是为了避开对方的拦网、突破对方的防线、争取主动、扩大战果。进攻战术可以分为强攻、快攻、两次攻、立体攻四大类。

（1）强攻：是凭借队员个人的身高和弹跳力，利用扣球的力量和个人扣球战术，强行突破对方的防御。

（2）快攻：是指各种平快扣球及以平快扣球掩护同伴进攻或自我掩护进攻所组成的各种快速多变进攻战术的总称。快攻是我国排球的传统特长打法。由于快攻具有速度快和掩护作用强的特点，能在时间和空间上发挥优势，有效地突破对方的防御。

（3）二次攻：当一传弧度较高，落地又在网前，前排队员可以直接将球扣或吊入对方场区，或佯扣将球在空中转移传给其他前排队员的进攻，这种有二次机会进攻的方式称为二次攻。

（4）立体攻：前排队员运用各种快变战术组织进攻，同时也掩护后排队员从进攻线后跳起进攻，形成横向、纵深全方位的进攻。这种打法突然性大，攻击性强，容易突破对方的防线，是今后进攻战术的发展方向。

四、个人战术

通常包括发球、一传、二传和扣球。

1. 发球个人战术

发球前观察、分析场上情况，果断地采取有针对性的发球战术。

（1）发攻击性强的球。发速度快、力量大、抛物线平、旋转性和飘晃性强的球，给对方接发球造成困难。

（2）发控制落点的球。将球发到对方空当，或接发球技术较差的队员，或插上队员。

（3）发变化球。不同距离、力量、性能的发球，使对方不适应。

2. 二传个人战术

二传队员利用空间、时间和动作上的变化，给扣球队员创造有利的进攻条件，使对方难以组成有效的拦网。

（1）根据队员特点和临场情况，合理组织和分配进攻力量。

（2）视对方拦网情况，选择进攻区、突破口，形成进攻优势。

（3）根据一传到位与否，近网或远网，高球或低球，合理运用传球技术和组织进攻战术。

3. 扣球个人战术

（1）避开拦网队员的拦网，应用转体扣球，转腕扣球，改变扣球路线、扣吊结合，或两次球。

（2）利用对方拦网者的手形，造成打手出界，利用轻扣球，使球顺拦网者的手下落。

（3）控制扣球落点，找人找点扣，打空当。

五、集体战术

1. 接发球及其进攻战术

接发球进攻又称"一攻"，是进攻的基础，也是由防守到进攻的转折。其内容包括防守、进攻两方面。

接发球时，应根据对方不同的发球动作、球的性能、力量和速度，迅速作出正确判断，立即移动取位。击球时，队员的身体应正对二传队员，应用合理的垫球技术将球送到二传位置。

1）接发球站位阵型

（1）"一三二"阵型，又称"W"形（如图6-21所示）。对方发球弧度高，力量轻，落点多分散在后场时，前面三名队员接前区球，后排两名队员接后区球。

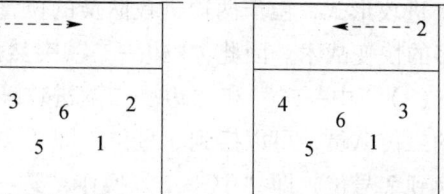

图6-21

（2）"一二二"阵型，又称"M"形。对方来球弧度高，力量轻，落点分散时，队员取位应前后均衡分散。前排两名队员接

前区球，中间队员接中区球，后面两名队员接后区球。

（3）"一字"阵型。对方来球为速度快，力量大，落点集中的大力发球或平冲飘球，由于球的落点多在距网 4.5 m 以后的场区，所以前、后排队员站位应适当靠近，似"一"字形，一人负责一条线。通常说的"远飘，轻飘分散站，平快大力一条线"就是这个道理。

2）接发球进攻战术

接发球进攻战术，就是接起对方发球后，组织第一次进攻所采用的打法。

排球进攻战术主要有："中一二""边一二""插上""两次球及其转移"、调整扣球等。

（1）"中一二"进攻形式。由前排中间的 3 号位队员担任二传，其他 5 名队员将来球垫给二传队员，再由二传队员将球传给 4 号位或 2 号位队员扣球的进攻形式，称为"中一二"进攻形式（如图 6-22 所示）。

这种形式是排球进攻最基本、最简单的形式。其特点是一传的目标明确，二传队员易于接应，加之战术配合简单，便于组织进攻。缺点是战术方法较少，进攻点不多，突然性不大，战术意图易被对方识破。这种形式适合于技术水平较低的队采用。但有时技术水平较高的队在来不及组织复杂战术进攻的情况下，也采用这种进攻形式。

（2）"边一二"进攻形式。由前排边的 2 号位队员担任二传，将球传给 3 号位或 4 号位队员扣球的进攻形式，称为"边一二"进攻形式（如图 6-23 所示）。

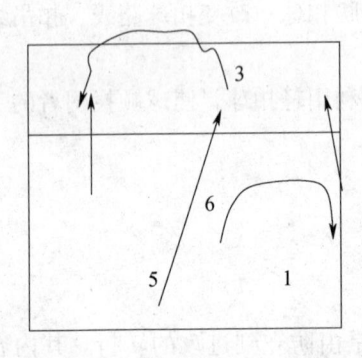

图 6-22 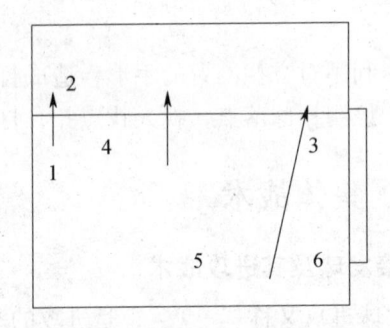　　　　　　　　图 6-23

这种形式也比较简单，容易掌握。但由于对一传、二传的要求都较高，组织"边一二"进攻形式要比组织"中一二"进攻形式的难度大，其战术配合也比较复杂。"边一二"进攻形式，由于两边进攻队员的位置相邻，便于进行互相掩护的进攻配合，可以组织较多的快变战术。因此，"边一二"突然性和进攻性要比"中一二"进攻形式大。

（3）"中一二"和"边一二"进攻阵型中的位置交换。发球后，前排的 2 号位或 4 号位的二传队员，可以换到 3 号位，即"边一二"换成"中一二"，也可将 3 号位的二传队员换到 2 号位，即"中一二"换作"边一二"。

（4）"插上"进攻形式。由后排的队员插到前排担任二传，将球传给前排三名队员扣球的进攻形式。

"插上"进攻形式的特点是前排能保持三名队员参加进攻，可以充分利用球网的全长，

有利于发挥进攻队员的多种掩护战术配合，突破对方的防线，因此，更具有突然性和攻击性。

"插上"进攻形式接发球站位有以下几种形式，如图 6-24 所示。

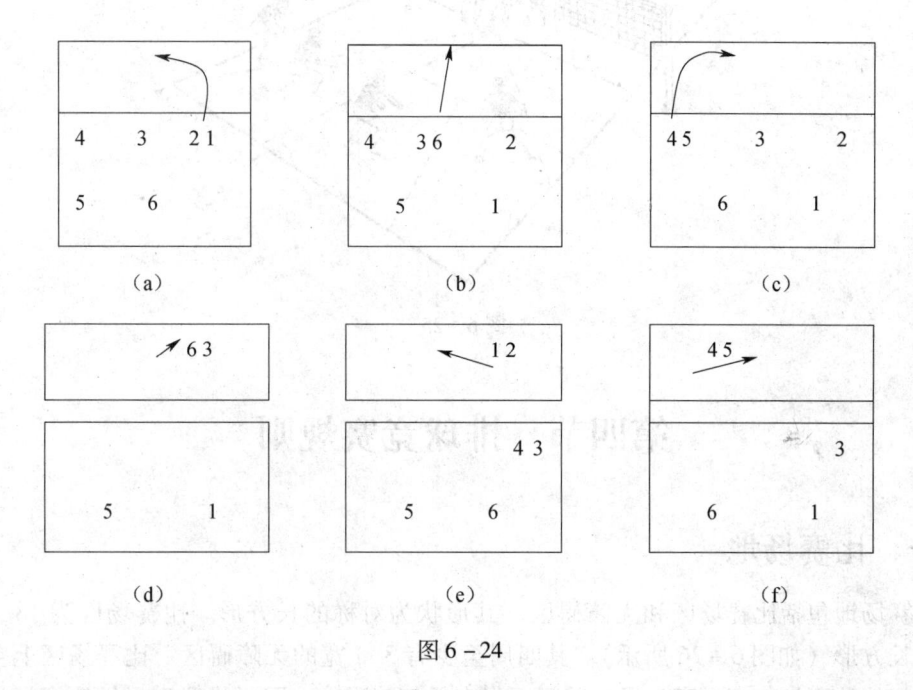

图 6-24

2. 接扣球及其进攻战术

接扣球及其进攻包括拦网、后排防守、二传或调整二传和扣球几个相互衔接的部分。拦网是防守反击的第一道防线，后排防守是反击的基础，二传是组织反击的桥梁，扣球是完成进攻的最后环节，得分的主要手段。

接扣球战术由拦网和后排防守两部分组成，在运用这一战术时，首先应力争拦网优势，削弱对方攻击力量，尽可能把球拦死，而后排队员要把前排没有拦到的球接起来，使拦网与后排防守形成有机的整体。

（1）拦网。分单人拦网和集体拦网。集体拦网又有双人拦网和三人拦网之分。

双人拦网应用甚广，它往往由 2、3 号位或 3、4 号位队员组成，其中与对方进攻点相对的队员为主要拦网者，另一队员主动配合。如对方 4 号位进攻时，应以本方 2 号位队员为主，3 号位队员主动配合，当对方从 3 号位进攻时，应以本方 3 号位队员为主，4 号位队员主动配合，若对方从 2 号位进攻，则以本方 4 号位队员为主，3 号位队员主动配合。

（2）后排防守。后排防守是第二道防线。从目前拦网情况看，通过拦网攻入后排的球仍占多数；如后排失误，就丢失了反击机会，造成失分或失发球权。

一个具有较高水平的队，要求后排防守队员正确判断站位，掌握先进而全面的防守技术，队员之间要相互补位和保护，有每球必争、每球必拼的顽强作风。

（3）接扣球防守战术阵型。防守阵型是拦网与后排防守的综合体。比赛时有无人拦网、单人拦网、双人拦网（如图 6-25 所示）和三人拦网四种接扣防守战术阵型。

图 6-25

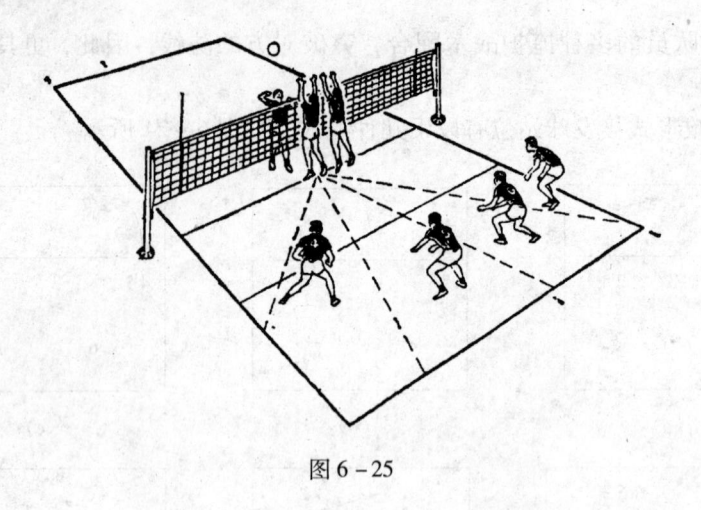

第四节　排球竞赛规则

一、比赛场地

比赛场地包括比赛场区和无障碍区，其形状为对称的长方形。比赛场区为 18 米长 9 米宽的长方形（如图 6-26 所示）。其四周至少有 3 m 宽的无障碍区。比赛场区上空的无障碍空间从地面量起至少高 7 米，其间不得有任何障碍物。国际排联世界性比赛场地边线外的无障碍区至少宽 5 米，端线外至少宽 8 米，比赛场地上空的无障碍空间至少高 12.5 米。球网高度：球网架设在中线上空，高度为男子 2.43 米，女子 2.24 米。标志杆高出球网 80 厘米。

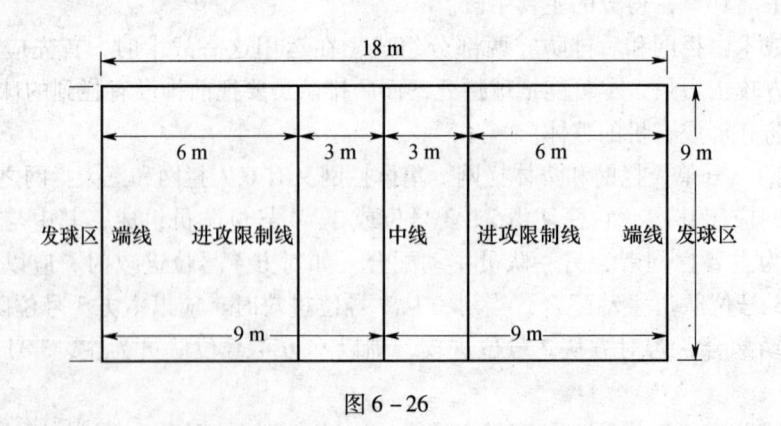

图 6-26

二、球

球是圆形的，由柔软皮革或合成革制成外壳，内装橡皮或类似质料制成的球胆。颜色应是一色的浅色或彩色。国际排联世界性比赛中使用合成革球或彩色球需经国际排联同意并符合其标准。圆周：65~67 厘米。重量：260~280 克。气压：0.30~0.325 公斤/平方

厘米（294.3~318.82毫巴）。

三、比赛方法

1. 胜一球的结果

一球是指从发球击球起至该球成死球止。

如果发球队获胜，则得一分，继续发球；如果接发球队获胜，则获得发球权，同时得一分。

2. 胜一局

每局先得25分并同时超出对方2分的队胜一局。当比分24∶24时，比赛继续进行至某队领先2分（如26∶24、27∶25）。

3. 胜一场

胜三局队胜一场。

如果2∶2平局时，决胜局（第五局）打至15分并领先对方2分获胜。

4. 队员场上位置

2、3、4号队员位为前排，5、6、1号位为后排。

5. 发球轮转

接发球队获得发球权后，该队发球队员必须按顺时针方向转一个位置，即2号位队员转到1号位发球，1号位队员转到6号位，依次循环。

四、比赛行为

1. 比赛开始

裁判员鸣哨后允许发球，发球队员击球时比赛开始。

2. 比赛的中断

裁判员鸣哨中止比赛。但如果裁判员是由于比赛中出现犯规而鸣哨的，则比赛的中断实际上是由犯规的一刻开始的。

3. 界内球

球触及比赛场区的地面包括界线为界内球。

4. 界外球

（1）球接触地面的部分完全在界线以外。

（2）球触及场外物体、天花板或非场上比赛的成员等。

（3）球触及标志杆、网绳、网柱或球网标志带以外部分。

（4）球的整体或部分从过网区以外过网。

（5）球的整体从网下穿过。

5. 球队的击球

每队最多击球三次（拦网除外）将球从球网上击回对方，超过规定次数的击球，判为

"四次击球犯规"。无论是主动击球或被动触及，均作为该队击球一次。

连续击球：一名队员不得连续击球两次（拦网除外）。

同时触球：两名或三名队员可以同时触球。

(1) 同队的两名（三名）队员同时触到球时，被记为两次（三次）击球（拦网除外）。如果只有其中一名队员触球，则只记为一次击球。队员之间发生碰撞不算犯规。

(2) 两名不同队的队员在网上同时触球，比赛继续进行，获得球的一方可击球三次。如果球落在某方场区外，则判为对方击球出界。

(3) 如果双方队员同时触球造成"持球"，则判为"双方犯规"，该球重新进行。

6. 击球的犯规

(1) "四次击球"：一个队连续触球四次。

(2) "借助击球"：队员在比赛场地以内借助同伴或任何物体的支持进行击球。

(3) "持球"：没有将球击出，造成接住或抛出。

(4) "连击"：一名队员连续击球两次或球连续触及其身体的不同部位。

7. 发球犯规

(1) 发球队发球次序错误没有遵守。

(2) 球被抛起或持球手撤离后，必须在球落地前，用一只手或手臂的任何部分将球击出。

(3) 球只能被抛起或撤离一次，但拍球或在手中移动球是被允许的。

(4) 发球队员在击球时或击球起跳时，不得踏及场区（包括端线）和发球区以外的地面。击球后可以踏及或落在场区内或发球区以外。

(5) 发球队员必须在第一裁判员鸣哨后 8 秒钟内将球击出。

(6) 裁判员鸣哨前的发球无效，重新发球。

8. 拦网的犯规

(1) 在对方进攻性击球前或击球的同时，在对方场区空间拦网触球。

(2) 后排队员或后排自由防守队员完成拦网或参加了完成拦网的集体。

(3) 拦对方发球。

(4) 拦网出界。

(5) 从标志杆以外伸入对方空间拦网。

(6) 后排自由防守队员试图进行个人拦网，或参加集体拦网。

第五节 气排球（介绍）

一、气排球的概述

气排球运动是一项集运动、休闲、娱乐为一体的群众性体育项目，作为一项新的体育运动项目，如今已经受到越来越多人的青睐。气排球由软塑料制成。比赛用球重约 120 克，比普通排球轻 100~150 克；圆周 74~76 厘米，比普通排球圆周长 15~18 厘米；比赛场区为长 12 米、宽 6 米的长方形。其四周至少有 2 米宽的无障碍区，从地面向上至少有 7

米高的无障碍空间。比赛场区也可为长 13.4 米、宽 6.1 米的长方形。比赛网高男子 2.1 米，女子 1.90 米，混合网 2.00 米。参赛队员 5 人。球的颜色为黄色。其打法和记分方法与竞技排球基本相同。

排球运动对于中国人来说并不陌生，但竞技排球终究对技战术和参赛选手的各项素质要求非常高，在平民百姓中推广普及有着一定的难度。

气排球是我国土生土长的一项群众性排球活动。1984 年，呼和浩特铁路局集宁分局为了开展老年人体育活动，在没有规则限制的情况下，组织离退休职工用气球在排球场上打着玩儿。由于气球过轻且易爆，他们将两个气球套在一起打，最后又改用儿童软塑球。随后又参照 6 人排球规则制定了简单的比赛规则，并将这种活动形式取名为"气排球"。

气排球运动可是纯粹的"中国制造"。气排球作为全国老年体协的五大竞技项目之一，自从中国火车头老年体协首先推出该项目以来，先后在浙江、福建、上海、江苏、湖南、广西、重庆等地得到了很好的推广，打球健身的老年人越来越多。由此可见气排球运动体现了"终身体育"的理念。

气排球由于运动适量、不激烈，男女都可以混合进场参与，适合各个年龄层次的人进行强身健体活动。气排球有以下特点：

气排球球质软，富有弹性，手感舒适，不易伤人；

气排球球体大，圆周为 75～78 厘米，重量轻，120～125 克；

气排球球网低，男高 2.10 米，女高 1.90 米，混合网高 2.00 米；

可以采用羽毛球场地，全场长 13.4 米，宽 6.1 米，室内外均可开展活动；

气排球属于一项老少皆宜的群众性体育运动，简单易学。每场只需要 10 个人就可以开始运动。

集体性极强，必须协调配合，有利于表现团结奋进和展现道德风范；人体任何部位触球都可以，有时候为了救球，手来不及的情况下，可以用脚踢，只要按规则要求，将球打到对方场内地面上空即为有效。气排球好学易懂，是一项老少皆宜的市民运动。

二、气排球的竞赛规则

1. 气排球队员

每队最多可有 8 名队员，队员上衣必须有号码，应由 1 号至 8 号。身前号码 10 厘米见方，身后号码 15 厘米见方。场上队长应在上衣胸前有一明显标志。

教练员和队员应了解并遵守规则，以良好的体育道德作风服从裁判员的判定。如有疑问只有场上队长可向裁判员请求解释，教练员不得对判定提出异议或要求解释。

教练员和队员必须尊重裁判和对方队员，不得以任何行为影响裁判的判断。不得以任何行动和表现去拖延死球时间或被认为有意延误比赛。

2. 气排球进行

队员场上位置：双方队员各分为前排三名，后排二名。前排左边为 4 号位，中间为 3 号位，右边为 2 号位，后排左边为 5 号位，右边为 1 号位。每局比赛开始，场上队员必须按照位置表排定的次序站位，在该局中不得调换。在新的一局，每个队上场队员的位置可重新安排。

暂停：每局比赛中，每个队可请求2次暂停，每次暂停时间为1分钟。只有成死球时经教练员或场上队长向第二或第一裁判员请求后才准予暂停。第一裁判员鸣哨后，比赛应立即继续进行。某队请求第三次暂停，应予拒绝并提出警告。第一裁判员已鸣哨发球，队员尚未将球发出或与鸣哨的同时请求暂停，均应拒绝，如第二裁判员在此时间错误鸣哨允许暂停，第一裁判员也不得同意，应再次鸣哨发球。

换人：每局每队最多可替换6人次，一下一上为1人次。某队换人时应由教练员或场上队长在死球时向第二或第一裁判员提出要求，并说明替换人数和队员的号码。裁判员准许换人时，上场队员应已做好准备并从前场区上下场，如队员未做好准备，则判罚该队一次暂停。

3. 气排球成绩计算

得分：采取每球得分制。

胜一局：第1、2局先得21分为胜一局。决胜局，先得15分同时超过对方2分的队获胜，当比分为14∶14时，比赛继续进行至某队领先两分（16∶14、17∶15）为止。8分时交换场地。

某队被召唤后拒绝比赛，则宣布该队为弃权。对方以每局21∶0的比分和2∶0的比局获胜。某队无正当理由而未准时到达比赛场地，则宣布该队为弃权，处理同规则。某队被宣布一局或一场比赛阵容不完整时，则输掉该局或该场比赛，判给对方胜该局或该场比赛所必要的分数和局数。阵容不完整的队保留其所得分数和局数。

4. 气排球动作和犯规

1）发球

发球队胜一球或接发球队取得发球权时，该队队员必须按顺时针方向轮转一个位置，由轮转到1号位的队员发球，如没有按发球次序轮转发球，则为轮转错误，必须立即纠正，并判失去发球权。

发球队员必须在第一裁判员鸣哨发球后8秒钟内将球发出，球被抛出发球队员未击球，球也未触及发球队员而落地，允许继续发球。

发球队的队员不得以任何方式阻挡对方观察发球队员和球的飞行路线。

发球时判断队员的位置错误，应以队员身体着地部分为依据，在发球队员击球的一刹那，球未击出前，同排队员的站位不得左右超越或平行，前后排队员不得前后超越或平行。即4号位队员不得站在3号及2号位队员的右边，2号队员不得站在2、3、4号位队员的前面或平行。否则，应判失球权或对方得分。发球队员与本方5号位队员不受站位的限制。

发球触网算违例，发球和比赛过程中球触顶按违例处理。

2）击球

队员击球时，有意或无意把球接住停在手中或用双臂将球夹住停留时间较长或用手将球顺势冲至停留时间较长再将球送出，判击球犯规。队员身体任何部位连续触球多于一次，则判连击犯规（拦网除外）。

3）过中线和触网

比赛进行中，队员踏越中线，应判过中线犯规，队员身体任何部位触及球网，判触网犯规，因对方击球入网而使网触及本方队员时，不算触网犯规。

4）进攻性击球

队员在后场区可以对任何高度的球做进攻性击球，但在起跳时不得踏及或踏越限制线，否则即为违例犯规。

队员在前场区，采用攻击力强的扣、抹、压吊动作，将高于球网上沿的球击入对区，则判犯规。如采用攻击力小的传、顶、挑的动作，击球的底部或下半部，使球具有一定向上的弧度过网则不算犯规。

队员在前场区，对低于球网上沿的球，可用任何击球动作将球击入对区。

5）拦网与过网

后排两名队员不得拦网。如有参加拦网并起到拦网作用时应判犯规。

拦网不算一次击球，还可再击球一次。

不得拦对方的发球和对方队员进入前场区直接击过网的球，只允许拦对方队员在后场区直接击过网的球。

甲方队员完成直接向对方击球前，乙方的手触及甲方地区上空的球时，应判乙方队员过网犯规。

三、气排球的垫球技术

1. 准备姿势

气排球比赛中应根据不同情况采用相应的准备姿势。初学垫球时，由于是垫击一般的轻球，故可采取一般的准备姿势。上体稍前倾，两脚开立，两脚间的距离稍宽于肩，两臂微屈置于腹前，两肘稍内收，两眼注视来球。

2. 手型、垫球点和垫球部位

目前常用的垫击手型有两种：叠指法——两手手指上下相叠，两拇指对齐平行相靠压在上面一手的中指第二指节上，掌根紧靠，两臂伸直相夹。注意手掌部分不能相叠；包拳法——两手抱拳互握，两拇指平行放于上面，两掌根和两小臂外旋紧靠，手腕下压，使前臂形成一个垫击平面。击球点、击球部位、正面双手垫球的击球点，一般应尽量保持在腹前约一臂距离的位置。用腕上10厘米左右的两小臂桡骨内侧所构成的平面击球。

3. 动作要领

"插"是及时移动取位，降低重心，两臂前伸插至球下，使两前臂的垫击面对准来球，并初步取好手臂的角度。"夹"是指两手掌根紧靠，手臂夹紧，手腕下压，用平整而稳定的击球面去迎击球。"提"由下肢蹬地，提肩、顶肘、压腕的动作去迎击来球，身体重心要随球前移，两臂在全身协调动作的配合下伴送球。

垫球是气排球应用最多的技术之一，动作看似简单，但有变化多样、运用复杂、方法众多等特点。由于气排球轻、飘，运动轨道不稳定，使得掌握气排球垫球技术有一定难度，球感不易掌控。垫球主要用于接发球、接扣球、接拦回球，有时也用来组织进攻。

气排球与传统的硬式排球垫球基本技术有较大的区别，气排球的垫球有挡搬垫球、捞球垫球、捧垫球、抓球垫球、单手托球等，在技术上有所创新。

1）挡搬垫球

面对来球，两脚开列与肩同宽，成半蹲或稍蹲姿势站立。两肘弯曲，两手掌根相对，

一手掌心朝上，另一手扶持并夹住来球，夹角大于90°，位于胸前，如图6-27。

图6-27

挡搬垫球时，一手插入球底托住来球，另一手迅速扶住来球外侧并挡住来球。击球瞬间，两手呈挡搬姿势，前臂上抬，靠手腕手指触球形成的弹力将球挡搬击出。击球点一般在胸前或两肩外侧。挡搬垫球的特点是伸手动作快，可挡击任何位置来球，特别是胸前、腰上来球。还可扩大防守范围，容易控制球的落点和方向。挡搬垫球动作技术易学、实用，是气排球垫球常用的重要技术之一。

2）捞球垫球

两脚并列，成半蹲姿势。两肘弯曲，上臂与前臂夹角大于90°，两手平行成一个平面，位于腹前，如图6-28所示，两手掌心朝上，手背与前臂呈45°夹角。

来球时，前臂前伸，掌心朝上，两手形成一个平面。击球瞬间，两手插入球底部，托住来球，前臂上抬，靠两手触球捞住来球并击出。击球点一般位于膝关节以下或膝关节以上腰腹以下，左右两侧来球。气排球捞球技术是垫球技术的重要补充，特别适用于速度快的低球。

3）捧球垫球

两脚开列，成半蹲姿势。两肘弯曲，上臂与前臂夹角成90°，两手分别位于腰部，掌心朝上，如图6-29所示。

图6-28　　　　　图6-29

来球时，两手基本形成一个平面。击球瞬间，两掌心插到球后部捧住来球，靠前臂、手腕手指力量击出来球，击出点一般在身体腹部前方，气排球捧球技术特别适用于对方速度快的追身球。

4）抓球垫球

两脚开列，成高重心姿势。两肘弯曲，上臂与前臂夹角成90°，五指张开，大拇指朝上，手掌心相对，如图6-30所示。

图6-30

击球瞬间，两臂前伸，两手夹住来球的外侧并抓住来球，靠手腕手指婉转的力量抛出来球。击球点一般在腰部以下正前方位置。抓球垫球技术适合于脚步移动较慢的爱好者。

5）单手托球

两脚开列，成高重心姿势；基本手势：单臂置于腰腹前，五指自然张开，形成一个平面，掌心朝上。上臂与前臂成90°夹角，如图6-31所示。

图6-31

击球瞬间，上臂与前臂的夹角大于90°，前臂主动引球，置球于手掌心上。击球位置可在腹部以下，靠手指手腕力量托住并击打来球。单手托球在气排球垫球中，主要用于近距离快速送球的技术动作，常用于攻防短距离接送球，但稳定性较差，对气排球初学者来

说较容易掌握。

四、气排球一传技术

　　气排球由于其球路的不稳定，来球经常会有下沉、侧旋、上漂等情况出现，故球路运行轨迹很难把握和预判，对于接一传来说是个很头痛的问题，对于气排球的接球可以采用上手接球较为稳当，采用上手接球也就意味着必须主动迎球，不能被动地等球来撞击我们的手，而且主动去找球，将球接起，上手接球触球面积大，且手指手腕较为灵活，球体本身自重不大，可以相对较容易控制住球。采用硬排式下手接球的，也同样建议主动迎球，利用手臂和腰腹进行缓冲，同样可以控制好来球。气排球的发展衍生了一种新的技术，即为下手捧球技术，已为广大球友屡试不爽，现在使用频率和人数也越来越多，下手捧球技术其实就是上手传球的逆向技术，都是利用手指手腕的灵活，增加了触球面积，当大力发球和扣球时球路在身体下盘时这项技术会很有效果。一传基础最重要还是手势，很多新手为了打球方便，喜欢直接用双手捧球，这样的动作很不潇洒，气排球的魅力有很大程度来自于动作潇洒，姿态优美，这样打球才既有阵势又有群众口碑。正确的接球姿势要领是插、夹、抬、蹬等，接球时拇指下压，耸一下肩往前送即可。过了动作关后，一传最重要的是判断球的落点和如何将位置移至球的正前方。强队之所以强，因为他们的发球是会长眼睛的，一般高手喜欢发前排靠边线球，特别是发给2号位，既破坏一传自然也会破坏进攻，因为很多队伍里，攻手的一传往往是最不放心的一环。发现很多人即使前面的路线被挡住也不愿挪一下位置，这是很危险的，很多人球过来时只用眼睛来跟踪球，却没有用脚步来跟踪，比如球在他们前面半米，他们就蹲地抱球，球稍高点，他们就高跳挡球，球在他们左边，就转体接球，这是错误的做法。其实每个人应该防守以其为支点的半径为一米的圆圈，所以在准备接球时，你的非支撑脚应该是提起脚跟的，随时准备移动步伐。所以，前后左右各两步的步伐练习是接好一传必不可少的，当然，当你水平达到一定高度时，你就可以学鱼跃救球了。

　　打球中我们还经常可以看到一些人先合并手再跑的现象，但是却跑不动，那是错误的，必须先跑到位再做动作。

　　我们经常看到一些人接轻扣球时，想动动不了的现象，如果前排有拦网，接轻扣球的人应该根据攻手挥臂方向后判断球路，然后适当调整方向，如果你动不了，那是因为你蹲得太深，没有按一般一传准备动作做。

　　接球时尽量用上手，首先这样能在球变向之前接到球，其次这样接球使得全队能更快地组织起进攻，再次这样接球往往能够在对方发球队员回位前将球吊到其空档，第四是可以最大限度减小后排压力，第五是可以直接将球救起并马上传给攻手位直接进攻扣球。

　　接球是气排球技术中最简单易学的一项基本技术。接球技术在比赛中主要用于接发球、接扣球、接拦回球等。接发球和接扣球是组成进攻的基础，是比赛中争取多得分、少失分、由被动转为主动的重要技术。一传接球技术主要有以下几种。

1. 正面接球

　　准备姿势：正面对正来球方向，两脚开立宽于肩，一脚在前，两脚跟提起，前脚掌着

地，两膝变曲微内收，重心稍前倾，双臂自然弯曲置于腹前。

手形、击球点和触球部位：当球接近腹前时，两手重叠，掌根靠拢，合掌互握，两拇指平行朝前，手臂伸直，手腕下压，用前臂旋外形成的颊靠近手腕的部分击球后下方。击球点在腹前一臂左右距离，便于控制用力大小并可根据接球的方向，调整手臂的角度。

击球用力：两臂靠拢前伸插入球下，靠手臂力量增加球的力，同时配合腰的动作，使身体重心向前上方移动。击球时，两臂要形成一个平面，身体和两臂要有自然的随球伴送动作，以便控制球的落点和方向。接球时，还应根据来球的力量控制手臂的动作，接轻球时采用上述动作。接中等力量的来球时，由于来球有一定的速度，因此，接球时的手臂动作要小，速度要慢，主要靠来球本身所造成的反弹力将球接起。接重球时，应采用收腹含胸的动作，手随来球屈肘，缓冲来球力量，控制接球的距离。球距离身体稍远、击球点较低时，手臂在缓冲用力过程中，要采用屈肘翘腕的动作把球接在手腕部位的虎口处。

2. 侧面双手接球

在身体两侧用双臂接球的动作称气排球侧面接球。当来球速度较快、距离体侧较远、来不及移动对正球时采用。体侧接球可以扩大防守范围，但不易控制接球方向，因此，在来得及移动的情况下，最好采用正面接球。当球从右侧飞来，左脚前脚掌内侧蹬地，右脚向右跨出一步，右膝弯曲，重心随即移至右脚上，两臂夹紧向右伸出，左肩微向下倾斜，用向左转腰和提右户的动作，使两臂击球面截住球的飞行路线，接击球的后下部。侧接时，不要随球伸臂，这样会造成球触臂后向侧方飞出。应使两臂先伸向侧方截击来球，还应注意两臂不要弯曲，以保持手臂击球，避免因手臂动作影响接球效果。

3. 背接球

背接就是背向接出球方向，从体前向背后的接球。当球飞出较远而又无法进行正面调整传球时，或第三次被动击球过网时采用。背接时，判断好球的飞行方向，先要迅速移动到球的落点处，背对出球方向，两臂夹紧伸直，插在球下。击球时，蹬地抬头挺胸，展腹后仰，直臂向后上方摆动。在背接低球时，也可以有屈肘、翘腕动作，以虎口处将球向后上方接起。

4. 跨步接球

队员向前或向体侧跨一步的接球称为跨步接球。跨步接球主要运用在接发球和防守中。前跨接球：当来球低而远时，看准来球落点，向前出一大步，屈膝深蹲，重心落在跨出腿上，上体前倾，臀部下降，两臂前伸插入球下，用前臂接击球的后下方。侧跨接球：当来球至右侧时，右脚向右侧跨出一大步，屈膝制动，重心移至跨出腿上，上体前倾，臀部下降，两臂插入球下，用前臂接击球的后下方。

5. 单手接球

当来球低、速度快、距离远、来不及用双手接球时，可采用单手接球。这种接球动作快，手臂伸得远，可扩大控制范围，但由于手臂击球面积小，不容易控制球。当球在右侧时，向右跨出一大步，上体向右倾斜，重心移至右腿上，右臂伸直，自右后方向前摆动。

用前臂内侧、掌根或虎口处接击球后下部。

6. 挡球

当来球较高、力量较大、不便于利用传球时，可采用挡球。抱拳式挡球的手法是：两肘弯曲，一手半握拳，另一手外抱，两掌外侧朝前。并掌式挡球的手法是：两肘弯曲，两虎相叉，两掌外侧朝前，合并成勺形。挡球时，前臂放松，两肘朝前，手腕后仰以掌外侧和掌根组成的平面挡击球的下部。击球瞬间，手腕要用力适度，击球点在额前或两侧肩上。

第七章 羽毛球

第一节 羽毛球运动概述

现代羽毛球运动诞生于英国，大约在1800年，由网球派生而来。

我们可以注意到现今的羽毛球场地和网球场地仍非常相似。1870年，出现了用羽毛、软木做的球和穿弦的球拍。1873年，英国公爵鲍弗特在格拉斯哥郡伯明顿镇的庄园里进行了一次羽毛球游戏表演。从此，羽毛球运动便逐渐开展起来，"伯明顿"即成了羽毛球的名字，英文的写法是Badminton。那时的活动场地是葫芦形，两头宽中间窄，窄处挂网，至1901年才改作长方形，现在的羽毛球场地是一个长13.40米，双打宽6.10米，单打宽5.18米，中央被球网（两边柱子高1.55米，中间网高1.524米）平均分开的长方形场地。

1875年，世界上第一部羽毛球比赛规则出现于印度的普那。三年后，英国又指定了更趋完善和统一的规则，当时规则的不少内容至今仍无太大的改变。1893年，世界上最早的羽毛球协会——英国羽毛球协会成立，并于1899年举办了全英羽毛球锦标赛。1934年，由加拿大、丹麦、英国、法国、爱尔兰、荷兰、新西兰、苏格兰和威尔士等国发起了国际羽毛球联合会，总部设在伦敦。从此，羽毛球国际比赛日渐增多。1978年2月，世界羽毛球联合会于香港成立。1981年5月，国际羽毛球联合会和世界羽毛球联合会正式合并。

目前，国际羽联已拥有一百多个会员国。国际羽联管辖的世界性比赛有：汤姆斯杯赛（世界男子团体锦标赛），从1948年开始，每三年举办一次（1984年起改为每两年举行一次）；尤伯杯赛（世界女子团体锦标赛），从1956年开始，每三年举办一次，（1984年起改为每两年举行一次）；世界锦标赛（单项比赛），从1977年开始；全英锦标赛（非正式传统单向比赛），早在1899年开始每年举办一次。

羽毛球运动场地、器材简便易行，动作方法较易掌握，运动量可大可小，不同性别、年龄和身体情况的人都可以从事这项活动，因此，深受广大群众的喜爱，开展得十分普遍。经常参加羽毛球活动，可以增强体质，发展人的灵敏和协调能力，提高动作速度和上、下肢活动能力，促进内脏器官的功能，使身体得到全面发展。

羽毛球的比赛紧张激烈，运动强度大且历时较长。因此，从事羽毛球运动，不但对人体速度、灵敏、力量、耐力等素质有很高要求，而且有助于培养人勇敢顽强、机智灵活、沉着果断等优良品质的形成。

第二节 羽毛球的基本技术

羽毛球运动的基本技术系统如图7-1所示。

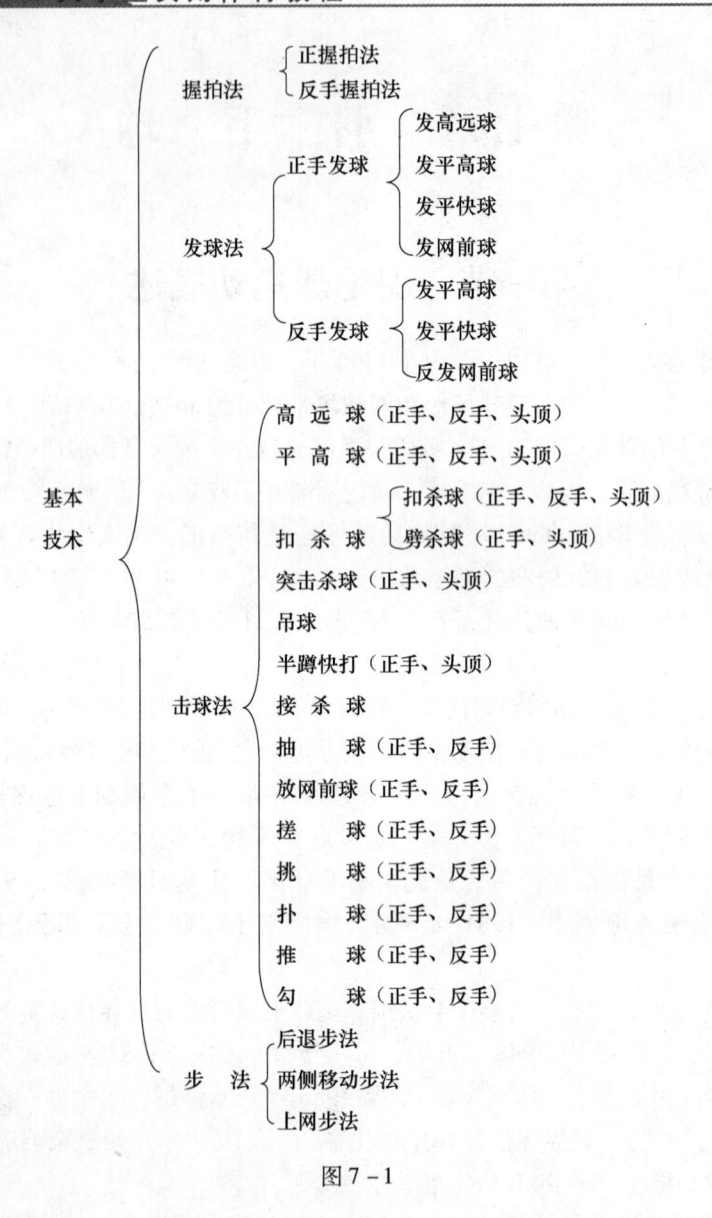

```
              ┌ 握拍法 ┬ 正握拍法
              │       └ 反手握拍法
              │
              │         ┌ 发高远球
              │ ┌ 正手发球 ┤ 发平高球
              │ │       │ 发平快球
              │ 发球法 ┤   └ 发网前球
              │ │       ┌ 发平高球
              │ └ 反手发球 ┤ 发平快球
              │         └ 反发网前球
              │
              │       ┌ 高 远 球（正手、反手、头顶）
              │       │ 平 高 球（正手、反手、头顶）
              │       │           ┌ 扣杀球（正手、反手、头顶）
              │       │ 扣 杀 球 ┤
              │       │           └ 劈杀球（正手、头顶）
              │       │ 突击杀球（正手、头顶）
              │       │ 吊球
        基本  ┤ 击球法 ┤ 半蹲快打（正手、头顶）
        技术  │       │ 接 杀 球
              │       │ 抽   球（正手、反手）
              │       │ 放网前球（正手、反手）
              │       │ 搓   球（正手、反手）
              │       │ 挑   球（正手、反手）
              │       │ 扑   球（正手、反手）
              │       │ 推   球（正手、反手）
              │       └ 勾   球（正手、反手）
              │
              │       ┌ 后退步法
              └ 步 法 ┤ 两侧移动步法
                      └ 上网步法
```

图 7 - 1

一、握拍法

握拍法可分正手握拍法和反手握拍法两种。

1. 正手握拍法

用握拍手手掌同侧的拍面击球叫正手击球，正手击球时的握拍方法为正手握拍法。

动作方法：握拍时，拍面与地面垂直，右手虎口对准拍柄侧面内沿，以握手式握住拍柄，小指、无名指、中指并握。食指稍分开，大拇指与中指相近，拍柄端与小鱼际肌齐（如图 7 - 2 所示）。

2. 反手握拍法

用握拍手手背一侧的拍面击球叫反手击球，反手击球时的握拍方法为反手握拍法。

动作方法：在正手握拍法的基本上，拍柄稍向外转，食指收回，拇指第一指关节内侧顶贴在拍柄的内侧的宽面上，其余四指并拢握住拍柄，手心留有空隙（如图7-3所示）。

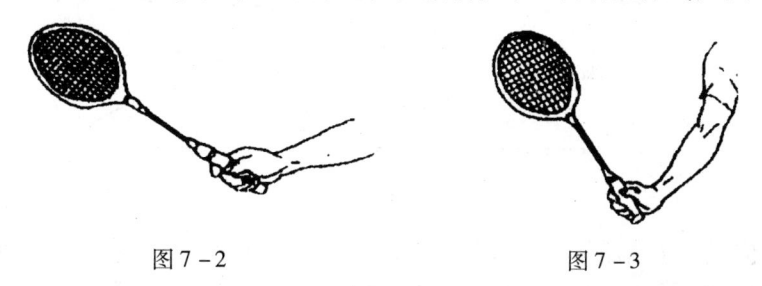

图7-2　　　　　　　　图7-3

3. 握拍法常见的错误

（1）五指并拢死劲一把抓"拳握法"（如图7-4所示），这种握法使手臂的肌肉僵硬，影响手腕的灵活性。

（2）虎口对准拍面的"苍蝇拍握法"（如图7-5所示），这种握法使屈腕发生困难，妨碍对拍面角度的自由控制。

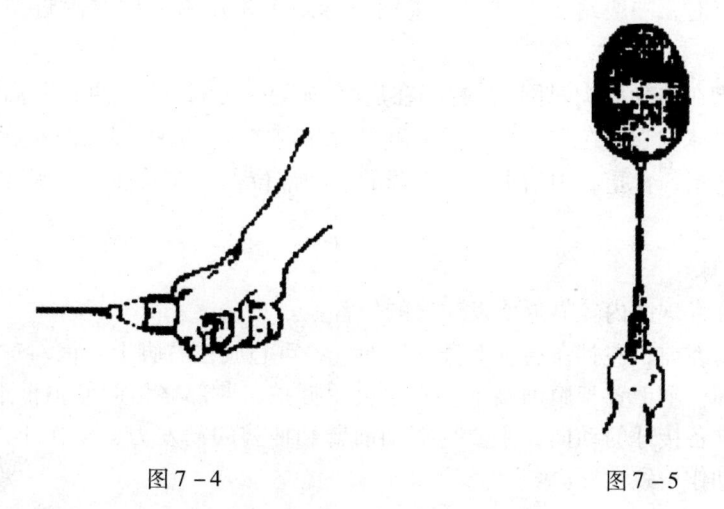

图7-4　　　　　　　　图7-5

（3）反手击球时，没有转换成反手握拍法。

纠正的方法如下。

（1）练习者按正手握拍法或反手握拍法握好球拍，逐个检查，纠正错误。

（2）按手势的指令（规定以某个手势，要求练习者作某一击球动作）做正手击球或反手击球的挥拍动作，要求做好相应的正手握拍法与反手握拍法的转换。

（3）在击球练习中，启发练习者自觉地随时注意正确的握拍法，纠正错误的握拍。

二、发球

发球是羽毛球运动的一项重要基本技术，它的质量往往直接影响到一个回合比赛的主动与被动。发球按姿势不同，可分为正手发球和反手发球；按球发出后在空中飞行的弧线不同，可分为发高远球、发平高球、发平快球和发网前球。正手发球可发出高远球、平高球、平快球和网前球，反手发球由于受挥拍距离的限制，只能发平高球、平快球和网前球

（如图 7-6 所示）。

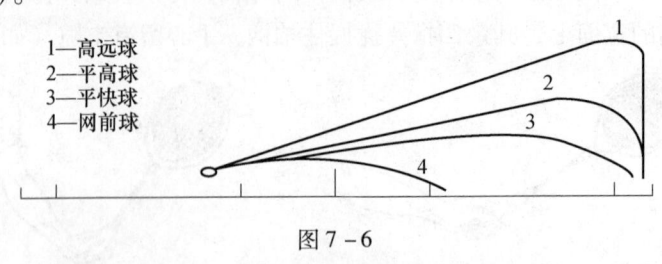

```
1—高远球
2—平高球
3—平快球
4—网前球
```

图 7-6

好的发球应是：①高质量到位（如发网前球要贴网而过，落点靠近前发球线；发高远球落点要在后发球线附近等）；②变幻莫测（做到各种发球前期动作的一致性，符合战术变化的要求）；③符合规则要求（不违例）。

1. 发球的基本姿势

按发球时的基本姿势不同，发球可分为正手发球和反手发球两种。

1）正手发球

站位：单打时，一般站在发球区内离前发球线 1 米左右的中线附近。双打时可站前一些。

姿势：左脚在前（脚尖对网），右脚在后（脚尖斜向侧方），两脚距离与肩同宽，上身自然伸直，身体重心放在右脚上，成左肩斜对球网之势。右手握拍向右后侧举起，肘部稍屈。左手用拇指、食指、中指夹持羽毛球的中间部位，举在身前，两眼注视对方准备接球的动向。

2）反手发球

站位：站在发球区内较靠近前发球线的位置上。

姿势：右脚在前，左脚在后，上身自然伸直，重心放在右脚上，面对球网。左手以拇指食指和中指捏住羽毛置于腹前腰下。右手反手握拍，肘部略抬起使拍框下垂于左腰侧。两眼注视对方准备接球的动向，主要靠挥动前臂和伸腕闪动发力，动作小，力量也较小，但速度较快，动作一致性好。

2. 发各种飞行弧线的球

发球按发出的球在空中飞行的弧线不同，可分为发高远球、发平高球、发平快球和发网前球，下面将正反手发不同弧线的球的详细动作方法介绍如下。

1）正手发高远球

动作方法（以右手持拍为例，下同）如下。

（1）站位：靠近中线，并距前发球线约 1 米处（力量小的人，可适当前移靠近前发球线）。

（2）准备：两脚开立与肩同宽，左脚在前脚尖朝向球网，右脚在后脚尖朝向右斜前方，重心落于两脚之间，自然放松站立，身体稍侧向球网。右手采用正手握拍，自然屈肘举于身体右侧；左手以拇指、食指和中指轻持球，举在胸前，两眼注视对方。

（3）引拍：身体稍向右转，形成左肩侧对球网，重心移至右脚，右臂向右后上方摆起，完成引拍动作。

（4）挥拍击球：左手使球向身体前下方自然下落，身体随即向左转动，重心随之向左

脚移动，同时带动右臂向下、向前摆动，手腕后屈；当身体完全转向正面，重心移至左脚，右臂摆动至身体右前下方时，作最后击球动作；此时腕部应尽量伸展，右手大臂带动小臂加速向身体左上方挥拍击球；击球瞬间小臂带动手腕转动，手指紧握球拍。

（5）随球挥拍：球击出后，右臂随着挥拍的惯性，自然向左肩上方挥动，然后回收动作至胸前（如图7-7所示）。

图7-7

技术要点如下。

以身体转动和重心前移带动大臂，大臂带动小臂，小臂带动手腕，完成鞭打式挥拍；击球瞬间，挥拍要有加速度；击球瞬间手腕为转腕动作而非屈腕。

2）正手发平高球与平快球

正手发平高球与平快球，其站位、准备姿势、引拍动作及挥拍动作均与发高远球基本一致，仅在击球瞬间，挥拍方向略有不同，球击出后，随球挥拍动作幅度较小，有一定的制动。

3）正手发网前球

正手发网前球时，主要应注意在击球瞬间，控制好用力的方向和大小，使球尽可能贴网而过，且刚好落在对方前发球线后；击球后要及时制动小臂与手腕，其余动作与发高远球相同（如图7-8所示）。

图7-8

以上几种发球，应注意动作的一致性，尽可能做到仅在击球瞬间有所变化，以增强发球的隐蔽性。

4）反手发网前球

动作方法如下。

（1）站位：单打时可比正手发球稍靠前；双打时，应紧贴前发球线，并靠近中线。

（2）准备：面向球网，右脚在前，左脚在后，稍提踵，重心落于两脚之间；右手采用反手握拍，屈臂提肘，手腕自然下垂；左手拇指和食指捏住羽毛，球托向下，斜放于拍前。

（3）挥拍击球：右手以手指手腕控制球拍，先稍向后引拍，随即小臂带动手腕向斜前上方推送，并利用拇指的顶力，轻轻"切"击球托的侧后部。

（4）随球挥拍：击球后，小臂与手腕应及时制动（如图7－9所示）。

图7－9

5）反手发平高球与平快球

仅击球瞬间为"弹"击发力，且应通过小臂与手腕来控制球的飞行弧度，其余动作均与反手发网前球一致。

三、接发球技术

1. 接发球的准备姿势

侧身对网，左脚在前，右脚在后，重心落于前脚，膝关节微屈，后脚跟稍提，右手自然屈肘，举拍于右肩前上方，左手微举保持身体平衡，收腹含胸，注视对方发球动作（如图7－10所示）。

2. 接发球站位

（1）单打：离前发球线约1.5米，右区靠近中线，左区则靠近边线。

（2）双打：视技术与身体素质水平而定，一般应尽可能靠近前发球线。双打发球受后发球线限制，不能发得很后，所以多以发网前球为主，故接发球可适当靠前，以便争取高点还击。

四、击球法

羽毛球运动的各种挥拍击球技术，统称为击球法（也称手法）。根据这些技术动作的特点，大致可分为高手击球、低手击球和网前击球三大类。

图7－10

1. 高手击球

一般将点高于头部的击球，称为高手击球。高手击球按其技术特点和球飞行弧线的不同，可分为高远球、平高球、扣杀球和吊球等。它一般在后场用来主动进攻或调动、控制

对方，所以，也称后场主动进攻技术。

高手击球技术动作分析如下。

1）高远球

击出高弧线飞行的，几乎垂直落到对方端线附近场区内的球，称为高远球。一般在自己处于被动情况下，为了争取时间，调整上场位置，争取变被动为主动时就打出高远球，以使对方远离中心位置而退到端线附近去回击球。

（1）正手高远球。

适用条件：当来球落点在本方右后场上空时。

动作方法：身体侧面对球网，左脚在前，重心在后脚前脚掌上，屈肘将拍举到肩上，拍面对网，当球下落时，引拍至头后，在右腿蹬地和腰腹协调用力下，大臂带动前臂向上。肘关节上升，前臂向前"甩"出，触球时手臂伸直，"闪"动手腕，将球击出。击球后，随势向前下挥拍，重心移左脚（如图7-11所示）。

图 7-11

技术要点：注意身体各部位的发力顺序；击球时持拍手手臂的鞭打动作；击球瞬间手腕的甩动；要在最高点击球；击球点应位于击球者右肩上方稍前。

（2）头顶高远球。

可分为原地头顶高远球和起跳头顶击高远球。

①原地头顶高远球。

适用范围：当来球落点在本方后场偏左部位上空时。

动作方法：与正手高球基本相同，只是击球点偏左肩上方。准备击球时，右脚向右后方撤一大步，同时身体向右后方侧转约120°，并稍向左倾斜；击球时，以右脚蹬地起跳，

在空中以身体转动带动大臂，大臂再带动小臂，使球拍绕过头顶，从左上方向前加速挥动；球拍触球瞬间，小臂带动手腕甩动，利用手腕爆发用力，将球击出。击球过程中，两脚要在空中交换位置，击球完成后，以左脚前脚掌先落地，右脚随即落地并迅速还原重心（如图7-12所示）。

技术要点：空中转体与两脚换位；全身协调发力；由左肩上方向前绕头顶挥拍；击球后以左脚掌先落地且重心不能靠后。

图 7-12

②起跳头顶击高远球。

其方法与原地头顶击高远球的方法基本一致，不同的是：后退的最后一步，右脚应向左后方撤，右脚着地后应向上方起跳，起跳时一定要掌握好时间和选准击球点，在空中完成击球动作的同时，应收腹使上体前压，左脚后摆，右脚前跨，两脚做前后交换。击球后，以左脚的内侧沿在左后方先着地，紧接着右脚在右前方着地屈膝缓冲，并用左脚后蹬向中心位置回动。

(3) 反手高远球。

适应范围：当来球落点在本方左后场上空，且来不及采用其他击球方式时。

动作方法：在正确判断来球落点的基础上，迅速起动向球的落点方向移动；最后一步应将右脚从前面向左脚后方跨出一大步，使身体背对球网，重心落于右脚；同时，右手变反手握拍，大臂左移，自然屈肘，举拍于左胸前，抬头注视来球；当球下落到适当高度时，右脚蹬地，以躯干向右后转动带动右臂摆动，肘关节上提，形成肘关节先行；然后以大臂带动小臂加速向上挥拍，球拍触球瞬间，小臂迅速制动，利用手腕的闪动将球击出；球击出后，迅速拉回右脚，使身体转向正面并回位（如图7-13所示）。

1　　　　　　2　　　　　　3　　　　　　4　　　　　　5

图 7-13

技术要点：击球前必须右脚在前使身体背对球网；全身协调用力，反向鞭打击球；拇指顶压拍柄帮助手腕发力。

2）平高球

击出飞行弧线比高远球低，但对方举拍又拦截不到，落点在对方端线附近场区内的球，称为平高球。平高球是属于后场快速进攻的主要技术之一。

动作方法：击平高球的方法与击高远球的方法是基本一致的，但是在击球点上的拍面仰角小于击高远球时的拍面仰角，击出去的平高球要根据对方的身材高矮与弹跳能力，准确控制高度（以不让对方在中场位置上起跳拦截为准）。同时还要考虑到球的轻重、快慢、风速、风向等因素的影响，准确控制力量，才能使落点准确。

3）扣杀球

把高球在尽量高的击球点上，用大力挥击下压到对方场区内，称为扣杀球，也称扣球或杀球。由于扣杀球力量大，击球点高，因而球速快，球飞行的弧线短直，是后场进攻和争取得分的主要手段。

扣杀球有正手扣杀球，头顶扣杀球，反手扣杀球及劈杀球、突击杀球之分。

(1) 正手扣杀球（如图 7-14 所示）。它们的准备姿势和击球动作大体同正手高远球，只是击球一刹那需用全力，前臂带动手腕下压，触球时拍面前倾，向前下用力，并配合腿、腰腹的协调用力。

(2) 头顶扣杀球（如图 7-15 所示）。头顶扣杀球的方法与头顶击高远球的方法相似，不同点是：①击球的力量比击高远球大，发力方向是向前下方的；②击球点稍前些，拍面角度要小些（一般控制在 75～85 度角为宜，拍面保持前倾）。

图 7-14

(3) 反手扣杀球（如图 7-16 所示）。反手扣杀球的方法与反手击高远球的方法基本一致，其不同点是：击球时，拍面角度一般控制在 75～85 度角为宜（则反拍面保持前倾），发力方向是前下方。

图 7-15

（4）劈杀球。其方法与正手扣杀球基本相同，区别在于：劈杀球主要以前臂和手腕的外旋（或内旋）以及手指控制拍面作劈切的动作，使球拍同时击中羽毛和球托的右（左）后部位，把球击向对方场两侧区域。劈杀球的力量虽比杀球小，但很突然，落点较准，是一种很有威力的进攻技术。

（5）起跳突击杀球（如图 7-17 所示）。当对方击来弧度较低的平高球时，则向侧方（或侧后方）起跳，突然挥拍扣杀球，称为起跳空击球（也称"突击"）。

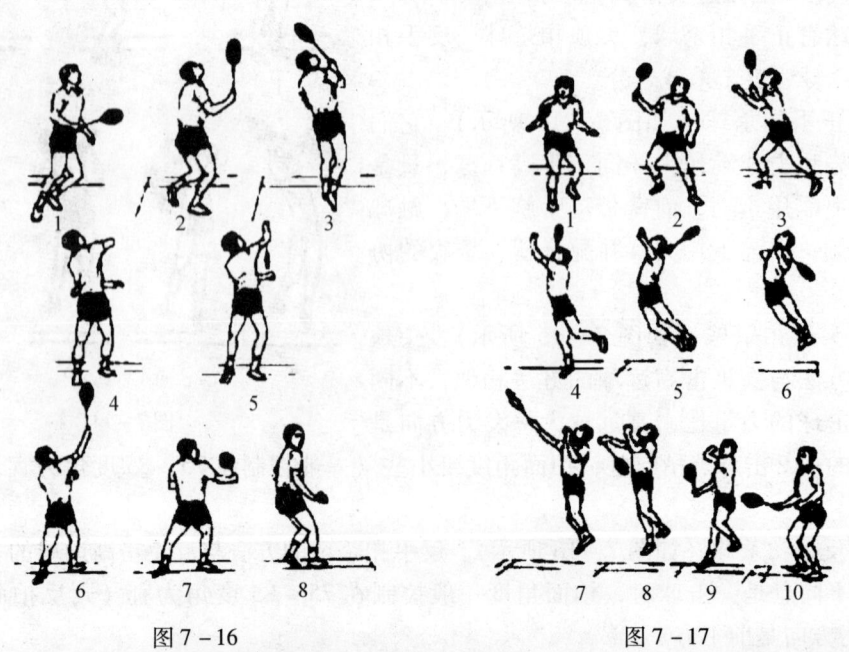

图 7-16　　　　　　图 7-17

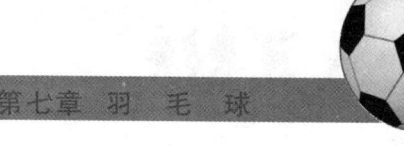

4）吊球

在中、后场的高球，运用劈切或拦截的技术动作，使球轻轻地落在对方网前区，称为吊球，是调动对方的较好手段。

动作方法：吊球的前期动作与打高远球类似，在击球一刹那，前臂减速，利用手腕的快速"闪"动，向前下切削，用拍面摩擦球托的侧后部，同时向下适当勾腕（如图7－18、图7－19所示）。

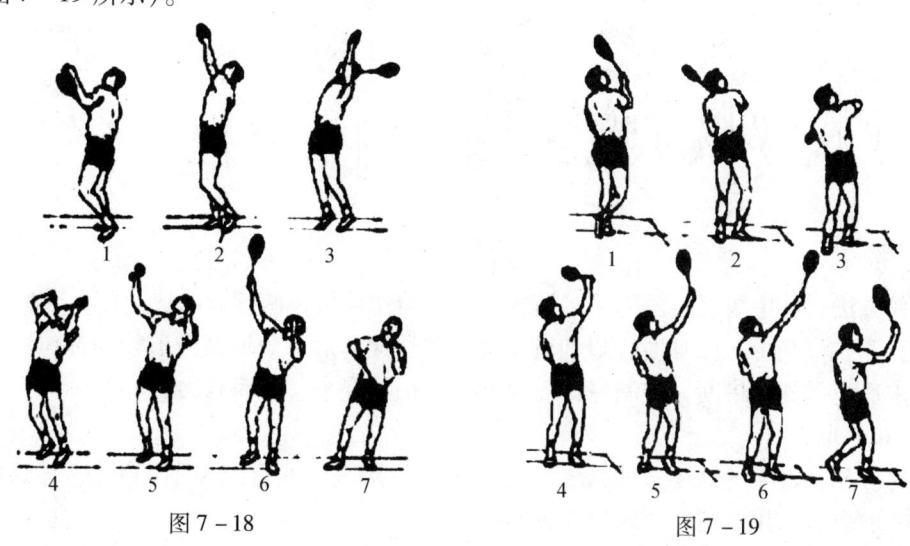

图7－18   图7－19

2. 低手击球

击球点低于头部高度的击球，称为低手击球。低手击球技术主要有：快打、接杀球和抽球。

低手击球技术动作分析如下。

1）快打

快打技术表现出技术动作小、快速、凶狠、紧逼对方，主动进攻的特色，它多用于双打比赛中。

（1）正手快打。

动作方法：两脚开立，右脚稍前，屈膝成半蹲；正面握扣（虎口对宽面），右手自然屈肘，举拍于右肩上方；击球时，先引拍于头后，然后迅速以小臂向前，带动手腕由后向前闪动，击球托的后部，使球平直、急速地飞向对方中间场区附近；击球后，球拍顺势前盖，并迅速还原准备下一拍击球（如图7－20所示）。

图7－20

(2) 反手快打。

右臂屈肘左摆，身体稍向左转成右肩对网，左脚也往左侧迈一小步，前臂内旋，手腕外展引拍于左侧后；击球时，前臂外旋，手腕闪动，手指突然抓紧拍柄，前盖球托后部，使球比较平直地向前飞进（如图7-21所示）。

图7-21

动作方法：在中场区，两脚平行站或右脚稍前站均可，两膝弯曲成半蹲，屈肘（正手握拍法）举拍于肩上。击球时，以前臂带动手腕快速挥后，争取在身前较高部位上平击过去。要求反应敏捷、果断，控制好拍面角度，挥拍幅度小，快而有力。

2）接杀球

把对方扣杀过来的球还击回去，称为接杀球。接杀技术有挡网前、平抽和挑后场等。接杀球一般较多采用挡球、抽球等几种回击技术。

将对方杀球挡回对方网前，是最常用的防守技术。如图7-22，图7-23，图7-24所示，分别为正手接近身杀球，正手接杀时勾对角网前，以及反手接杀时挡直线网前的技术动作。接杀时平抽与挑后场技术与前述相同，不再重复。

图7-22

图7-23

图 7-24

3）抽球

将低于肩部的球用抽击的方法还击，称为抽球。抽球是反控制的主要技术之一。

抽球分正手抽球和反手抽球两种。

（1）正手抽球的方法：右脚跨步，侧身对网，重心在右脚上，球拍后引，拍面稍后仰，击球时前臂带动手腕向前上方用力，将球抽向对方。抽球后，即以右脚蹬地，向中心位置回动（如图 7-25 所示）。

（2）反手抽球的方法：右脚向左跨步，背对网，举拍于左肩上方。击球时，以躯干为竖轴，上臂带动前臂沿水平方向手腕挥拍，手腕用力向后方"闪"动。球击出后，即以右脚蹬地，转身向中心位置回动（如图 7-26 所示）。

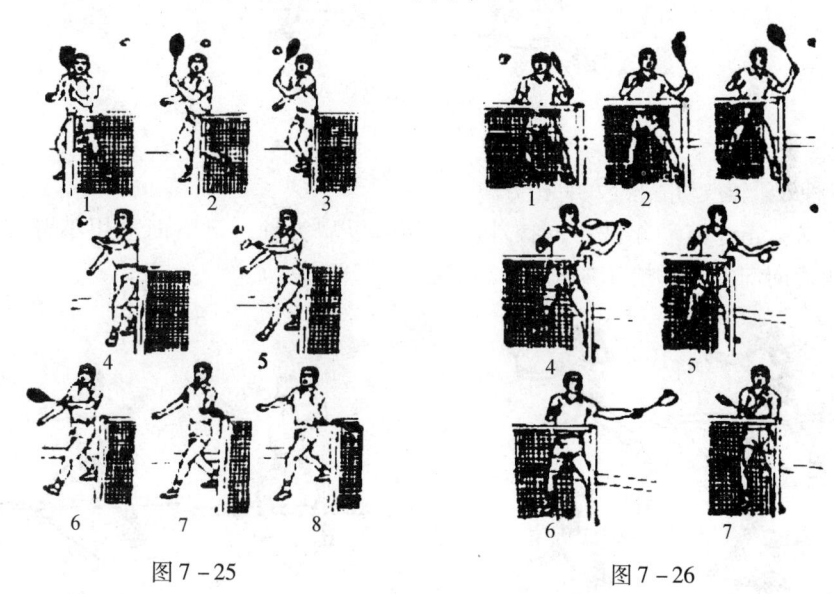

图 7-25　　　　图 7-26

3. 网前击球

网前击球技术包括：放网前球、搓球、挑球、扑球、推球和勾球等。

一般来讲，后场击球技术动作大，所需力量也大，主要靠力量、速度和控制球的落点取胜。而前场击球技术动作小，所需力量也较小，特别要讲究细腻的技巧，以巧取胜。

网前击球技术动作分析如下。

1）放网前球

在网前击球点低时采用。

动作方法：上步要快，右脚跨步向前，重心在前，手臂向前伸，手腕放松。击球时，

主要靠手腕控制球拍向前上方轻轻一托，使球越网而过。

2) 搓球

动作方法：击球前动作与放网前球相同，击球时拍面与网成斜面向前，手腕控制好拍面，向前切削球托的后底部（或侧底部）使球呈下旋翻滚过网（如图7-27所示）。

图7-27

3) 挑球

这是一种处于较被动情况下的回击方法。

动作方法：击球前动作基本同搓球。击球时以肩为轴，自下而上用小臂带动手腕发力，手指快速向前上方挥拍（如图7-28和图7-29所示）。

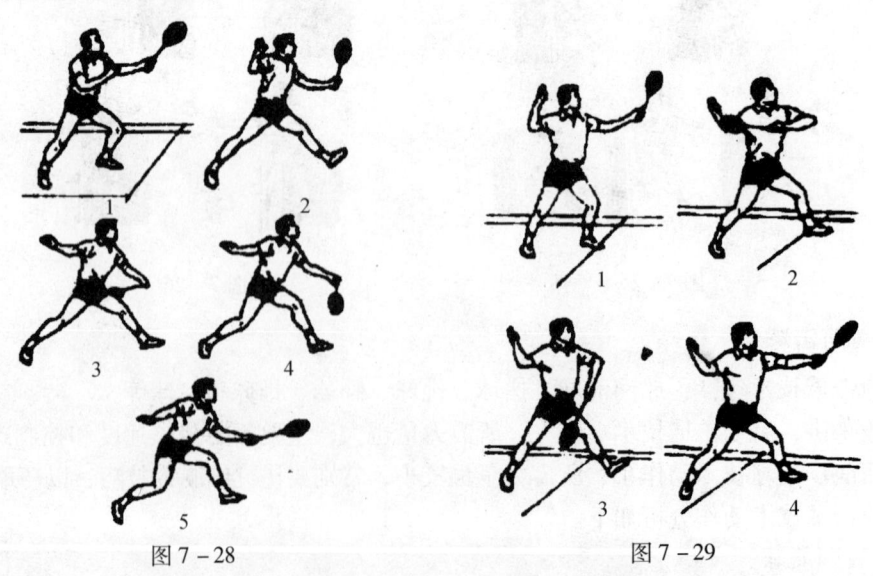

图7-28　　　　　　图7-29

4) 推球

在网前较高的击球点上，用推击的方法往对方底线击出弧度较平，速度较快的球，称

为推球。

动作方法：推球的方法与搓球相仿，在击球一刹那拍面竖得较直，正手推球时，由前臂内旋，用腕部的转动和手指（主要是食指）的力量向前快速推击。反手推球时（用反手握拍法），由前臂外旋，用腕部的转动和手指（主要是拇指）的力量向前快速推击（如图7-30和图7-31所示）。

图7-30　　　　　　　　　　　图7-31

5）勾球

在网前，用屈腕（或伸腕）的动作调整球拍角度，轻巧地将球回击到对方斜对角的网前区内，称为勾球。

动作方法：勾球的方法与搓球相仿，在击球一刹那，拍面要斜向出球方向。正手勾球时，前臂内旋带动屈腕动作，使拍面斜向左边，用球拍击球时（用反手握拍法），前臂外旋带动伸腕动作，使反拍面斜向右边，击在球托的左后部分，将球勾向对方的左网前区（如图7-32和图7-33所示）。

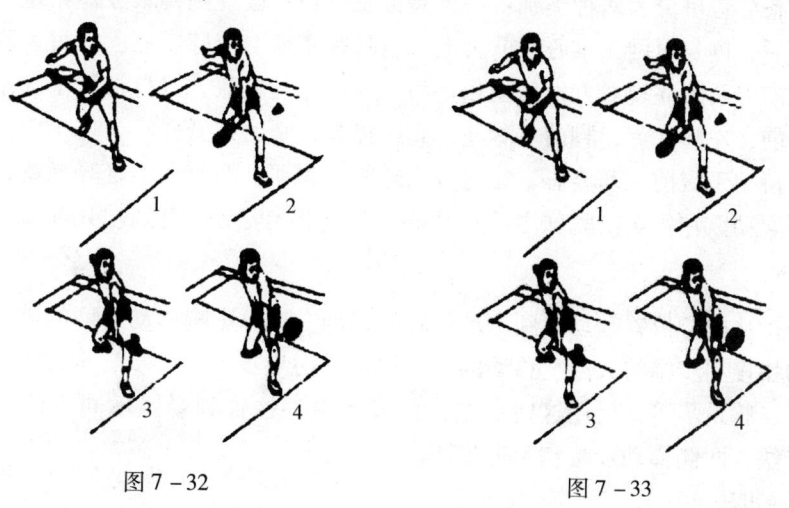

图7-32　　　　　　　　　　　图7-33

6）扑球

对方击来的网前球刚过网，高度仍在网沿上面时，即迅速上网挥击下压过去，称为扑球。

动作方法：蹬步上网，身体前扑、举拍向前，拍面前倾，击球时运用前臂和手腕的力量向前下方用力。触球后即回收，以免触网犯规（如图7-34所示）。

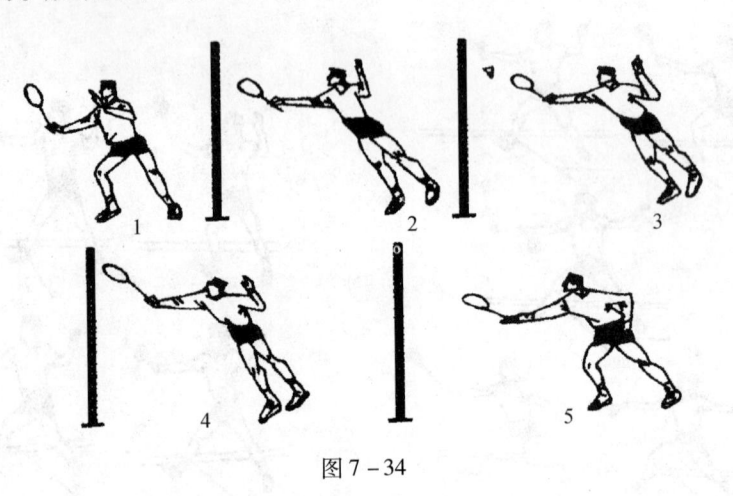

图7-34

五、步法

快速、灵活、正确的步法是技术的基础。

步法的动作分析如下。

羽毛球的步法包括起动、移动、到位击球和回动四个环节。

1. 起动

对来球一有反应判断，即从中心位置上的准备接球姿势转为向击球的位置上出发，称为起动。准备姿势可分为两种类别：一种是接发球姿势按规则要求原地站位。应该左脚在前，右脚在后，侧身对网，重心在前脚上，右脚跟离地，双膝微屈，收腹含胸，放松握拍屈肘举在胸前，两眼注视对方发球动作。另一种情况是在双方对打过程中的站位姿势。它应该右脚在前，左脚在后，脚前掌着地，脚跟提起，膝关节微屈，上体稍前倾，重心落在两脚之间，持拍于腹前，动姿态。在对方出球的一刹那，两脚向上轻轻一跳，调整好身体重心，即刻起动。在每次击完球之后，又要恢复成上述姿势，直到"死球"。

2. 移动

主要是指从中心位置起动后到击球位置的移动方法。影响移动速度的因素有步数的多少、步频的快慢和步幅的大小。移动的方法通常采用垫步、交叉步、小碎步、并步、蹬转步、蹬跨步、腾跳步等。运用这些步法，构成从中心位置到场区不同方位击球的组合步法：上网步法，两侧移动步法和后退步法。

1）上网步法

无论正手和反手，根据来球的远近，均可采用一步、两步、三步上网。

(1) 一步上网：来球距离较近时，右脚跨出一大步即可，正反手相同。

(2) 两步上网：来球距离稍远时，以左脚先向来球方向迈一小步，然后右脚跨出一大步（如图7-35所示）。

(3) 三步上网：来球距离稍远时，以右脚向前一小步，左脚向右脚迈一步，右脚再跨一大步（见图7-36所示）。

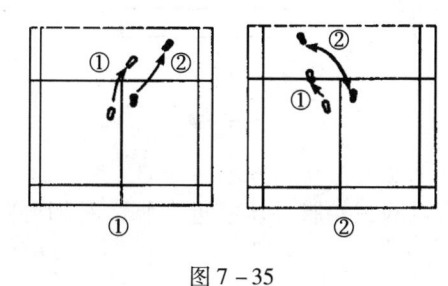

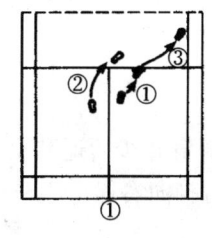

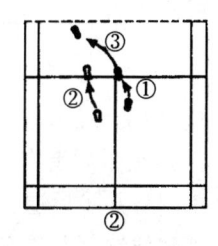

图7-35

图7-36

2) 两侧移动步法

(1) 向右移动：左脚蹬地，右脚向右跨一大步。来球较远时，可用左脚先向右垫一小步，右脚再向右跨一大步。

①一步蹬跨步法：当来球离身体较近时，用左脚脚内侧蹬地，髋关节右转，同时右脚向右侧跨一大步到位击球（如图7-37所示）。

②两步蹬跨步法：当来球离身体较远时，左脚应先向右侧移一步，然后右脚向右侧蹬跨出一大步，到位击球（如图7-38所示）。

③右侧跳步：如果对方来球弧度较平，可采用右脚先向右侧移一步，然后侧身跳起突击（如图7-39所示）。

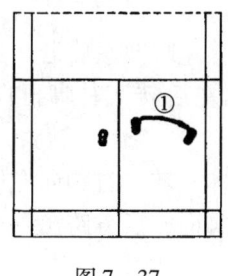

图7-37

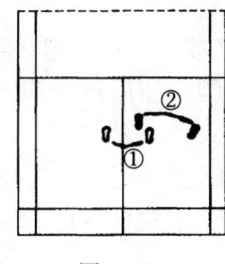

图7-38

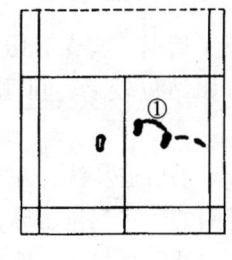

图7-39

(2) 向左移动：右脚蹬地，左脚向左跨一大步。来球稍远时，左脚先向左移半步，右脚再向左跨一大步。

①一步蹬跨步法：身体重心调整至右脚，用右脚掌内侧用力蹬地，左脚随髋关节转动的同时向左侧跨一大步到位击球（如图7-40所示）。

②两步蹬跨步法：当来球离身体较远时，左脚先向左侧移一小步，紧接着右脚向左侧蹬跨出一大步，形成背对网，到位击球（如图7-41所示）。

③左侧跳步：如果对方来球弧度较平，可采用左脚向左侧移一步，然后侧身跳起突击（如图7-42所示）。

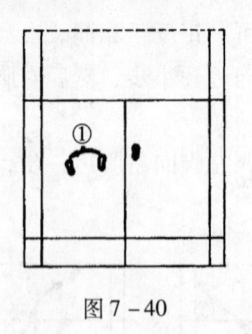

图 7-40 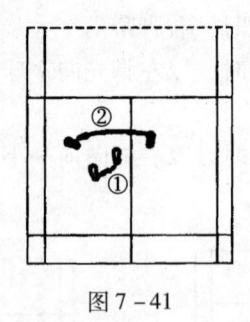　　　　　　　图 7-41 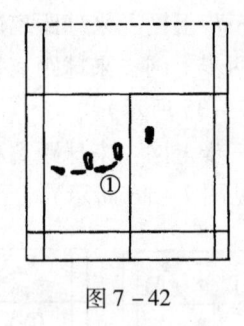　　　　　　　图 7-42

3）后退步法

（1）正手后退：有侧身并步后退和交叉后退两种。

①侧身并步后退：右脚向右撤一小步，转身侧对网，左脚并步靠近右脚，右脚再向后移至来球位置（如图7-43所示）。

②交叉步后退：右脚撤后一小步，左脚从体后交叉后退一步，右脚再后移至来球位置（如图7-44所示）。

③并步加跳步后退步法：在①的基础上，第四步采用侧身双脚向右后起跳，在空中完成击球，然后以右脚先落地，并迅速屈膝缓冲回动（如图7-45所示）。

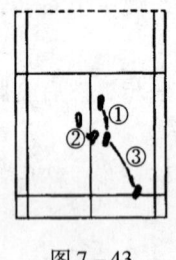

图 7-43 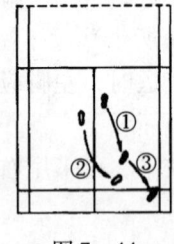　　　　　　　图 7-44 　　　　　　　图 7-45

（2）反手后退：脚先后撤一步（或垫一步），身体左转，左脚向左后退一步，右脚再跨出一步。如站位较后，可采用左脚向左后撤一步，上体左后转，右脚再向左后跨一大步。

①两步反手后退步法：左脚先向左后方退一步，接着上体左转，右脚向左后方跨出一步，以背对网的形式到位击球，或者右脚先向后退一步，左脚向左后方跨出一步，以侧身的形式到位击球（如图7-46所示）。

②三步反手后退步法：右脚先向左脚并一步（或交叉退一步），然后左脚向左后方退一步。此时，上体左转，右脚再向左后方跨出一大步，以背对网的形式到位击球（如图7-47所示）。

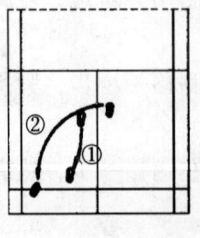

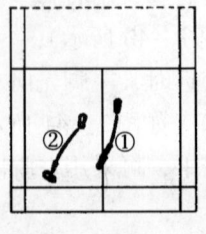

图 7-46 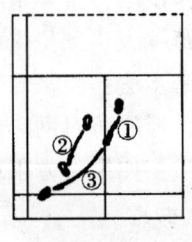　　　　　　　图 7-47

(3) 头顶后退步法。

①头顶并步后退步法：髋关节及上体快速向右后方转动的同时，右脚向右后撤一步，接着左脚用并步靠近右脚，右脚再向右后退步到位，左脚跟进一小步，成为左脚在前右脚在后、侧身对网的击球准备动作（如图7-48所示）。

②头顶交叉步后退步法：第二步为左脚向右脚后交叉后退一步，其余同①（如图7-49所示）。

③头顶侧身步加跳步后退步法：这是一种快速突击抢攻的后退步法。髋关节及上体在快速向右后方转动的同时，右脚向后退一步，紧接着右脚向后方蹬地跳起，上身后仰，并在空中完成转体击球，同时左脚与右脚在空中作交叉换位；击球后以左脚前掌先落地，并迅速前移中心回动（如图7-50所示）。

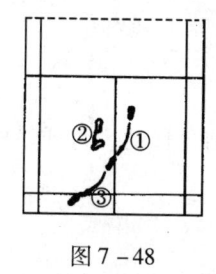

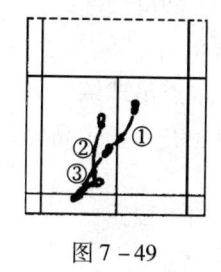

图7-48　　　　　图7-49　　　　　图7-50

3. 到位配合击球

移动本身不是目的，它是为击球服务的。所谓"步法到位"，就是指根据不同的击球方式，运动员应站到最适合这种击球的最有利的位置上。

4. 回动（回中心位置）

击球后，应尽力保持（或尽快恢复）身体平衡，并即刻向中心位置移动，以便在中心位置上做好迎击下一个来球的准备，称为回动。所谓"中心位置"一般是指场区的中心略靠后的位置（单打）。因为这个位置最有利于平衡兼顾向场区各个方向去迎击球。

六、羽毛球技术的练习方法

1. 发球技术练习

（1）发球动作的挥拍练习。

（2）两人相对进行固定点发球练习。

（3）向指定区域发球的练习。

2. 后场击球技术练习

1）击高球练习

（1）击高远球的挥拍练习。

（2）自抛自击练习。

（3）一人发高球，一人击不定点高球练习。

（4）一对一单线对击高球练习。

（5）一点对两点击高球练习。

（6）两点对两点击高球练习。

2）杀球练习

（1）杀球的挥拍练习与自抛自杀练习。

（2）持羽毛球或小皮球，模仿扣杀球的方法向对方场区下压掷球。

（3）练习者站在半场区，陪练者发半场高球，练习者做不定点杀球练习。

（4）方法同（3），但要求练习者杀定点球。

（5）利用多球进行杀球练习。

（6）结合步法移动进行杀球练习。

3）吊球练习方法

（1）挥拍与自抛自吊练习。

（2）一人发高球，一人进行不定点的吊球练习。

（3）方法同（2），但要求练习者进行定点吊球。

（4）一人在网前挑球，一人进行定点吊球练习。

（5）两点吊一点：一人在网前向左右后场挑高球，另一人结合移动，将球吊回到对方网前固定点。

（6）利用多球，结合步法移动练习吊球。

3. 网前击球技术练习

（1）原地或跨步做模仿练习。

（2）用多球进行正、反手两个部位的搓、推、勾、扑球的动作练习。

（3）一对一站在网前，做对搓、对勾练习。

（4）从场区中心位置开始，定点（或不定点）、定动作（或不定动作）的上网击球练习。

4. 中场击球技术练习

1）平抽快打练习

（1）平抽快打的挥拍练习。

（2）两人相对进行固定线路平抽快打的练习。

（3）两人相对进行变化线路平抽快打的练习。

2）接杀球练习方法

（1）按手势指令，做接杀球的步法移动和动作模仿练习。

（2）利用多球，用规定的方法（可先用挡球，后过渡到用抽球，再过渡到交替运用）接杀球练习。

（3）一攻一守练习。

5. 步法练习

（1）徒手或持拍，做单种移动步法的练习。

（2）看手势做两种步法的组合练习。

（3）看手势作全场步法综合练习。

（4）利用多球进行全场跑动击球练习。

第三节　羽毛球主要打法和基本战术

一、主要打法

（1）压后场底线。是初学者必须掌握的基本打法。它的特点是通过平高球压对方于后场底线，待对方回球较弱时大力扣杀或吊网前空当。

（2）攻四方球控制落点。它的特点是以快速而又准确的落点，攻击对方场区的四个角落，调动对方前后左右奔跑，当其回球较弱时，攻其空当。

（3）快拉快吊控制网前。以平高球快压对方后场两底角，而后快吊网前两角，引对方上网。当对方回网前球时，迅速上网控制网前，以网前搓球、勾球结合推球至后场底线，使对方被动回球，出现机会后，大力扣杀或扑球得分。

（4）后场下压，上网搓、推。在后场通过扣杀、劈杀或吊球技术，迫使对方放网前球。这时主动上网，利用搓、推等技术控制网前，待对方回球较弱时，大力扣杀。

（5）空中反攻。利用拉、吊、打四方球及防守中的球路变化调动对方，伺机反攻。

二、基本战术

战术就是指运动员在比赛中根据双方的情况合理运用技术，有针对性地组织自己的球路以争取胜利的策略。在双方技术水平相当的情况下，正确运用战术就成了胜败的关键。

1. 发球战术

（1）保持发球技术动作的一致性。做到各种发球技术的前期动作一致，就能使对方无法预先把握发球的时机和意图，迫使接发球队员多方防备而造成回球质量差，没有机会发起主动进攻。

（2）要掌握发球的时间差。每次发球，从准备发球到发出去（球从拍面弹出）的时间长短可有差异，这样，往往会造成对方判断错误而被动接球或接球失误（但应注意不要发生发球违例现象）。

（3）要机动地变换发球点和发球的弧线。将球发向对方接球能力最薄弱的部位。

（4）要善于发现和把握对方接发球的习惯球路，重点防备，抓住战机，争取一拍解决战斗。

2. 接发球战术

要全面掌握接发球技术，充满信心迎击各种发球。在接球时能一拍解决战斗是最理想的，但也不要在条件不许可的情况下强行事。接发球要力争不让对方有直接进攻的机会，把球回击到远离对方所站的位置的落点上，或者回击到对方移动的方向相反的位置上，或者回击到对方技术薄弱的环节上，迫使对方被动回球。为此，要求在接发球时做到思想高度集中，见机行事。

（1）发球抢攻战术：一般以发网前球结合发平快球、平高球开始，如果对方接发球质量较差时第三拍就主动进攻。

（2）压后场技术：对后场还击能力较差的对手，可以攻对方后场底线两角（尤其是反手场区），待回球质量差时发起进攻，或乘对方注意力只顾及后场时突然吊网前球。

（3）攻前场战术：对网前技术较差的对手，可多以吊球和放网前球使其在网前的对击中失误，或对方勉强回击成高球时进攻其后场。

（4）四方球结合突击战术：若对手步法较慢，体力较差，技术又欠全面，可以平高球压对方后场底线两角和吊对方网前两角调动对方，当对方回球质量差或站位不当时发动进攻。

（5）杀吊上网战术：以杀球配合吊球下压，若对方还击网前球时，迅速上网搓、勾、推创造机会大力扣杀。

三、单打、双打战术

1. 单打战术

1）发球抢攻战术

以发网前球与平快球为主，限制和控制对方，争取前几拍的主动进攻机会，伺机杀、吊对方的空当。

2）攻后场战术

运用高远球或进攻性的平高球连续压对方的后场底线两角，迫使对方处于被动状态，待对方回球质量不高时，再以杀球制胜；或对方疏于前场防守时，以吊球轻取。

3）杀、吊上网战术

以凶狠的大力杀球，或落点刁钻的吊球，迫使对方被动回球或回球过高，便迅速上网搓、推、勾、扑球，为己方创造连续进攻的机会。

4）拉、吊突击战术

以平高球、吊球、网前搓、推、挑、勾等手法，准确地攻击对方的四个场角，使对方前后、左右奔跑，当对方来不及回中心位置或身体失去重心时，抓住空当和弱点进行突击。

5）守中反攻战术

先以稳健的防守与控制，消耗对方体力，使对方在多拍击球中，因体力下降而造成失误或回球质量不高，再伺机突击反攻，达到后发制人的目的。

2. 双打战术

1）攻人战术

即集中攻击对方有明显弱点的队员。当他的同伴为协助他而使场上出现空当时，则可攻其空当。当他同伴放松警惕时，也可攻其不备。

2）攻中路战术

当对方处于左右并排站位时，可集中攻击对方两人之间的结合部，以造成对方因抢球或漏球而失误；同时还可以限制对方挑出大角度的球，有利于我方网前的封网。

3）攻直线战术

即攻击的路线均为直线，没有固定的目标和对象，只依靠进攻的力量和落点制造得分

机会。当对方的来球靠边线时，攻击的落点在边线上；当对方的来球在中间区时，就朝中路进攻，以便于网前同伴的封网。

4）攻后场战术

遇到对手后场进攻能力差时，可采用平高球、推平球、接杀挑高球等，迫使对方一人在底线两角移动，一旦其出现被动时，便大力扑杀。如另一对手后退支援时，即可攻网前空当。

5）后攻前封战术

当本方取得主动攻势时，后场队员逢高必杀，前场队员则在网前积极移动，封网扑打。

6）守中反攻战术

当本方处于守势时，先通过控制落点与球路调动对方，如：对方攻直线球，我方挑对角平高球；对方攻对角球，我方挑直线平高球，迫使对方进攻队员在移动中击球，然后伺机采用抽、挡、勾等手法，突然改变击球的速度、弧线与落点，以使对方因措手不及而无法连续进攻，从而为本方获得由守转攻的主动权。

第四节　羽毛球竞赛规则

一、场地、器材及球权

1. 场地

球场应是一个长方形，用宽 20 毫米的线画出。

从球场地面起，网柱高 1.55 米。网柱必须稳固地同地面垂直，并使球网保持紧拉状态。

球网应是深色、优质的细绳织成。网孔方形，各边长均在 15～20 毫米之间。网上下宽 760 毫米。球场中央网高 1.524 米，双打边线处网高 1.55 米。球网的两端必须与网柱系紧，它们之间不应有空隙。

2. 器材

羽毛球应有 16 根羽毛固定在球托部，长 64～70 毫米，顶端围成圆形，直径为 58～68 毫米，重 4.74～5.50 克。验球时，站在端线外，用低手向前上方全力击球，球的飞行方向须与边线平行。一个具有正常速度的球，应落在离对方端线 530～990 毫米之间的区域内。

球拍拍框总长度不超过 680 毫米，宽不超过 230 毫米。拍弦面长不超过 280 毫米，宽不超过 220 毫米。

3. 球权

比赛前，双方应掷挑边器。赢的一方将在下列条件中作出选择。

（1）先发球或先接发球。

（2）一个场区或另一个场区。

输方在余下的一项中作出选择。

二、计分

（1）除非另有商定，一场比赛以三局两胜定胜负。
（2）21 分制，直接得分。

三、交换场区

以下情况运动员应交换场区：第一局结束；第三局开始前；决胜局一方获得 11 分后。

四、发球

1. 合法发球

（1）发球时任何一方都不允许非法延误发球。
（2）发球员和接发球员都必须站在斜对角发球区内发球和接发球，脚不能触及发球区的界线；两脚必须都有一部分与地面接触，不得移动，直至将球发出。
（3）发球员的球拍必须先击中球托，与此同时整个球要低于发球员的腰部。
（4）击球瞬间，球拍杆应指向下方，从而使整个拍头明显低于发球员的整个握拍手部。
（5）发球开始后，发球员的球拍必须连续向前挥动，直至将球发出。
（6）发出的球必须向上飞行过网，如果不受拦截，应落入接发球员的发球区内。
（7）一旦双方运动员站好位置，发球员的球拍头第一次向前挥动即为发球开始。
（8）发球员须在接发球员准备好后才能发球，如果接发球员已试图接发球则被认为已做好准备。
（9）一旦发球开始，球被发球员的球拍触及或落地即为发球结束。
（10）双打比赛，发球员或接发球员的同伴站位不限，但不得阻挡对方发球员或接发球员的视线。

2. 单打

（1）发球员的分数为 0 或双数时，双方运动员均应在各自的右发球区发球或接发球。
（2）发球员的分数为单数时，双方运动员均应在各自的左发球区发球或接发球。
（3）球发出后，由发球员和接发球员交替对击直至"违例"或"死球"。
（4）接发球员违例或因球触及接发球员场区内的地面而成死球，发球员就得一分。随后，发球员再从另一发球区发球。

3. 双打

参照单打发球顺序，每球得失分，取消第二发球。以下情况为发球错误。
（1）发球顺序错误。
（2）从错误的发球区发球。
（3）在错误的发球区准备接发球，且球已发出。

4. 发球错误的处理

（1）如果因发球区错误而"重发球"，则该回合无效，纠正错误重发球。

（2）如果发球区错误未被纠正，比赛也应继续进行，并且不改变运动员的新发球区和新发球顺序。

五、违例

（1）发球不合法。

（2）球员发球时未击中球。

（3）发球过网后挂在网上或停在网顶。

（4）比赛时：

①球落在球场界线外。

②球从网孔或网下穿过；

③球不过网。

④球碰屋顶、天花板或四周墙壁。

⑤球触及运动员的身体或衣服。

⑥球触及场外其他人或物体。

⑦比赛时，球拍与球的最初接触点不在击球者网的这一方（击球者击球后，球拍可以随球过网）。

（5）比赛进行中：

①运动员球拍、身体或衣服触及网或网的支撑物。

②运动员的球拍或身体从网下侵入对方场区，妨碍对方或使对方分散注意力。

③妨碍对方，如阻挡对方紧靠球网的合法击球。

④击球时，球夹在和停滞在拍上紧接着又被拖带。

⑤同一运动员两次挥拍连续击中球两次。

⑥同方两名运动员连续各击中球一次。

⑦球触及运动员球拍后继续向其后场飞行。

六、重发球

（1）由裁判员宣判"重发球"，用于中断比赛。

（2）遇不能预见或意外的情况，应重发球。

（3）除发球外，球过网后挂在网上或停在网顶，应重发球。

（4）发球时，发球员和接发球员同时违例，应重发球。

（5）发球员在接发球员未做好准备时发球，应重发球。

（6）比赛进行中，球托与球的其他部分完全分离，应重发球。

（7）司线员未看清，裁判员也不能做出决定时，应重发球。

（8）"重发球"时，最后一次发球无效，原发球员重新发球。

第八章 乒 乓 球

第一节 乒乓球运动简介

关于乒乓球运动的起源，有各种各样的传说，按多数人的看法，乒乓球运动始于英国，并由网球运动派生而来的说法比较可靠。

大约在 19 世纪后半叶，由于受到网球运动的启示，在一些英国大学生中，流行着一种类似现在乒乓球的室内游戏，叫做"戈西马"（Goossime）。没有统一的规则，有 10 分、20 分为一局的，也有 50 分或 100 分为一局的。发球时，可将球直接发到对方台面，亦可先将球发到本方台面再跳至对方台面，球拍是空心的，用羊皮纸贴成，形状为长柄椭圆形。有时，在饭桌上支起网来打，有时索性就在地板上用两个椅子当作支柱，中间挂起网来打。

大约在 1890 年，有位名叫詹姆斯·吉布（James Gibb）的英格兰人到美国旅行时，偶尔发现了一种用赛璐珞制成的空心玩具球，弹跳力很强。于是，他就将这种球稍加改进后，逐步在英国和世界各地推广起来。也许因为此球在桌上打来打去发出了"乒乒乓乓"声音的缘故，英国一家体育用品公司，首先用"乒乓"（Ping-Pong）一词作了广告上的名称，就这样，乒乓球才开始得此绘声之名。

1926 年国际乒联正式成立，负责每两年一届的世界乒乓球锦标赛和世界杯赛，比赛分为男、女团体，男、女单打，男、女双打和混合双打。1988 年汉城奥运会把乒乓球列为正式比赛项目。

乒乓球运动的特点是球小、速度快和变化多，不同身体条件、年龄和性别的人都可参加，场地设备比较简单，运动量可大可小，健身价值较高。虽然乒乓球是英国人发明的，但真正把乒乓球运动推向登峰造极水平的是中国人，我国乒乓球运动在国民中普及程度较广，在世界赛场上为祖国争得了荣誉，为我国外交政策和推动世界乒乓球运动的发展作出了巨大贡献。

第二节 乒乓球基本技术

一、基本站位与准备姿势

1. 基本站位

乒乓球运动的基本站位应根据不同类型打法及个人的打法特点相适应，打法类型不同则基本站位的范围大小也不相同。站位正确，有利于保持稳定的击球姿势和向任何一个方向迅速移动。

站位动作要点：站位的范围指运动员离球台端线的远近距离和左右距离。根据不同的打法选择不同的基本站位。

(1) 左推右攻打法：基本站位在中间偏左。
(2) 两面攻打法：基本站位在近台中间。
(3) 弧圈球为主打法：基本站位在中台偏左。
(4) 横拍攻削结合打：基本站位在中台附近。
(5) 削球打法：基本站位在中远台附近。

2. 准备姿势

准备姿势是指击球员准备击球或还击球时的身体各部位姿势。合理的姿势，有利于脚、腿蹬地用力和腰、躯干各部位的协调配合与迅速起动，保持正确的击球姿势，提高击球的命中率，制造出最大的击球力。

准备姿势动作要点如下。

(1) 下肢：两脚左右开立，约与肩同宽，身体稍向右侧，面向球台，两膝自然弯曲，提踵，重心置身于两脚之间。
(2) 躯干：含胸收腹，上体略前倾，下额微收，两眼注视来球。
(3) 上肢：持拍手和非持拍手均应自然弯曲置于身体前侧方，保持相对的平衡状态。
(4) 易犯错误及纠正方法：全脚掌着地，上体过直，重心偏高。纠正方法：提踵屈膝略内靠，上体前倾。

二、握拍法

握拍法的特点：握拍有直拍握法和横拍握法两种。选择何种握法，应因人而异、左右兼顾、有利于技术运用。

1. 直拍握法

(1) 近台快攻握拍法（如图 8-1 所示）：在拍的正面以食指第二指节和拇指第一指节扣拍；在拍的反面，三个手指自然弯曲，食指第一指节贴于拍的中部；无名指、小拇指贴在中指上，拍柄贴住虎口，略偏食指的一边。

图 8-1

(2) 日本式握拍法（如图 8-2 所示）：在拍的正面，拇指紧贴在拍柄的左侧，食指扣住拍柄，形成一个小环状，紧握拍柄；拍后，三指自然弯曲顶住球拍的中部。

图 8-2

(3) 直拍削球握拍法（如图 8-3 所示）：大拇指弯曲，紧贴拍柄的左侧，用力下压，其余四指自然托住拍的后面。正手削球时，尽量使球拍后仰，减少来球的冲力；反手削球时，拍后四指灵活地把球拍转动，使拍柄向下。反攻时，食指迅速移到拍前，以第二指节扣柄；拍后的三个手指仍弯屈贴于拍的上面。

图 8-3

2. 横拍握法

虎口压住球拍右上肩,拇指和食指自然弯曲分别握在拍身前、后两面。中指、无名指、小手指弯曲握住把柄。横拍法根据每个人的习惯、特点不同,分深握和浅握两种。如图 8-4 所示。

图 8-4

3. 易犯错误及纠正方法

易犯错误:握拍过大、过小、过紧、过深、手腕僵硬。
纠正方法:讲清动作要领,正确握拍,手指手腕放松。

三、基本步法

在每次回击不同角度、不同落点的来球时,为了取得合适的位置以便如意地把球回击过去,必须迅速移动脚步,这就构成了乒乓球的运动步法。如果运动员步法很差,脚慢手快,那必然会影响其击球的准确性,以及击球的力量、速度和旋转的效能。步法不好也必然会影响手法,所以必须重视对步法的训练。

1. 步法的特点

步法指击球时选择合适的位置所采用的脚步移动方法。步法是乒乓球运动的生命。没有灵活的步法,就不可能有效地回击来球、无法使用有效的手法。

2. 步法的使用与方法

(1) 单步:在来球距离身体一步以内的较小范围、角度不大的情况下、台内或在还击追身球时采用此种步法。

动作要点:以一脚前脚掌内侧为轴稍转动、蹬地用力,另一脚向来球方向做前、后、左、右移动一步。

(2) 并步(亦称滑步或换步):两面攻打法的从基本站位向左右移动时多采用"换步"。

动作要点:一脚向来球方向移动,另一脚随即跟着移动一步。

(3) 交叉步:在来球较远的情况下多采用"交叉步"。

动作要点:以来球反方向左脚向来球方向交叉,并超过另一脚,然后另一脚随即向来球方向移动。

(4) 侧身步:当来球逼近身体或者来球至反手位时,多采用"侧身步"。

动作要点:左脚先向左跨一步,然后右脚即向左后方移动,另一种可以用左脚先向前

插上，右脚向左后移动。

3. 步法移动中应注意的几个问题

（1）移动时，上体要略为前倾，两膝要经常保持自然弯曲，前脚掌着地，使下肢富有弹性，好像一根受压了的弹簧，随时能迅速起动。

（2）要注意身体重心的迅速交换，这是脚步移动的关键。比如左推右攻时，反手推挡后重心应放在左脚，这样当转入正手攻球时，右脚就能迅速向右跨出一步，从而形成一个合适的击球位置。如果反手推挡后重心放在右脚，转入正手攻球时，右脚就无法向右跨出，这样就不能形成一个合适的击球位置，会影响击球的命中率。

（3）要注意观察对方球拍挥动的方向和接触球时的角度，以便预测来球的方向和落点，提高步法的正确性。

四、发球与接球技术

乒乓球比赛是从发球和接发球开始的，两者的好坏都能直接得分或失分，因此要重视发球和接发球技术的练习。

发球的特点：发球在比赛中对于扬己之长、攻彼之短均有着技术和战术上的意义。它是连接整个乒乓球技、战术的重要环节。发球、接发球、发球抢攻称为前三板技术，是我国的乒乓球强项技术。

下面介绍几种基本的发球技术和接发球的方法。

1. 发球技术的动作要点（以右手为例）

（1）反手平击发球：站位左半台离台30厘米，右脚稍前身体略向左转，左手掌心托球，右手持拍于身体左侧。持球手轻轻向上抛球，同时持拍手向后引拍，上臂自然靠近身体右侧，待球下落低于球网时，持拍手以肘关节发力，由左后向右前挥拍击球中部，拍面稍前倾，第一落点在本台中区。

（2）正手平击发球：站位中近台偏右左脚稍前，身体稍右转，球向上抛起，持拍手由右后向前挥动。其余同反手平击发球。

（3）反手发急球：准备姿势同反手平击发球。抛球同时持拍手向左后方引拍，待球下落到网高时，持拍手由左后向右前加速挥拍，拍面稍前倾，以前臂和手腕发力为主击球中上部，第一落点靠近本方端线，第二落点在对方端线附近。

（4）反手发右侧上（下）旋球：站位及准备姿势同反手平击发球。抛球同时持拍手向左后引拍，用前臂带动手腕向右前上方挥动，拍面逐渐向左稍前倾，拇指压拍手腕内转从球的中部向右侧上摩擦，第一落点本方端线，第二落点对方左角。若发落点短的球时，前臂向前力量减小而增强手腕摩擦力量，第一落点本方中区；若发下旋球，击球时拇指加力压拍，使拍面略后仰从球的中部向侧下摩擦。

（5）正手发左侧上（下）旋球：站位左半台，抛球同时持拍手迅速向右上方引拍，身体随即向右转，手臂自右上方向左下方挥摆，球拍从球的右侧中下部向左侧面摩擦，若发左侧下旋球时，手臂自右上方向左前下方挥摆，拍从球的右侧中部向左侧下部摩擦，第一落点本方端线附近。

(6) 正手发奔球：站位近台左脚稍前，身体略向右转，两膝微屈上体稍前倾，持拍手自然放于身前。抛球同时拍手向右后上方引拍，手腕放松拍面较垂直，待球下落至与网同高时，上臂带动前臂由右后方向左前方挥摆，腰同时向左扭转。击球刹那拇指压拍的左侧，手腕同时从后向前使劲抖动，球拍沿球的右侧中部向侧上摩擦，第一落点本方端线，第二落点对方右角。

(7) 正手发短球：同发奔球，其区别是触球刹那突然减力并向左下切球，第一落点本方中区，第二落点对方近网处。

接发球特点：在比赛中，接发球具有被动转主动、技术难度大、判断反应要快、心理素质要稳定的特点。第一板回接球是由被动转入主动进攻的第一步。回接球的质量，直接影响自己技、战术的发挥和是否能将对手控制在被动状态。同时也直接影响到自己的心理状态。接发球好，可直接得分或为抢攻创造有利条件。

接发球的基本手法是由点、拨、带、拉、攻、推、搓、削、摆短、撇侧旋等多种综合技术组成的。所以，接发球技术是各项基本技术的综合运用。

2. 回接各种发球的方法

采用哪一种方法接发球，应根据对方发球的旋转、落点及双方打法特点等诸因素而定。首先是站位的选择：站在球台左半台，离球台端线的远近距离视来球的落点而定，便于前后移动接长、短球，离台30～40厘米。其次是对来球的判断；判断是接好发球的前提。如何才能准确无误地判断出对方发球的旋转性质、旋转程度或缓、急、落点变化，主要应依据对方球拍在接触球的瞬间的挥动方向和掌握击球的部位与用力方向来判断球的旋转性能。

1）回接对方左侧下旋球

球触拍后从自己的右侧下方弹出。接这种球一般采用推挤、搓、削为宜。搓球回接时拍面稍后仰，并略向左偏斜以抵消来球的左侧旋；若采用攻球方法回接，宜用拉抽（拉攻），拍触球时向上向前摩擦球。

2）回接对方左侧上旋球

球触拍后向自己右侧上方弹出。接这种球一般采用推、攻回接为宜。回接时，拍面触球的中上部，适当下压，拍面所朝方向向左偏斜以抵消来球的左侧旋；要调节好拍面方向和用力方向。采用攻、拉球方法回接时，同样道理，应向对方挥拍方向相反的方向回接，以抵消来球的侧旋性能；同时，也应调节拍形适当下压，防止球飞出界外。

3）接对方右侧下旋球

球触拍后向自己的左侧下方弹出。回接时拍面略向右偏斜。可采用搓、拉、点、削等方法。

4）回接对方右侧上旋球

球触拍后向自己的左侧上方弹出。拍面也应根据来球旋转程度适当向右偏斜，用推、拨、攻、拉、削等手段回接。触球时，调节拍面，使拍形前倾击球中上部。如上述两种发球为近网短球，上步移动步法采用推、拨、点、搓、攻、摆等手段回接。

5）回接对方低（高）抛发的急下旋球

采用推、搓、拉方法回接。若用推搓，拍面应略后仰，触球瞬间前臂旋外压球；用下

旋推挡直接切球中下部，用前臂和手腕力量向前上方力摩擦球。若用搓球、向后移动步法，击来球下降期，引拍比接一般下旋球稍高些，加长球在拍面上的摩擦时间。用攻球回球，应注意适当向上用力提拉，又要调节拍形前倾角度。

五、挡球与推挡球

挡球是初学者首先应学习的一项基本技术。推挡球是我国近台快攻传统打法的独特技术，推挡球基本上可分为快推、加力推、下旋推挡三种。

1. 快推

动作要领：右脚稍后或两脚平行站立，身体离台约50厘米（身材矮的可适当前移），右前臂与台面平行，右上臂和肘关节靠近右侧身旁，前臂略向外旋。当来球从台面刚一跳起，前臂即向前推击，同时手腕外转，食指压拍，拇指放松，使球拍前倾并成横立状。在上升期击球的中上部。击球后手臂随势前送。

2. 加力推

动作要领：击球前，前臂上提，把球拍稍微抬高。击球时，食指压拍，拇指放松，使拍前倾并成横立状。主要是前臂向前用力推压，在球上升期的后段或高点期击球的中上部。击球后手臂随势前送。

3. 下旋推挡

动作要领：准备击球时，拇指压拍，使拍面稍后仰，前臂不要外旋。在上升期后段击球的中下部。击球后，手臂随势前送。推击时应适当增大向前的力量，以压低回球的弧线。

挡球与推挡球的重点难点是正确的拍面，身体的协调配合和准确的线路落点。

六、攻球

攻球从大的动作结构来讲，可分为正手和反手攻球两大类。攻球是快速进攻最重要的一项技术，杀伤力强，是快速解决战斗的有效方法。

攻球的重点难点是挥拍发力和正确恰当的击球点。如果有拍面前倾不够的情况可做平击发球练习，体会击球时手腕外旋动作的方法来纠正。

（1）正手近台攻球（如图8-5所示）。这种球出手快，动作幅度小，站位近，可以为扣杀创造条件，又可直接得分。

动作要领：直拍正手近台攻球时，身体靠近球台，右脚稍后，两膝自然弯曲，上体略前倾，重心偏向右脚。击球前，将球拍引至身体右侧，使球拍成半横立状。上臂与身体约成35°角，上臂和前臂约成130°角。当球从台面弹起时，手臂由右侧向左前上方迅速挥动（以前臂收缩发力为主）。击球时，食指放松，拇指压拍，使拍形前倾并结合手腕内转动作，在上升期击球的中上部。随着球拍的向前挥动，身体重心移至左脚，并使球拍随势再向上挥动。如图8-5（a）所示。

横拍近台正手攻球时，前臂和手腕成直线并与台面接近平行，球拍几乎呈横立状。至于击球的时间、部位、拍形及手臂挥动的方向基本上与直拍相似。如图8-5（b）所示。

1　　　　　　2　　　　　　3　　　　　　4

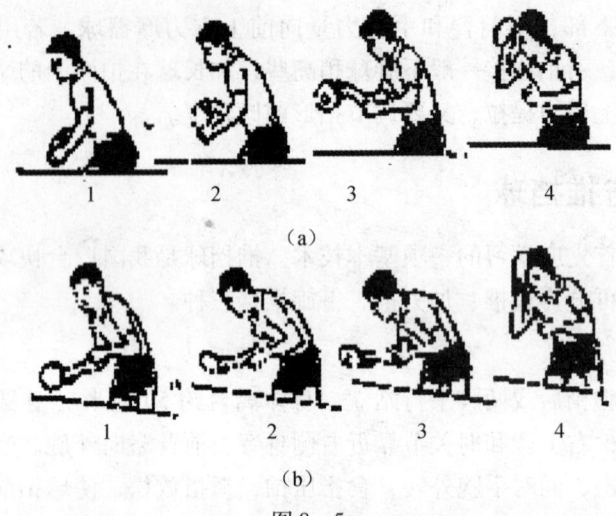

(a)

1　　　　　　2　　　　　　3　　　　　　4

(b)

图 8 - 5

（2）正手中台攻球（如图 8 - 6 所示）。站位稍远，动作幅度比较大。由于击球力量较大，在对攻中可为下一板扣杀创造机会，也有可能直接得分。

动作要领：右脚在后，身体离台 1 米左右。击球前的准备姿势跟正手近台攻球相似，击球时以上臂发力为主，带动前臂、手腕向左前上方挥动，在来球最高点和下降期前段回击球的中部。直拍正手和直拍反手中台攻球分别如图 8 - 6（a）和图 8 - 6（b）所示。

1　　　2　　　3　　　4　　　5

(a)

1　　　2　　　3　　　4　　　5

(b)

图 8 - 6

（3）正手拉球（如图 8 - 7 所示）。这种球带有较强的上旋力，它是回击下旋球的一种主要攻球技术，可为扣杀创造机会。

1　　　　　　2　　　　　　3　　　　　　4

图 8 - 7

动作要领：两脚开立，右脚稍后。击球前，把球拍引向身体的右侧下方，球拍呈半横立状，拍面稍向后仰。上臂与身体大约成30°角，上臂跟前臂之间约成145°角。当球弹起从最高点开始下降时，上臂和前臂由后向前上方移动，前臂迅速内收，并结合手腕转动的力量，在下降期击球的中部或中下部。击球后，球拍随势挥至头部，重心移至左脚。

（4）正手扣球（如图8-8所示）。动作幅度大，力量重，是得分的主要技术。动作要领：两脚开立，右脚稍后。击球前，身体略向右转，把拍引向右后方，使球拍成半横立状。当球着台后，上臂带动前臂由后向前用力挥击，并结合右腿蹬地和腰向左转的力量，在高点击球。如来球上旋，击球时拍形前倾，击球的中上部；如来球下旋，击球前球拍要略低于来球，击球的中部或中下部。击球后，球拍随势挥至胸部左前方，重心移至左脚。直拍正手和反手扣球分别如图8-8（a）和图8-8（b）所示。

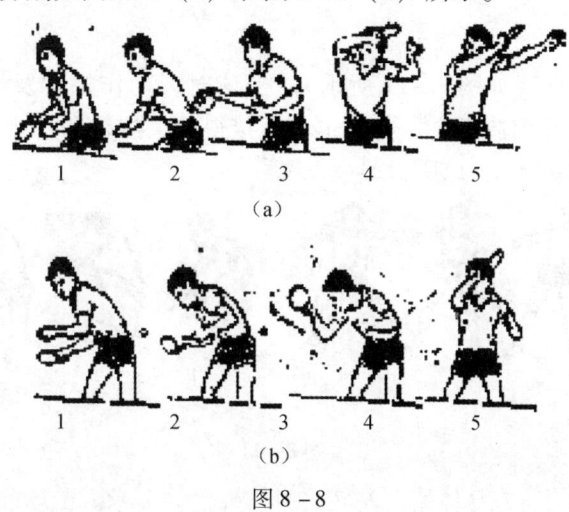

图8-8

（5）正手台内攻球（如图8-9所示）。

动作要领：站位靠近球台。接右方近网的低球时，右脚应迅速向右前方跨出一步（上左脚也可以）。上体略为前倾，球一着台，就将球拍迅速伸进台内。当球跳至高点时，前臂内旋结合手腕转动进行击球。如来球上旋，击球前，食指放松，拇指压拍，使拍面前倾。击球时，前臂和手腕向前用力多些。如来球下旋，击球前，食指压拍，使拍面稍向后仰，击球的中下部，前臂和手腕向上用力多些。

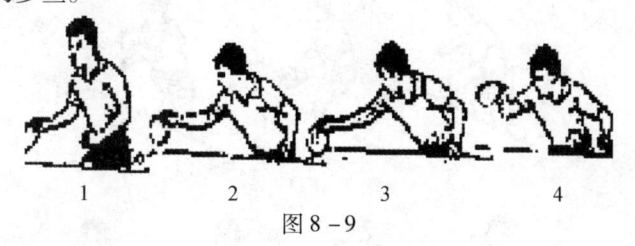

图8-9

（6）反手近台攻球（如图8-10所示）。这种打法由于站位近，动作幅度小，球速较快，因此常用来给正手攻球创造机会，有时也可直接得分。

动作要领：直拍反手近台攻球时，身体靠近球台，两脚平行或左脚稍向前站立。击球前，把球拍引至腹前左侧，肘关节略前出，上臂和前臂约成100°的角，拍柄稍向下。击球时，上臂内夹，前臂外旋，并向右上方挥动，同时配合向上的转腕动作，使拍面略为前

倾，在上升期击球的中上部。击球后，随势将球拍挥至右肩前，身体重心稍微移向右脚。直拍反手近台攻球如图 8 – 10（a）所示。

横拍反手近台攻球时，两脚平行或左脚稍前站立，上体稍向前倾，肘关节自然弯曲，前臂与上臂约成 100°角。手腕和前臂几乎成直线，拍柄稍微向下，将球拍置于腹部左前方，如图 8 – 10（b）所示。当球从台面弹起时，前臂向右前上方挥动，在上升期击球的中上部。触球时，手腕向外转动。

图 8 – 10

（7）反手中台攻球（如图 8 – 11 所示）。击球时，动作幅度及力量比反手近台攻球大些，它常为正手攻球创造机会，有时也可直接得分。横拍和直拍反手中台攻球分别如图 8 – 11（a）和图 8 – 11（b）所示。

图 8 – 11

动作要领：右脚稍前，身体略向左转，身体离台约 1 米。击球前，上臂贴近身体，肘关节自然弯曲，球拍移至腹部左前侧。当球弹起后，上臂带动前臂向右前上方迅速挥动，拍形稍后仰，在最高点或下降期前段击球的中部或中下部。击球后，球拍随势挥至头部，重心移至右脚。

（8）反手拉球（如图 8 – 12 所示）。击球时，动作幅度较小，上旋力较强，常用来为扣杀创造机会，也可直接得分。直拍、横拍反手拉球分别如图 8 – 12（a）和图 8 – 12（b）所示。

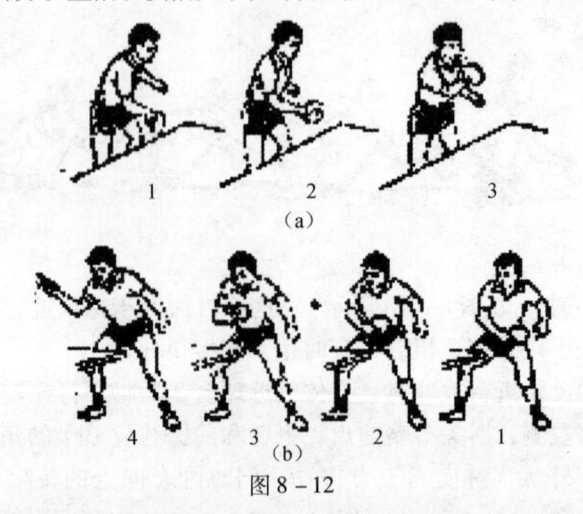

图 8 – 12

动作要领：右脚稍后或两脚平行站立。击球前，把拍引至腹部左前侧，上臂与前臂约成130°角，肘关节略向前，拍柄略向下，拍面稍后仰。当球弹起后，上臂内夹，前臂向右上方挥动，在下降期前段击球的中部或中下部。击球时，手腕向上转动，使拍与球形成一个摩擦的动作。击球后，球拍随势挥至头部，重心稍移向右脚。

（9）反手扣球（如图8-13所示）。击球时，动作幅度较大，力量较重，它是一种得分的主要战术。直拍、横拍反手扣球分别如图8-13（a）和图8-13（b）所示。

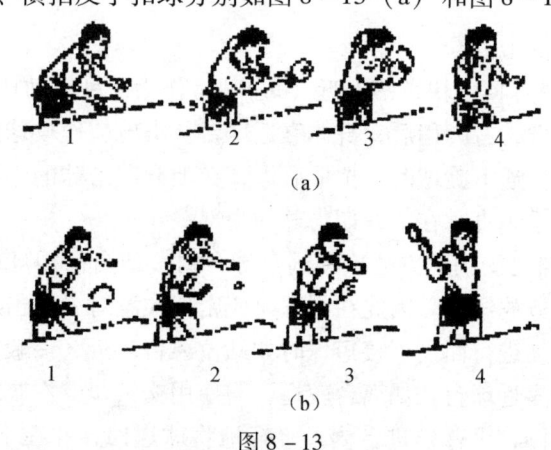

图8-13

动作要领：两脚开立，右脚稍前。击球前，身体略向左转，并向左后方引拍，上臂贴近身体。当球弹起后，上臂带动前臂向右前方挥击，同时腰部右转。拍面前倾，拍柄略向下，在高点期击球的中上部。击球后，随势将拍挥至右肩前上方，身体重心移至右脚。

在扣杀下旋来球时，则拍面稍后仰，在高点期击球的中下部，手臂向右上方用力多些。

（10）反手台内攻球。

动作要领：站位靠近球台。来球在左方近网位置时，当球一着台，右脚迅速向左前方跨出一步（如左方大角度的短球也可上左脚），上体略前倾，同时将拍迅速伸进台内，拍柄稍向下，肘关节略向前。当球跳至高点期时，运用上臂内夹结合前臂外旋和手腕转动的力量，进行击球。如来球上旋，击球时食指压拍，使拍形前倾，击球的中上部，前臂和手腕向前用力多些。如果来球下旋，击球时拍面略为后仰，击球的中下部，前臂和手腕向上用力多些。

（11）反手快拨（如图8-14所示）。这是借助来球的反弹力进行还击的一种打法。它具有动作小、速度快的特点。横拍两面攻的运动员经常用它发挥助攻作用。

动作要领：右脚稍后或两脚平行站立。击球前，肘关节自然弯曲，把拍引至腹部左前侧，拍柄稍向下，肘部稍前出。当球从台面弹起时，前臂带动手腕向右前方挥动，拍形前倾，在上升期击球的中上部。击球后，拍随势挥至胸前方。

反手快拨时应注意的问题如下。

①击球时，手腕不要太紧张，否则会影响手腕力量的运用。

②击球时，拍不要下垂，否则容易造成击球出界。

（12）放高球。放高球是一种防御性的技术，一般在对方进攻激烈时运用。放高球主要是利用高度，争取时间，并制造较强的上旋力，使对方回击困难，从而造成对方失误或

图 8-14

为自己争取时机，进行反击。

（13）放短球。这种球回球快，落点近（短），常作为一种辅助技术用来调动对方。

动作要领：两脚开立，右脚稍后，身体靠近球台。击球前作攻球的姿势，当球从台面弹起时，手臂前伸迎球。遇下旋球时，拍形后仰，在上升期击球的中下部，如来球下旋力不强时，拍形与台面近乎垂直，在上升期击球的中部。

（14）接短球。当自己受到对方猛攻而远离球台时，或自己回球的速度较慢、落点接近球网时，就应警惕对方放短球。因此在削球时应密切注意对方的击球动作。一旦对方放短球，就应立即向前移动进行回击。接短球时如站位离台较近，一般是采用单步，向来球方向跨出，使身体迅速靠近球台。如离台较远，需使用交叉步，右脚上前去接球。身体靠近球台时，上体略微前倾，手臂伸进台内，轻轻地将球送回，并在下降期击球的中下部。触球时，拍面稍后仰。来球稍高也可迅速上前进攻。

七、搓球

搓球是近台还击下旋球的一种基本技术，特点是站位近、动作小，回球多在台内进行，也是初学削球必须掌握的入门技术。

动作要点（以右手为例）如下。

慢搓：近台站位右脚稍前，持拍手臂自然弯曲。击球时用前臂和手腕向前下方用力，拍面后仰，在下降期击球中下部。

快搓：站位及击球方法与慢搓相同，击球时拍面稍横立避免出界或回球过高。

搓球的重点难点是前臂和手腕的挥拍路线和用力方法。

八、削球

削球是我国乒乓球传统手法之一，也是乒乓球防守技术之一，不仅可以抵挡对方进攻，而且通过旋转、速度和落点的变化，可调动对方，造成对方击球失误。运用削球还可以为反攻创造机会，给对方以突然袭击而直接得分。削球技术正在向转、稳、低、攻方向发展。

（1）正手近削。击球的动作较小，球速较快，前进力较强。近削能使对手回击困难，从而伺机反攻或直接得分。

动作要领：两脚几乎与球台平行站立（如遇较短的来球，则右脚略向前跨出），身体离台稍近，并稍向右转，手臂自然弯曲，把球拍引至肩侧，拍形稍后仰。击球时，前臂用力向左前下方挥动，手腕配合下压。在上升期后段或高点击球的中部或中下部。

(2) 正手远削。击球的动作较大，球速较慢，弧线低，比较稳健。通过旋转和落点变化，能控制对方或直接得分。

动作要领：两脚稍开立，右脚在后，身体离台 1 米以外，两膝弯曲，上体前俯，重心放在右脚上，手臂自然弯曲，将球拍引至肩侧。击球时，手臂向左前下方挥动，在下降期击球的中下部。拍形稍向后仰，手腕在拍与球接触的刹那间转动，借以增强摩擦力，并延长球拍护送球的时间和增大回球的下旋力。击球后，重心移至左脚，球拍随势前送。

(3) 反手近削。

动作要领：两脚开立，右脚稍前，两膝微屈，身体离台稍近并略向左转，重心偏至左脚。手臂自然弯曲，向左上方引拍，拍形稍后仰。击球时，手臂迅速向右前下方挥动，以前臂和手腕用力为主，在上升期后段或高点，击球的中部或中下部。击球后，重心移至右脚。

(4) 反手远削。

动作要领：两脚开立，右脚稍前，两膝微屈，上体前俯并略向左转，重心放在左脚，将球拍引至肩侧。当来球从高点下降时，上臂带动前臂向右前下方挥动。击球时，拍形稍后仰，手腕跟着前臂用力方向转动，摩擦球的中下部。击球后，球拍随势前送，重心移至右脚。

(5) 削追身体。

动作要领：当来球飞近身体时，持拍手臂应迅速上提，将球拍引至胸前，前臂和手腕上举，使拍稍竖起，同时收腹提踵。击球时，前臂和手腕沿着向后收腹的身体用力向前下方挥动，并配合前臂内旋和转腕动作将球削出。

九、弧圈球技术

弧圈球是一种上旋力非常强的进攻战术。它从 60 年代初出现以来，有了很大的发展，至今已为各国运动员广泛采用。

(1) 正手加转弧圈球。击出的球弧线较高，球速较慢，上旋力特强，着台后向下回落快。运用它往往使对方回接出界球或高球，可为扣球创造机会。一般遇下旋来球时打这种球比较多。

动作要领：两脚开立，右脚稍后，身体略向右转，两膝微屈，重心放在右脚上。准备击球时，持拍手臂自然下垂并向后下方引拍，使球拍靠近臀部，右肩略低于左肩，拇指压拍使拍形略微前倾，并使拍形固定。当来球从台面弹起时，手臂向前上方挥动，前臂在上臂带动下很快收缩，在来球下降期摩擦球的中部或中上部。摩擦球时，要注意配合腰部向左上方转动和右脚蹬地的力量。击球后，手臂继续随势将拍挥至额前，重心移至左脚。

(2) 正手前冲弧圈球。击出的球弧线较低，上旋力强，球速快，着台后前冲力大。运用它，可直接得分或为扣球创造机会。

动作要领：两脚开立，右脚稍后，身体略向右转，重心放在右脚上。将球拍自然地向右方引拍（约与台面齐高），拍形保持前倾。当球从台面弹起还未到达高点时，腰部向左转动，手臂向前上方挥出，前臂在上臂的带动下迅速内收，手腕部为转动。在高点期或下降期前段摩擦球的中上部，使球成较低的弧线落在对方的台面上。击球后，重心移至

左脚。

（3）正手侧旋弧圈球。它具有强烈的上旋力并带有侧旋力，所以球在对方台面着台后，除了迅速下落外，还会出现拐弯的现象，这样就给对方增加了回击的困难。

动作要领：击球前的准备姿势与加转弧圈球相似，主要是击球时，拍面呈半横立状，并略向左侧，上臂带动前臂和手腕，并结合腰部向左转动的力量，在下降期摩擦球右中部或右中上部，使球带有强烈右侧上旋。击球后，重心移至左脚。

（4）反手弧圈球。反手拉弧圈球时，由于受到身体的阻挡，手臂力量的发挥受到限制，相对来讲，没有正手弧圈球威力大，它一般是给正手扣球找机会，有时也可直接得分。

动作要领：两脚平行或右脚稍后站立，两膝微屈，重心较低。击球前，将球拍引至腹部下方，肘部略向前出，手腕后屈，拍形前倾。当球从台面弹起时，以肘关节为轴，前臂迅速向上挥动，结合手腕向上转动的力量，在下降期摩擦球的中部或中上部。在击球过程中两膝逐渐伸直，重心也随着上提。击球后，将拍挥至头部高度。

第三节　乒乓球基本战术

一、推攻战术

1. 特点

主要运用正手攻球和反手推挡的速度和力量，并结合落点变化和节奏变化来压制和调动对方，以争取主动或得分。推攻战术是左推右攻打法对付攻击型打法的主要战术，有反手推挡能力的两面攻运动员、攻削结合运动员等也常使用它。

2. 方法

（1）左推右攻。

（2）推挡侧身攻。

（3）推挡、侧身攻后扑正手。

（4）左推结合反手攻。

（5）左推、反手攻、侧身攻后扑正手。

3. 注意事项

（1）推、攻都要有线路变化、落点变化和节奏变化，这是推攻战术争取主动和创造扣杀机会的主要方法。

（2）推挡一般以压对方反手为主，然后突然变正手，以创造进攻机会。如果对方正手较差，才可以推对方正手为主。

（3）在推挡中突然加力推对方中路，使对方难以用力回击，然后用正手或侧身扣杀。

（4）遇到机会球时要果断扣杀，这是推攻战术得分的主要手段。

（5）推攻战术要坚持近台，又不能死守近台，要学会近台和中台的位置转换，掌握对手节奏。

（6）推攻战术对付弧圈类打法应坚持近台为主，用快推和加、减力推挡控制落点，伺机采用近台反拉或中等力量扣杀弧圈球，然后进入正手连续进攻。

二、两面攻战术

1. 特点

主要利用正、反手攻球技术的速度和力量压制对方，争取主动和创造扣杀机会。两面攻技术是两面攻打法对付攻击型打法的主要战术。

2. 方法

（1）攻左扣右。

（2）攻打两角，猛扣中路。

3. 注意事项

（1）正、反手攻球都要有线路变化和落点变化，以便创造扣杀机会。

（2）要以压对方反手为主，然后攻击对方正手或中路，以创造扣杀机会。

（3）遇到机会球时要大胆扣杀。

（4）两面攻战术在主动进攻情况下要坚持近台，被动情况下可适当后退，在中近台或中台进行反攻。

（5）两面攻战术对付弧圈球打法应坚持近台，用快带顶住对方的弧圈球，伺机采用近台反拉或中等力量扣杀弧圈球，然后转入连续进攻。

三、拉攻战术

1. 特点

连续运用正手快拉创造进攻机会，然后采用突击和扣杀来作为得分手段。拉攻战术是快攻打法对付削球类打法的主要战术。

2. 方法

（1）正手拉后扣杀。

（2）反手拉后扣杀。

3. 注意事项

（1）拉、扣的力量要有较大的差距，以使对方措手不及。

（2）拉球要有线路和落点变化以调动对方，争取主动和创造进攻机会。

（3）遇到机会球时要大胆扣杀或突击。

（4）采用拉攻战术要有耐心，不要急于求成，对没有把握的机会球不要过凶。

四、拉、扣、吊结合战术

1. 特点

由拉攻与放短球相结合而成，是快攻型打法对付削球打法的常用战术。

2. 方法

（1）在拉攻战术的扣杀或突击后放短球。

（2）在拉攻战术中放短球后，结合扣杀或突击。

3. 注意事项

（1）拉攻中放短球，要在对方站位较远并且来球比较近网时进行，这样放短球的落点容易靠近球网，可增加对方向前移动的距离和难度。

（2）放短球后扣杀时，如果对方靠台极近，可对准对方身体方向扣杀，这样往往使对方难以让位还击。

五、搓攻战术

1. 特点

主要运用"转、低、快、变"的搓球控制对方，以寻找战机，然后采用低突、快点或拉攻等技术展开攻势并进入连续进攻；在搓球中遇到机会球时进行扣杀，常常带有突然性，往往可以直接得分。搓攻战术是乒乓球各种打法都不可缺少的辅助战术。

2. 方法

（1）正、反手搓球结合正手快拉、快点、突击或扣杀。

（2）正、反手搓球结合反手快拉、快点、突击或扣杀。

3. 注意事项

（1）搓攻战术既要尽可能早起板，以争取主动，但又不能有急躁情绪，否则，起板容易失误。

（2）在搓球中遇到机会球时要大胆扣杀，这是搓攻战术的主要得分手段。

（3）在搓短中摆短，可使对方不易抢先进攻，故有利于创造进攻机会，以便伺机用正、反手或侧身进攻。

六、削中反攻战术

1. 特点

由削球和攻球结合而成，常以逼角加转削球为主，伺机反攻；或以转、低、稳、变的削球，迫使对手在走动中拉攻，以从中寻找机会，予以反攻。这种战术有"逼、变、凶、攻"的特点，是攻、削结合打法的主要技术。

2. 方法

（1）正、反手削球逼角，结合正手攻或侧身攻对方右侧空当。

（2）正、反手削两大角长球，结合正、反手反攻。

3. 注意事项

（1）正、反手削球都要注意旋转强度的变化。在削加转后用与削加转球相似的手法削不转球，是使对方拉出高球，以进行反攻的有效方法。

164

（2）削球时要尽可能压低弧线，以避免对方扣杀或突击。

（3）削球逼角时要适当配合削另一角，以使对方在走动中击球。

七、发球抢攻战术

1. 特点

发球抢攻战术是以旋转、线路、落点以及速度不同的发球来增加对方回击的难度，使其出现机会球，或降低回球质量，然后抢先进攻，以争取主动或直接得分，这是乒乓球所有打法特别是进攻型打法的主要战术和得分手段。

2. 方法

（1）发下旋转与"不转"抢攻。

（2）发正、反手奔球抢攻。

（3）发正、反手侧上、下旋球抢攻。

3. 注意事项

（1）发球要有线路和落点变化，以使对方前、后、左、右走动中接发球。

（2）发球后要有抢攻准备，以不失抢攻的机会。

（3）自己发什么球，对方可能以什么技术回击，要做到发球前心中有数。这样，才能较好地做好抢攻的准备。

（4）抢攻要尽可能凶，又不能过凶，否则，会影响命中率。

八、接发球抢攻战术

1. 特点

由某一单项攻球技术所形成，进攻性强，可变接发球的不利地位为主动地位，也可直接得分，是乒乓球运动各种打法特别是进攻型打法的主要战术。

2. 方法

用快点、快攻或中等力量突击进行接发球抢攻。

3. 注意事项

（1）由于接发球抢攻是在对方主动发球，自己处于被动的接发球地位时所采取的进攻性打法，所以难度较大。接发球抢攻一般不可过凶，要看准来球的旋转方向、旋转强度和高度，采用适当的方法进攻。例如对方发加转下旋球，接发球抢攻时要采用提拉手法，以免下网。同时，攻球的力量不可过大。

（2）接发球抢攻动作结束后，要立即做好对攻或连续攻的准备，以便继续处于主动地位。

（3）接发球抢攻、抢冲的力量越小，应越注意球的路线或落点，一般应多打在对方反手；若对方反手强而正手弱，则可多打在对方正手。

第四节　乒乓球比赛规则

一、球台

（1）球台的上层表面叫做比赛台面，应为与水平面平行的长方形，长 2.74 米，宽 1.525 米，离地面高 76 厘米。

（2）比赛台面不包括与球台台面垂直的侧面。

（3）比赛台面可用任何材料制成，应具有一致的弹性，即当标准球从离台面 30 厘米高处落至台面时，弹起高度应约为 23 厘米。

（4）比赛台面应呈均匀的暗色，无光泽，沿每个 2.74 米的比赛台面边缘各有一条 2 厘米宽的白色边线，沿每个 1.525 米的比赛台面边缘各有一条 2 厘米宽的白色端线。

（5）比赛台面由一个与端线平行的垂直的球网划分为两个相等的台区，各台区的整个面积应是一个整体。

（6）双打时，各台区应由一条 3 毫米宽的白色中线，划分为两个相等的"半区"。中线与边线平行，并应视为右半区的一部分。

二、球网装置

（1）球网装置包括球网、悬网绳、网柱及将它们固定在球台上的夹钳部分。

（2）球网应悬挂在一根绳子上，绳子两端系在高 15.25 厘米的直立网柱上，网柱外缘离开边线外缘的距离为 15.25 厘米。

（3）整个球网的顶端距离比赛台面 15.25 厘米。

（4）整个球网的底边应尽量贴近比赛台面，其两端应尽量贴近网柱。

三、球

（1）球应为圆球体，直径为 40 毫米。

（2）球重 2.7 克。

（3）球应用赛璐珞或类似的材料制成，呈白色或橙色，且无光泽。

四、球拍

（1）球拍的大小、形状和重量不限，但底板应平整、坚硬。

（2）底板厚度至少应有 85% 的天然木料。加强底板的黏合层可用诸如碳纤维、玻璃纤维或压缩纸等纤维材料，每层黏合层不超过底板总厚度的 7.5% 或 0.35 毫米。

（3）用来击球的拍面应用一层颗粒向外的普通颗粒胶覆盖，连同黏合剂，厚度不超过 2 毫米；或用颗粒向内或向外的海绵胶覆盖，连同黏合剂，厚度不超过 4 毫米。

① "普通颗粒胶"是一层无泡沫的天然橡胶或合成橡胶，其颗粒必须以每平方厘米不少于 10 颗、不多于 50 颗的平均密度分布整个表面。

②"海绵胶"即在一层泡沫橡胶上覆盖一层普通颗粒胶，普通颗粒胶的厚度不超过2毫米。

五、合法发球

（1）发球时，球应放在不执拍手的手掌上，手掌张开和伸平。球应是静止的，在发球方的端线之后，比赛台面的水平面之上。

（2）发球员需用手把球几乎垂直地向上抛起，不得使球旋转，并使球在离开不执拍手的手掌之后上升不少于16厘米，球下降到被击出前不能碰到任何物体。

（3）当球从抛起的最高点下降时，发球员方可击球，使球首先触及本方台区，然后越过或绕过球网装置，再触及接发球员的台区。在双打中，球应先后触及发球员和接发球员的右半区。

（4）从抛球前球静止的最后一瞬间到击球时，球和球拍应在比赛台面的水平面之上。

（5）击球时，球应在发球方的端线之后，但不能超过发球员身体（手臂、头或腿除外）离端线最远的部分。

（6）运动员发球时，应让裁判员或副裁判员看清他是否按照合法发球的规定发球。

①如果裁判员怀疑发球员某个发球动作的正确性，并且他或者副裁判员都不能确信该发球动作不合法，一场比赛中此现象第一次出现时，裁判员可以警告发球员而不予判分。

②在同一场比赛中，如果发球员或其双打同伴发球动作的正确性再次受到怀疑时，不管是否出于同样的原因，均判接发球方得一分。

③任何时候，只要发球员明显没有按照合法发球的规定发球，他将被判失一分，无须警告。

1. 合法还击

对方发球或还击后，本方运动员必须击球，使球直接越过或绕过球网装置，或触及球网装置后，再触及对方台区。

2. 比赛次序

（1）在单打中，首先由发球员合法发球，再由接发球员合法还击，然后两者交替合法还击。

（2）在双打中，首先由发球员合法发球，再由接发球员合法还击，然后由发球员的同伴合法还击，再由接发球员的同伴合法还击，此后，运动员按此次序轮流合法还击。

3. 重发球

回合出现下列情况应判重发球。

（1）如果发球员发出的球，在越过或绕过球网装置时，触及球网装置，此后成为合法发球或被接发球员或其同伴阻挡。

（2）如果接发球员或接发球方未准备好时，球已发出，而且接发球员或接发球方没有企图击球。

（3）由于发生了运动员无法控制的干扰，而使运动员未能合法发球、合法还击或遵守规则。

（4）裁判员或副裁判员暂停比赛。

4. 得一分

除被判重发球的回合，下列情况运动员得一分。

（1）对方运动员未能合法发球。

（2）对方运动员未能合法还击。

（3）运动员在发球或还击后，对方运动员在击球前，球触及了除球网装置以外的任何东西。

（4）对方击球后，该球没有触及本方台区而越过本方端线。

（5）对方阻挡。

（6）对方连击。

（7）对方运动员或他穿戴的任何东西使球台移动。

（8）对方运动员或他穿戴的任何东西触及球网装置。

（9）对方运动员不执拍手触及比赛台面。

（10）双打时，对方运动员击球次序错误。

5. 一局比赛

在一局比赛中，先得11分的一方为胜方。10平后，先多得2分的一方为胜方。

6. 一场比赛

（1）一场比赛由单数局组成。

（2）一场比赛应连续进行，除非是经许可的间歇。

7. 发球、接发球和方位的选择

（1）选择发球、接发球和这一方、那一方的权力应由抽签来决定。中签者可以选择先发球或先接发球，或选择先在某一方。

（2）当一方运动员选择了先发球或先接发球，或选择先在某一方位后，另一方运动员必须有另一个选择。

（3）在每获得两分之后，接发球方即成为发球方，以此类推，直至该局比赛结束，或者直至双方比分都达到10分或实行轮换发球法，这时，发球和接发次序仍然不变，但每人只轮发一分球。

（4）在双打的第一局比赛中，先发球方确定第一发球员，再由先接发球方确定第一接发球员。在以后的各局比赛中，第一发球员确定后，第一接发球员应是前一局发球给他的运动员。

（5）在双打中，每次换发球时，前面的接发球员应成为发球员，前面的发球员的同伴应成为接发球员。

（6）一局中首先发球的一方，在该场下一局应首先接发球。在双打决胜局中，当一方先得5分时，接发球方应交换接发球次序。

（7）一局中，在某一方位比赛的一方，在该场下一局应换到另一方位。在决胜局中，一方先得5分时，双方应交换方位。

8. 发球、接发球次序和方位的错误

（1）裁判员一旦发现发球、接发球次序错误，应立即暂停比赛，并按该场比赛开始时确立的次序，按场上比分由应该发球或接发球的运动员发球或接发球；在双打中，则按发现错误时那一局中首先有发球权的一方所确立的次序进行纠正，继续比赛。

（2）裁判员一旦发现运动员应交换方位而未交换时，应立即暂停比赛，并按该场比赛开始时确立的次序，按场上比分运动员应站的正确方位进行纠正，再继续比赛。

（3）在任何情况下，发现错误之前的所有得分均有效。

9. 轮换发球法

（1）如果一局比赛进行到10分钟仍未结束（双方都已获得至少9分时除外），或者在此之前任何时间应双方运动员要求，应实行轮换发球法。

①当时限到时，球仍处于比赛状态，裁判员应立即暂停比赛。由被暂停回合的发球员发球，继续比赛。

②当时限到时，球未处于比赛状态，应由前一回合的接发球员发球，继续比赛。

（2）此后，每个运动员都轮发一分球，直至该局结束。如果接发球方进行了13次合法还击，则判发球方失一分。

（3）轮换发球法一经实行，或一局比赛进行了10分钟，该场比赛的剩余的各局必须实行轮换发球法。

第九章 太极拳运动

第一节 认知太极拳运动

一、太极拳的发展

太极拳运动是中华民族的宝贵遗产，是五千年传统文化的结晶，也是精神文明宝库中的瑰宝。太极拳运动在我国源远流长，早在南北朝时期称做"长拳"，用于训练士兵。汉唐时期传有十五式，因其运动连绵不断称为"绵拳""柔拳"。随历史的发展，社会的变迁，太极拳的技术防御和祛病强身作用得到了不断的发展，在民间得以广泛流传，发展成为寓攻防技击和强身健体为一体的一种拳术。在太极拳发展史上最有影响和做出卓越贡献的是清乾隆年间山西民间武术家王宗岳，他在山西、河南授拳，播下了太极拳的种子，并著《太极拳论》《太极拳解》《行功心解》《搭手歌》，对后人学习、理解、研究太极拳有极大的参考作用，将太极拳运动的发展推向了一个顶峰。另外，值得一提的是河北永年人杨露禅三下陈家沟数十余载向陈长兴学习太极拳，朝夕苦练，寒暑无间，尊师敬道，终得太极拳精髓，于1851年将太极拳带入经济、文化的中心北京，才使太极拳得到广泛的发展，称杨式太极拳。随其学拳者甚多，在其影响下，吴、孙、武式太极拳相继问世，流传至今一百多年，成为以姓氏命名的杨、吴、孙、武和陈氏太极拳等。

二、太极拳运动的特点

1. 轻松柔和

太极拳的架势比较平稳舒展，动作轻松柔和，轻而不浮，松而不懈。轻，指动作进退旋转要轻灵、沉稳、圆活。松，首先是思想放松，即心静，排除杂念一心练拳。身体各关节肌肉全都放松达到全身放松。柔和就是用力要轻，动作要慢，快与慢是相对的，在缓慢的动作中保持轻灵，体现内外相合。

2. 连贯均匀

连贯指各个姿势动作前后衔接要一气呵成，好像行云流水一样。太极拳的均匀不仅指动作还指用力，每个动作做完应微微一沉，似停非停，立刻接做下一个动作。这种完整如一、连贯一气，"如行云流水"的均匀是太极拳特殊的速度、节奏。

3. 圆活自然

太极拳运动不同于其他运动，上肢动作处处呈弧形，这种弧形的生理曲线不仅符合人体各关节自然的生理结构，同时特别能体现动作的柔和，克服直来直往的僵硬，便于太极拳导引内气的动作效果。

4. 完整协调

太极拳的动作都是以腰为轴，躯干的活动带动手脚的，所以不管是单个动作还是全套动作的演练都是上下相随、内外相合、一动无不动、周身一家的。

三、太极拳运动的风格

中正安定，舒展自然（姿势）轻灵沉稳，圆活连贯（动作）；
其于腰腿，周身相合（协调）虚实刚柔，松整合顺（劲力）；
动中寓静，意领神随（意念）心静体松，呼吸平顺（节奏）。

四、各式太极拳的风格特点

杨式：舒展中正，柔中有刚，圆活饱满，沉稳浑厚。
陈式：缠绕折叠，松活弹抖，快慢相间，蓄发互变。
吴式：轻松柔活，紧凑舒展，川字步型，斜中寓正。
孙式：开合相间，转换灵活，进跟退撤，身到意合。
武式：兼收各式，融为一体，中正安静，转换合顺。

五、太极拳运动的健身作用

经常参加太极拳运动对神经系统有良好的影响，能使人精神饱满，思路敏捷，对调节全身各部的正确姿势也是非常重要的。另外，还能使人克服不良的身体姿势，提高肌肉的力量，特别是提高各肌群的协调能力，对提高肌肉的代谢能力有积极的作用。太极拳运动对预防、治疗癌症有一定的作用，是预防高血压、降低血脂和防治心血管疾病的最好锻炼方法；通过打太极拳，能有效地调节体内的阴阳平衡，使内气开合、升降、聚散有度，这种特殊的生理状态是祛病疗症、增强体质、提高健康水平的传统锻炼方法。

第二节　二十四式简化太极拳

预备姿势：身体自然直立，两臂自然下垂，下颌微回收，口微闭，上齿轻叩下齿，舌抵上腭，精神集中，全身放松，如图9-1所示。

1. 起势

两脚开立：左脚向左迈出一步，两脚与肩同宽，如图9-2所示。
两臂前举：两臂慢慢向前平举至两手高与肩平，两肘微下垂，两肩松沉，两手手心向下，如图9-3和图9-4所示。
屈膝按掌：两腿慢慢屈膝成半蹲，随屈膝下蹲，两臂慢慢下落，两掌轻轻下按至与腹部同高，如图9-5所示。

图9-1　　　图9-2　　　图9-3　　　图9-4　　　图9-5

2. 左右野马分鬃

1）左野马分鬃

抱球收脚：上体微向右转至面向南偏西，身体重心置于右腿上。同时右手略上提收在胸前，右臂在右胸前平屈，右手手心向下，左手手心逐渐翻转向上，右臂屈肘向右下方划弧至与腹同高，两手手心上下相对，在胸前右侧成抱球状，如图9-6所示。左脚收到右脚内侧，脚尖点地，眼看右手，如图9-7所示。

转体迈步：上体向左转至面向南偏东，随之左脚向左前侧方迈出一步，脚跟着地；右腿保持原屈膝程度承担体重，两脚跟之间的横向距离约12 cm。随转体和左脚迈出，两手开始分别向右上、右下斜线分开，视线随左手移动，如图9-8和图9-9所示。

弓步分手：上体继续向左转至面向东方；随转体左脚全脚掌逐渐踏实，左脚尖正向东方，左腿屈膝慢慢向前弓出，身体重心逐渐前移至偏于左腿，左膝与左脚尖上下相对在一条垂直线上；右腿自然伸直，右脚跟后蹬稍外展，成左弓步；随转体两手继续分别向左上、右下斜线分开，视线随左手移动，直至左手向左上移至体前，高与眼平；手心斜向上，展掌、舒指；右手向右下方落按于右胯旁，手心向下，指头朝前，最后眼看左手，如图9-10所示。

图9-6　　　图9-7　　　图9-8　　　图9-9　　　图9-10

2）右野马分鬃

后坐跷脚：右腿屈膝，上体慢慢后坐，身体重心移至右腿；左脚尖翘起，同时上体微向左转，两手开始边翻掌边划弧，准备"抱球"。眼看左手，如图9-11所示。

抱球跟脚：上体继续左转。同时两手继续划弧，左手在上，右手在下，在胸前左侧成抱球状。身体重心慢慢移至左腿；随即右脚跟进至左脚内侧，脚尖点地，眼看左手如图9-12和图9-13所示。

转体迈步：动作与左野马分鬃相同，只是左右式相反，且转体幅度稍小些，如图9-14所示。

图 9－11 　　　　图 9－12 　　　　图 9－13 　　　　图 9－14

弓步分手：与左野马分鬃相同，只是左右式相反，如图 9－15 所示。

3）左野马分鬃

后坐跷脚、抱球跟脚：与右野马分鬃相同，只是左右相反，如图 9－16、图 9－17 和图 9－18 所示。

图 9－15 　　　　图 9－16 　　　　图 9－17 　　　　图 9－18

转体迈步、弓步分手：与左野马分鬃相同，如图 9－19 和图 9－20 所示。

3. 白鹤亮翅

跟步抱球：上体微向左转。右脚脚跟先离地，随即向前跟进半步，前脚掌着地，身体重心仍在左腿。同时左手翻掌向下，平屈于胸前；右手翻掌向上，向左方划弧至左腹前，两手手心上下相对，在胸前左侧成抱球状。眼看左手，如图 9－21 和图 9－22 所示。

图 9－19 　　　　图 9－20 　　　　图 9－21 　　　　图 9－22

后坐转体：上体微向右转，右脚全脚掌踏实，身体后坐，身体重心移至右腿。同时两手随转体开始向右上、左下分开。视线随右手移动，如图 9－23 所示。

虚步分手：身体微向左转至面向前方。同时两手继续向右上、左下分开，右手上提停于额前右侧，手心斜向左后方，虎口朝上，展掌、舒指；左手下按至左胯前，手心向下，指尖朝前，坐腕、展掌、舒指。同时左脚稍向前移，脚前掌着地，膝部微屈成左虚步，眼看前方，如图 9－24 所示。

4. 左右搂膝拗步

1）左搂膝拗步

转体落手：上体微向左转。同时右手微向右、向下翻掌，由额前下落至面前；左手开始外旋向上翻掌。眼看前方，如图 9－25 所示。

图9-23　　　　图9-24　　　　图9-25

转体收脚：上体向右转。随转体右手继续下落，经胯侧再向右后上方划弧至与耳同高，手心斜向上；左手由左胯侧向上经面前再向右下划弧至右肩前，肘部略低于腕部，手心斜向下。同时左脚收至右脚内侧，脚尖点地，身体重心在右腿。眼看右手，如图9-26、图9-27和图9-28所示。

迈步屈肘：上体微向左转。右腿保持原屈膝程度，身体重心仍在右腿；随转体，左脚向左前侧方迈出一步，脚跟着地，两脚跟的横向距离约30 cm。同时右臂屈肘将右手收至右耳侧，虎口对耳，掌心斜向左下方；左手下落至右腹前，手心向下。眼转看前方，如图9-29和图9-30所示。

图9-26　　　　图9-27　　　　图9-28　　　　图9-29

弓步推搂：上体继续左转至面向前方。左脚掌踏实，左腿弓屈，右腿自然伸直成左弓步；身体重心主要移至左腿，上体正直，松腰松胯。同时右手从耳侧向前推出，手指高与鼻平，推掌时沉肩垂肘，推到顶点时要坐腕、展掌、舒指；左手继续向前、向下、向左划弧由膝前搂过，按在左胯侧稍偏前，手心向下，指尖朝前，坐腕、展掌、舒指。眼看右手，如图9-31所示。

2）右搂膝拗步

后坐跷脚：右腿屈膝，上体后坐，身体重心移至右腿；左腿自然伸直，左脚尖跷起，略向外撇；同时上体微向左转。同时两手放松，开始翻掌划弧。眼看右手，如图9-32所示。

转体跟脚：上体继续左转。同时左脚掌逐渐踏实，左腿屈膝前弓，重心移至左腿；右脚跟至左脚内侧，脚尖点地。同时两手继续划弧，左手由胯侧边向上翻掌、边向左后上方划弧至手与耳同高，手心斜向上；右手由右侧向上经面前向左下划弧至左肩前，肘部略低于腕部，手心斜向下。眼看左手，如图9-33和图9-34所示。

图9-30　　　　图9-31　　　　图9-32　　　　图9-33

迈步屈肘、弓步推搂：与左搂膝拗步相同，只是左右式相反，如图9－35、图9－36和图9－37所示。

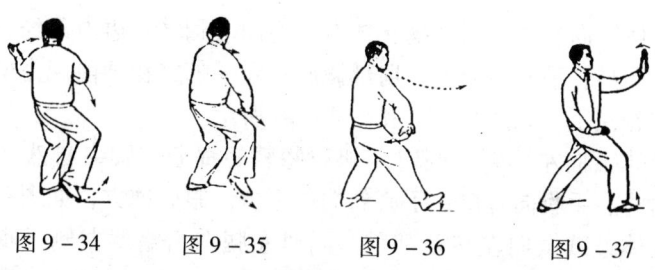

图9－34　　图9－35　　图9－36　　图9－37

3）左搂膝拗步

后坐跷脚、转体跟脚：与右搂膝拗步相同，只是左右式相反，如图9－38、图9－39和图9－40所示。

图9－38　　图9－39　　图9－40

迈步屈肘、弓步推搂：同前左搂膝拗步，如图9－41、图9－42和图9－43所示。

图9－41　　图9－42　　图9－43

5. 手挥琵琶

跟步松手：身体重心移至左腿，右脚向前跟进半步，前脚掌着地，如图9－44所示。

后坐挑掌：身体后坐，重心移至右腿，随右脚踏实上体稍向右转，左脚跟离地。随转体左掌由下向左、向上划弧挑至体前，掌心斜向前下方，高与鼻平；右臂屈肘回带，右手收至胸前，掌心斜向前下方。视线随右手移动，如图9－45所示。

虚步合臂：上体微向左回转，但仍保持稍向右侧身状。同时，左脚稍向前移，脚跟着地，膝部微屈，成左虚步；两臂向里相合，左手心向右，高与鼻平；右手合在左前臂里侧，手心向左；两臂肘部均微屈。眼看左手，如图9－46所示。

图9－44　　图9－45　　图9－46

175

6. 左右倒卷肱

1) 左倒卷肱

转体撤手：上体微向右转。同时随转体右手边向上翻掌，边由下经右胯侧向右后上方划弧，平举至与耳同高，手心斜向上，肘部微屈；左手随之在体前翻掌向上。眼随转体先略向右肩再转向前看左手，如图9-47和图9-48所示。

提膝屈肘：上体微向左回转。同时左腿屈膝轻轻提起，脚尖自然下垂，准备向后退步。同时右臂屈肘将右手收向耳侧，手心斜向前下方。眼看前方，如图9-49所示。

退步错手：上体继续微向左转至朝前。同时左腿向后略偏左侧退步落下，前脚掌着地，身体重心仍在右腿。同时右手经耳侧开始向前推出，手心向前下方。左手开始向后收回，手心向上。右手在上、左手在下，两手在体前交错，眼看右手，如图9-50所示。

虚步推掌：身体重心后移至左腿，右脚以前脚掌为轴将脚扭正（成脚尖朝前），右膝微屈成右虚步。右臂沉肩垂肘，右掌继续前推，推到顶点时，手指高与鼻平。左掌继续向下、向后划弧收回至左胯侧，掌心向上。眼看右手，如图9-51所示。

图9-47　　图9-48　　图9-49　　图9-50　　图9-51

2) 右倒卷肱

转体撤手：同时左手由左胯侧向左后上方划弧举至与耳同高，手心斜向上，肘部微屈。右手随之翻掌向上，如图9-52所示。

提膝屈肘、退步错手、虚步推掌：与左倒卷肱中的动作相同，只是左右式相反，如图9-53、图9-54和图9-55所示。

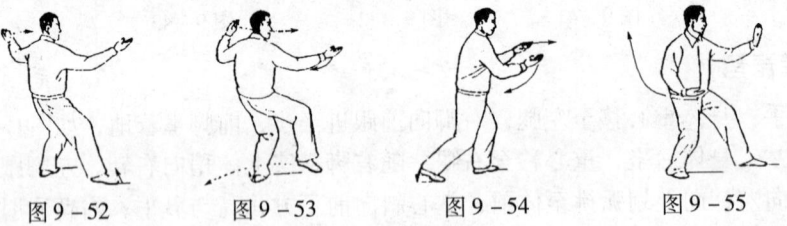

图9-52　　图9-53　　图9-54　　图9-55

3) 左倒卷肱

转体撤手：同右倒卷肱中的动作，只是左右式相反，如图9-56所示。

提膝屈肘、退步错手、虚步推掌：与左倒卷肱中相同，如图9-57、图9-58和图9-59所示。

图9-56　　图9-57　　图9-58　　图9-59

4）右倒卷肱

转体撤手、提膝屈肘、退步错手、虚步推掌：与前式右倒卷肱和左倒卷肱相同，方向相反，如图 9-60~图 9-63 所示。

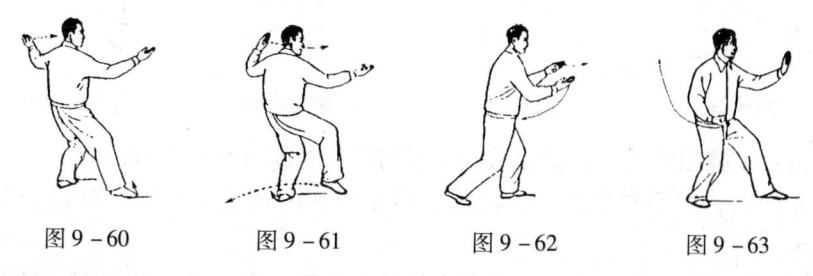

图 9-60　　　图 9-61　　　图 9-62　　　图 9-63

7. 左揽雀尾

转体撤手：上体微向右转。同时右手由胯侧向右后上方划弧举至与肩同高，手心向右上方，肘部微屈；左手在体前放松成手心向下，两臂约成侧平举状。视线随转体向右方移动，如图 9-64 所示。

抱球收脚：上体继续右转。同时右臂向胸前平屈，手心翻转向下；左前臂外旋，左手由体前划弧下落至右腹前，手心向上，两手上下相对成抱球状。同时左脚收至右脚内侧，脚尖点地；身体重心仍在右腿上。眼看右手，如图 9-65 和图 9-66 所示。

迈步分手：上体微向左转。同时左脚向左前方迈出，脚跟着地，两脚脚跟横向距离不超过 10 cm，如图 9-67 所示。

图 9-64　　　图 9-65　　　图 9-66　　　图 9-67

弓腿臂：左脚掌逐渐踏实，左腿屈膝前弓，右腿自然伸直，身体重心前移成左弓步。同时左臂平屈成弧形，腕高与肩平，手心向里；右手向右下方划弧落按于右胯旁，手心向下，四脂朝前，眼看左前臂，如图 9-68 所示。

转体伸臂：上体微向左转。随转体左前臂内旋，左手向左前方伸出，手心向下；右前臂外旋，右手经腹前向上、向左前伸至左前臂里侧，手心向上。眼看左手，如图 9-69 所示。

转体后捋：上体向右转。同时随转体两手向下经腹前向右后上方划弧后捋，直至右手手心斜向上，高与耳平；同时右腿屈膝，身体后坐，身体重心逐渐移到右腿。眼看右手，如图 9-70 所示。

转体搭手：上体向左转至面向前方。同时右臂屈肘将右手收回，手心向前，两肘部略低于腕部。眼看左腕，如图 9-71 所示。

177

图 9-68 　　　　图 9-69 　　　　图 9-70 　　　　图 9-71

弓腿前挤：左腿屈膝前弓，身体重心慢慢前移，右腿自然伸直成左弓步，同时左手心向里，右手心向前，双手与肩同高，向前慢慢挤出，两臂呈半圆形。眼看左手腕部，如图 9-72 所示。

后坐收掌：左前臂内旋，左手向下翻掌，手心向下；右手手心转向下，经左腕上方向前伸出，随之两手左右分开，与肩同宽。然后右腿屈膝，上体慢慢后坐，身体重心移到右腿，左脚尖翘起。后坐的同时，两臂屈肘，两手沿弧线收至腹前，手心都向前下方。眼看前方，如图 9-73、图 9-74 和图 9-75 所示。

弓步按掌：左腿屈膝前弓，重心慢慢前移，右腿成左弓步，上体正直，松腰松胯。同时两手向上，向前沿弧线按出，与肩同宽，手心均向前，按到顶点时腕部高与肩平，眼看前方，如图 9-76 所示。

图 9-72 　　　　图 9-73 　　　　图 9-74 　　　　图 9-75 　　　　图 9-76

8. 右揽雀尾

转体扣脚：右腿屈膝，上体后坐向右转身，身体重心移至右腿，同时右手掌心向外、经面前向右平行划弧至右侧，手心向前，两臂成侧平举状，如图 9-77 和图 9-78 所示。

抱球收脚：左腿屈膝，身体重心移回左腿，上体微左转，右脚收至左脚内侧，脚尖点地。同时左臂向胸前平屈，手心向下；右手由体前右侧边向上翻掌边划弧下落至左腹前，手心向上；两手手心相对成抱球状。眼看左手，如图 9-79 和图 9-80 所示。

图 9-77 　　　　图 9-78 　　　　图 9-79 　　　　图 9-80

其余动作同左揽雀尾，只是左右式相反，如图 9-81～图 9-90 所示。

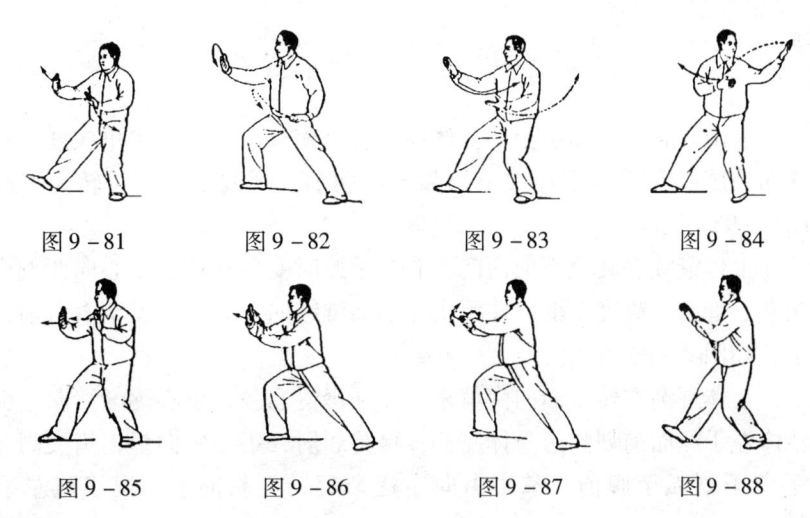

图 9-81　　　　图 9-82　　　　图 9-83　　　　图 9-84

图 9-85　　　　图 9-86　　　　图 9-87　　　　图 9-88

9. 单鞭

转体扣脚：上体后坐，重心移至左腿，右脚尖里扣。同时上体向左转，随转体左手经面前向左平行划弧至身体左侧，手心向左，指尖朝上，右手随转体向下经腹前向左划弧至左肋前，手心向后上方。视线随左手移动，如图 9-91 和图 9-92 所示。

图 9-89　　　　图 9-90　　　　图 9-91　　　　图 9-92

勾手收脚：上体右转至南偏西，右腿屈膝，重心移至右腿，左脚收至右脚里侧，脚尖点地。同时右手随转体向右上方划弧，手心由向里逐渐翻转向外，经面前至身体右侧变勾手，腕高与肩平，左手向下经腹前向右上划弧，手心逐渐转向里，最后停于右肩前。视线随右手移动，最后眼看右勾手，如图 9-93 和图 9-94 所示。

转体迈步：上体微向左转，随之左脚向左前侧方（即正东中线略偏北侧）迈出，脚跟着地，脚尖略外撇，两脚脚跟横向距离不超过 10 cm。同时左手随上体左转经面前平行划弧向左移动，手心逐渐向外翻转。在此动开始时，视线随左手移动，如图 9-95 所示。

弓步推掌：上体继续左转至面向东稍偏北。随转体左脚全脚掌踏实，左腿屈膝前弓，成左弓步，同时随转体身体重心逐渐移向左腿，左掌慢慢翻转向前推出，最后手心向前，腕与肩平，坐腕、展掌、舒指。右臂在身体右后方，勾手与肩同高，视线随左手移动，最后眼看左手，如图 9-96 所示。

图 9-93　　　　图 9-94　　　　图 9-95　　　　图 9-96

179

10. 云手

1）云手一

转体扣脚：右腿屈膝，上体后坐，上体向右转至南偏西，左脚尖里扣朝向正南方，身体重心逐渐移向右腿。左手向下经腹前划弧至右肋前。视线由看左手转为平视前方，如图9-97和图9-98所示。

转体撑掌：上体继续右转至面向西南。右勾手此时变掌外撑，掌心向西偏南，沉肩垂肘、坐腕、展掌、舒指，高度不变；左手由左肋前继续向上向右划弧至右肩前，掌心斜向里。眼看右手，如图9-99所示。

转体云手：上体逐渐左转至面向南偏东，左腿慢慢屈膝，重心逐渐移向左腿，右脚逐渐离地。随转体左手经面前划弧至身体左侧，保持屈肘，手心斜向里，指尖高与鼻平；同时随转体右手向下划弧至腹前，掌心由向右逐渐翻转至斜向上。视线随左手移动，如图9-100所示。

图9-97　　图9-98　　图9-99　　图9-100

撑掌收步：上体继续向左转至面向东南。重心移至左腿；右脚前掌随即轻轻提起，收向左脚内侧（相距10~12 cm）轻轻落地，前脚掌先着地，全脚掌再踏实，同时左手翻掌外撑，腕与肩平，掌心向东偏南，右手由腹前继续向左上方划弧至左肩前，手心斜向里。视线随左手移动，最后眼看左手，如图9-101所示。

2）云手二

转体云手：上体渐向右转至南偏西；重心移向右腿，左脚跟逐渐离地。同时右手（掌心向里、虎口朝上）随转体经面前平行划弧至身体右侧，掌心向左，腕与肩平；左手随转体向下向右经腹前划弧至右肋前，掌心由左逐渐翻转至斜向里。视线随右手移动，如图9-102和图9-103所示。

撑掌出步：上体继续向右转至西南；重心移至右腿，左脚前掌随之轻轻提起，向左横跨一步，轻轻落下，前脚掌先着地，随即全脚踏实，同时右手翻掌外撑，掌心向西偏南，腕与肩平；左手由肋前继续向右上方划弧至右肩前，掌心斜向里。视线随右手移动，最后眼看右手，如图9-104所示。

转体云手、撑掌收步：动作同云手一，如图9-105和图9-106所示。

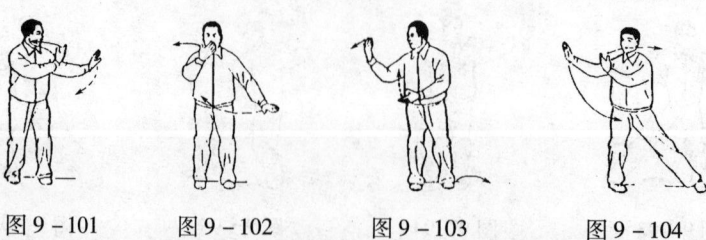

图9-101　　图9-102　　图9-103　　图9-104

3）云手三

动作与云手一相同，最后右脚收近左脚落地时，脚尖微里扣，以便于接做单鞭的弓步，如图9－107～图9－111所示。

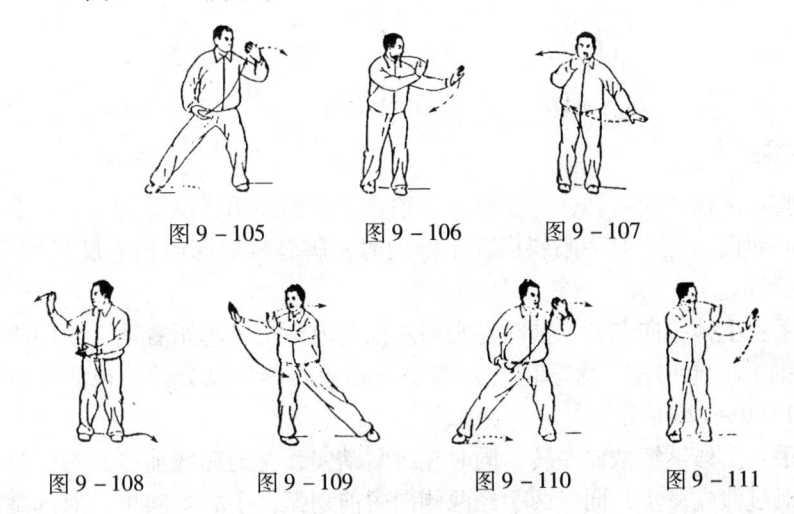

图9－105　　图9－106　　图9－107

图9－108　　图9－109　　图9－110　　图9－111

11. 单鞭

转体勾手：上体右转至南偏西。同时随转体右手经面前平行向右划弧至身体右侧，掌心由斜向里逐渐向外翻转至右前方变勾手；左手向下经腹前向右上划弧至右肩前，掌心由向左前方逐渐翻转至斜向里。同时随转体重心移至右腿，左脚跟轻轻离地。视线随右手移动，最后眼看右勾手，如图9－112、图9－113和图9－114所示。

转体迈步、弓步推掌：同前式单鞭，如图9－115和图9－116所示。

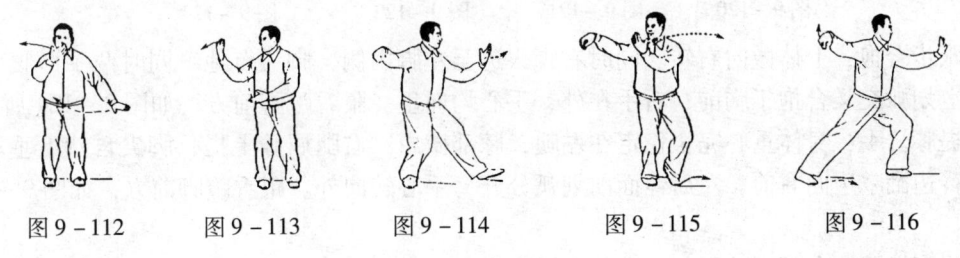

图9－112　　图9－113　　图9－114　　图9－115　　图9－116

12. 高探马

跟步松手：身体重心继续前移，右脚向前跟进半步，前脚掌着地。同时左手逐渐放松成掌心向下，右勾手开始松开变掌。眼看左手，如图9－117所示。

后坐翻掌：右脚全脚掌踏实，右腿屈膝后坐，身体重心移至右腿，左脚跟随之逐渐离地；同时上体微向右转。同时右勾手变掌，两手心翻转向上，两肘微屈。视线随转体移动，如图9－118所示。

虚步推掌：上体微向左转至面向前方。同时左脚稍向前移，脚前掌着地，膝部微屈成左虚步，上体正直，松腰松胯。同时右臂屈肘，右手经耳侧向前推出，推到顶点，手心向前，高与眼平；左手收至左侧腰前，手心向上。眼看右手，如图9－119所示。

图 9-117 　　　　图 9-118 　　　　图 9-119

13. 右蹬脚

穿掌提脚：上体微向右转，左手经右手腕背面向前穿出，两手交叉，手背相对，腕与肩平，左手心斜向后上、右手心斜向前下。同时左脚轻轻提起收向右腿里侧。眼看左手，如图 9-120 所示。

迈步分手：上体微向左转。同时左脚向左前侧方迈出，脚跟着地，两脚跟横向距离约 10 cm，脚尖向前。同时左手翻掌向外，两手开始向两侧划弧分开。视线随左手移动，如图 9-121 和图 9-122 所示。

弓步抱手：上体继续微向左转。同时左脚掌踏实，左腿屈膝前弓，右腿自然伸直，身体重心前移成过渡左弓步，同时两手经两侧向腹前划弧，手心斜向里，肘部微屈。眼看右前方，如图 9-123 所示。

图 9-120 　　图 9-121 　　图 9-122 　　图 9-123

跟步合抱：上体微向右转。同时右脚跟进至左脚内侧，脚尖点地。同时两手由腹前继续向上划弧交叉合抱于胸前，右手在外，手心均向里。眼看蹬脚前方，如图 9-124 所示。

提膝分手：身体重心完全稳定在左腿，膝部微屈；右腿屈膝上提，脚尖自然下垂。同时两臂边翻掌边向右前、左后经面前划弧分开，手心转向外。跟看蹬脚前方，如图 9-125 所示。

蹬脚撑臂：右脚脚尖回勾向右前方慢慢蹬出，右腿蹬直，力在脚跟。同时两臂继续向右前、左后划弧平举撑开，肘部微屈，腕与肩平，手心均斜向外，眼看右手，如图 9-126 所示。

图 9-124 　　图 9-125 　　图 9-126

14. 双峰贯耳

收腿落手：右腿小腿收回，屈膝平举，脚尖自然下垂。左手由后向上、向前下落至体前，两手心均翻转向上，随之两手同时由体前向下划弧分落于右膝两侧。眼看前方，如图 9－127 和图 9－128 所示。

迈步分手：右腿向前方落下，脚跟着地，脚尖向前，两脚跟横向距离不超过 10 cm。同时两手继续下落至胯两侧，手心斜向前上，准备变拳。眼看前方，如图 9－129 所示。

弓步贯拳：右脚掌逐渐踏实，右腿屈膝前弓，身体重心慢慢前移，左腿自然伸直成右弓步，同时两手握拳分别从两侧向上向前划弧贯至面前，沉肩垂肘，两臂保持弧持，两拳高与耳齐，相距 10～12 cm，拳眼斜向内，呈钳形。眼看右拳，如图 9－130 所示。

图 9－127　　图 9－128　　图 9－129　　图 9－130

15. 转身左蹬脚

转体扣脚：左腿屈膝后坐，身体重心移至左腿，上体向左后转，右腿尖里扣 90°。同时两拳变掌，由上向左右划弧分至两侧平举，手心斜向外，肘部微屈。眼看左手，如图 9－131 和图 9－132 所示。

收脚合抱：右腿屈膝后坐，身体重心再移到右腿，左脚收到右脚内侧，脚尖点地。同时两手向下划弧经腹前再向上合抱于胸前，左手在外，手心均向里。眼看前方，如图 9－133 和图 9－134 所示。

图 9－131　　图 9－132　　图 9－133　　图 9－134

提膝分手：身体重心完全移于右腿，右膝微屈；左腿屈膝上提，脚尖自然下垂。同时两臂边翻掌边向左前、右后经面前划弧分开，手心转向外。眼看左前方蹬脚的方向，如图 9－135 所示。

蹬脚撑臂：左脚脚尖回勾，向左前方慢慢蹬出，左腿蹬直，力在脚跟。同时两臂继续向左前、右后划弧平举撑开，如图 9－136 所示。

16. 左下势独立

收腿勾手：左腿屈膝收回平屈（脚不可落地），随之上体向右转。同时右掌变勾手，左手向上、向右经面前划弧下落至右肩前，手心斜向后。眼看右勾手，如图 9－137 和图 9－138 所示。

183

图9-135 　　　图9-136 　　　图9-137 　　　图9-138

蹲身仆步：右腿慢慢屈膝半蹲，重心仍在右腿，左脚下落向左侧偏后伸出，成左仆步；眼仍看右勾手，如图9-139所示。

转体穿掌：重心仍在右腿上，左手一边向外翻转一边继续下落，沿左腿内侧划弧向前穿出，上体不要过于前俯。眼看左手，如图9-140所示。

弓腿起身：身体重心前移，上体微左转向前起身，成为左弓步状。同时左臂继续向前穿，立掌挑起，手心斜向右；右勾手在身后下落，右臂伸直后举，勾尖转向上。眼看左手，如图9-141所示。

提膝挑掌：重心继续前移，右腿慢慢屈膝提起，脚尖自然下垂，左腿微屈支撑体重成独立式，右勾手下落变掌，由后下方顺右腿外侧向前划弧挑起，屈臂置于右腿上方，手心斜向左，左手下落按于左胯旁，手心向下，四指朝前，眼看右手，如图9-142和图9-143所示。

图9-139 　　　图9-140 　　　图9-141 　　　图9-142 　　　图9-143

17. 右下势独立

落脚勾手：右脚下落于左脚右前方，以左脚前掌为轴脚跟内转，重心在左腿。左手向左后上方平举变勾手，腕与肩平，右手随转体经面前向左划弧至左肩前，手心斜向后，如图9-144和图9-145所示。

蹲身仆步：左腿慢慢屈膝半蹲，右脚向右侧偏后伸出，成右仆步；右手开始下落前穿。眼仍看左勾手，如图9-146所示。

转体穿掌、弓腿起身、提膝挑掌：与左下势独立相同，只是左右式相反，如图9-147～图9-150所示。

图9-144 　　　图9-145 　　　图9-146

图 9-147 　　　　图 9-148 　　　　图 9-149 　　　　图 9-150

18. 左右穿梭

1）左穿梭

落脚坐盘：左脚向前方稍偏左侧落地，脚尖外撇，脚跟先着地，随之身体重心略向前移，左脚踏实，身体微向左转，两腿屈膝成半坐盘式。同时两手划弧，准备抱球，如图 9-151～图 9-153 所示。

抱球跟脚：身体重心继续前移，由左腿支撑体重，右脚跟至左脚内侧，脚尖点地。同时上体继续微左转，两手左上右下在左胸前成抱球状。眼看左手，如图 9-154 所示。

图 9-151 　　　　图 9-152 　　　　图 9-153 　　　　图 9-154

迈步滚球：身体右转。同时右脚向右前方迈出，脚跟着地，两脚跟的横向距离约 30 cm，身体重心仍在左腿。同时右手一边翻掌一边划弧上举至面前，左手向左下划弧至左肋侧，两手动作如同将所抱之"球"加以翻滚状。眼看右前方，如图 9-155 和图 9-156 所示。

弓步推架：右脚掌踏实，右腿屈膝前弓，重心前移，成右弓步，左手由肋侧经胸前向前上方推出，推到顶点时，手心向前；右手继续翻掌向上举架，停于右额前上方，眼看左手，如图 9-157 所示。

2）右穿梭

后坐跷脚：上体微左转。同时左腿收屈，上体微后坐，右腿伸展，重心后移至左腿，右脚尖翘起微外撇。眼看左手，如图 9-158 所示。

图 9-155 　　　　图 9-156 　　　　图 9-157 　　　　图 9-158

抱球跟脚：体微右转。同时身体重心前移至右腿，左脚跟进至右脚内侧，脚尖点地。同时两手右上左下在右胸前成抱球状。眼看右手，如图 9-159 和图 9-160 所示。

迈步滚球、弓步推架：动作与左穿梭相同，只是左右式相反，如图9-161、图9-162和图9-163所示。

图9-159　　图9-160　　图9-161　　图9-162　　图9-163

19. 海底针

跟步松手：身体重心移至左腿，右脚向前跟进半步，前脚掌着地。同时两手放松并开始划弧下落。眼看右手，如图9-164所示。

后坐提手：上体微向右转，右脚以前脚掌为轴，脚跟微内转，随即逐渐踏实，重心移至右腿，左脚脚跟随之离地。同时右手下落经右胯侧向后、向上抽提至耳侧，手心向左，指尖朝前；左手经体前向前、向下划弧下落至腹前，手心向下，指尖斜向右。眼看右前方，如图9-165所示。

虚步插掌：上体微向左转至面向前方。同时右手从耳侧向斜前下方插下，手心向左，指尖朝前下，展掌、舒指；左手从腹前经左膝前划弧按在胯前左侧，手心向下，指尖朝前，坐腕、展掌、舒指。同时左脚稍前移，膝部微屈，脚前掌着地成左虚步。眼看前下方，如图9-166所示。

图9-164　　　　　图9-165　　　　　图9-166

20. 闪通臂

提手收脚：左脚提起收向右腿里侧。同时右手经体前上提至肩前，手心向左，指尖朝前，左手经胸前上提至右腕里侧下方，手心向右，指尖斜向上。眼看前方，如图9-167所示。

迈步分手：上体微右转。同时左脚向左前方迈出，脚跟着地，两脚跟横向距离不超过10 cm，身体重心仍在右腿。同时两手开始一边翻掌一边分别前推、上撑。眼看右前方，如图9-168所示。

弓步推撑：上体微向左转至面向前方。左腿屈膝前弓，右腿自然伸直成左弓步同时左手一边翻掌一边向体前推出，手心向前，右手翻掌屈臂上撑在额右侧上方，手心斜向上，如图9-169所示。

21. 转身搬拦捶

转体扣脚：右腿屈膝后坐，重心移至右腿，上体向右转，左脚尖尽量里扣。同时右手

开始向后划弧下落，左手开始划弧上举。眼看右前方，如图9-170所示。

图9-167 　　　　图9-168 　　　　图9-169 　　　　图9-170

坐身握拳：左腿屈膝后坐，重心移至左腿；右脚跟离地并以右脚前掌为轴微向内转。同时右手继续向下、向左划弧，在腹前屈臂握拳，拳心向下；左手继续屈臂上举，手在额左前上方，掌心斜向上方。眼看东偏北，如图9-171所示。

踩脚搬拳：上体向右转至面向前方。同时右脚提起收回后不点地即向前垫步迈出，脚跟先着地随即全脚掌踏实，身体重心仍在左腿。同时右拳经胸前向体前翻转搬出，左手经右前臂外侧下落按于左胯旁，手心向下，指尖朝前。眼看右拳，如图9-172和图9-173所示。

图9-171 　　　　　　图9-172 　　　　　　图9-173

转体旋臂：上体微向右转至南偏东。同时右腿屈膝，身体重心大部前移至右腿，随转体左腿屈膝，左脚跟离地。同时左掌经左侧向前上划弧拦出，手心斜向右下方；右拳经右侧内旋划弧收回，拳心转向下，右臂平屈于胸前右侧，肘略低于腕部。眼看右前方，如图9-174所示。

上步拦掌：左脚向前迈出，脚跟着地，两脚脚跟横向距离不超过10 cm，身体重心落在右腿。同时上体微向左转至面向前方。同时左掌边外旋边继续向前上拦至顶点，右拳继续外旋外至右腰旁，拳心转向上。眼看左手，如图9-175和图9-176所示。

弓步打拳：左脚屈膝前弓，重心慢慢前移，右腿自然伸直成左弓步，同时右拳一边内旋一边向前打出，眼看右拳，如图9-177所示。

图9-174 　　　　图9-175 　　　　图9-176 　　　　图9-177

22. 如封似闭

穿掌翻手：左手边翻掌向上边由右腕下向前伸出，右拳变掌并随之翻转向上，两手交叉，随即分开，与肩同宽，手心均向上，平举于体前。眼看前方，如图9-178和图9-

179 所示。

后坐收掌：右腿屈膝，上体慢慢后坐，身体重心移到右腿，左脚尖翘起。眼看前方，如图9-180和图9-181所示。

图9-178　　　　图9-179　　　　图9-180 　　　　图9-181

弓步按掌：左脚掌踏实，左腿屈膝前弓，身体重心慢慢前移，右腿自然伸直成左弓步，上体正直，松腰松胯。同时两手向上、向前推出，与肩同宽，手心均向前，按到顶点时，腕部高与肩平，沉肩垂肘，坐腕、展掌、舒指。眼看前方，如图9-182和图9-183所示。

23. 十字手

退步分手：右腿屈膝后坐，身体重心移向右腿，并向右转体至朝南，左脚尖里扣，指向正南。同时右手开始经面前向右平摆划弧。眼看右手，如图9-184所示。

图9-182　　　　图9-183　　　　图9-184

弓腿分手：身体继续微向右转至朝南偏西，重心继续右移，右脚尖外撇，右腿弓屈，左腿自然伸直成右侧弓步。同时右手继续向右平摆划弧，成两臂侧平举状，两手手心斜向前，肘部微屈。眼看右手，如图9-185所示。

坐腿扣脚：身体微向左转至朝南，重心慢慢移向左脚，右脚尖先里扣，随之右脚跟离地内转。同时两手开始向下、向里划弧。视线随右手移动，如图9-186所示。

收脚合抱：身体重心移稳在左腿，右脚轻轻提起向左收回，在距离左脚约一肩宽处落地，前脚掌先着地，随即全脚掌踏实，脚尖朝前，随之身体慢慢直立。同时两手继续下落经腹前再向上划弧交叉合抱于胸前，右手在外，手心均向里，两臂撑圆，腕高与肩平。眼看前方，如图9-187所示。

图9-185 　　　　图9-186 　　　　图9-187

24. 收势

翻掌前撑：两手向外翻掌前撑，如图 9-188 所示。

分手下落：两臂慢慢分开下落至两胯侧，如图 9-189 和图 9-190 所示。

收脚还原：身体重心慢慢移至右腿，左脚脚跟先离地随即全脚轻轻提起收至脚旁，前脚掌先着地，随即全脚踏实，如图 9-191 所示。

图 9-188 　　图 9-189 　　图 9-190 　　图 9-191

第十章 游泳运动

第一节 熟悉水性练习

一、水中行走练习

做各种方向的行走或跑的练习，可用两手拨水维持平衡或加快走、跑、跳、转身、跃起、下沉等的速度，常见错误动作与纠正方法见表 10-1。

表 10-1 常见错误动作与纠正方法

常见错误	原 因	纠正方法
不敢下水	怕水	鼓励，消除怕水心理
腿不敢向前移动	怕失去身体平衡	开始行走时速度慢些，脚站稳后再迈步
摔倒	走动时，掌握不了身体平衡	身体向前移动时，腿向后蹬和向前抬腿时都要用力。身体稍前倾，重心落在两脚之间，两手在体侧维持平衡

二、呼吸练习

游泳主要用口吸气，呼气用鼻或口鼻一起呼。练习主要是单人、扶边或在同伴帮助下进行。用口吸气后闭气，慢慢下蹲把头全部浸入水中，停留片刻后起立换气，如图 10-1 所示。常见错误动作与纠正方法见表 10-2。

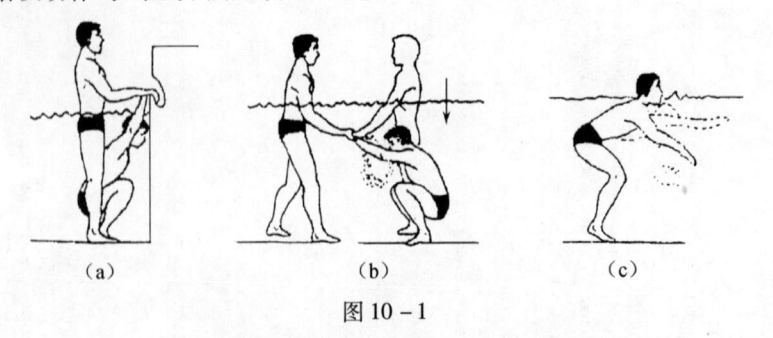

(a)　　(b)　　(c)

图 10-1

表 10-2 常见错误动作与纠正方法

常见错误	原 因	纠正方法
用鼻吸气	动作概念不清，或受习惯动作影响	明确动作要领，练习时可用手捏鼻（或用鼻夹），强迫练习者用口吸气
没有在水下呼气	动作概念不清，或怕水心理影响	明确动作要领，练习时要用力呼气，要连续冒出气泡

三、浮体与站立练习

1. 教学重点
深吸气和站立动作。

2. 教学要求
练习时要深吸气,在水中闭气的时间应尽可能长。站立时,两臂前伸向下按压水并抬头,以脚触池底站立。

3. 练习方法
主要有抱膝浮体练习和展体浮体练习,如图 10-2 所示。常见错误动作与纠正方法见表 10-3。

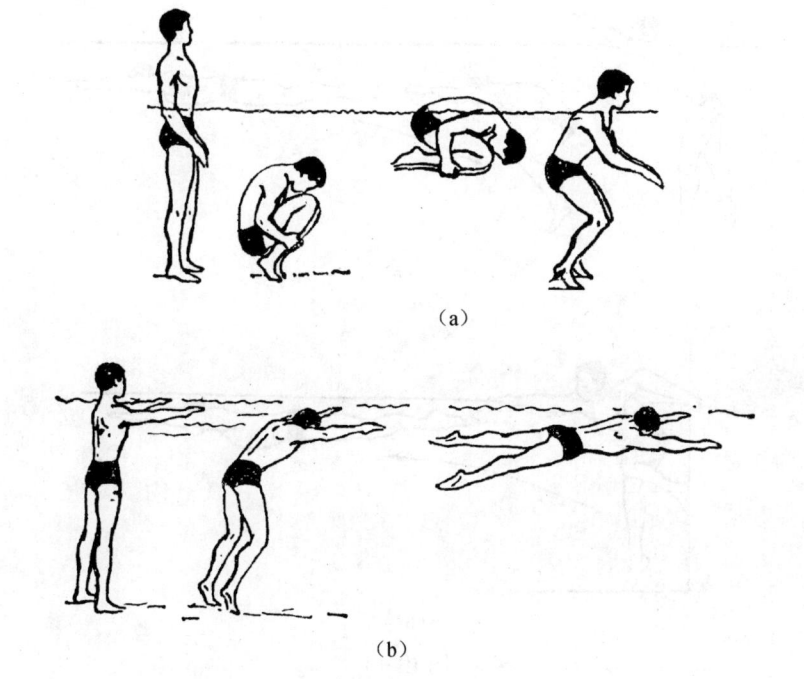

(a)

(b)

图 10-2

表 10-3 常见错误动作与纠正方法

常见错误	原 因	纠正方法
浮不起来	紧张,未深吸气	反复练习用口深吸气的动作和闭气动作。讲清道理,不要紧张
站立时向前倒	动作概念不清,两臂没有前伸和向下压水抬头动作	明确动作要领,练习时要求两臂向前伸直触池底站立。站立后,两手可在体前、体侧拨水,以帮助身体站稳

四、滑行练习

1. 教学重点

蹬池壁或蹬池底并使身体成流线型的动作。

2. 教学要求

滑行时臂和腿要并拢伸直,头夹于两臂之间,身体成流线型。同时要教会蹬壁或蹬池底的动作。

3. 练习方法

主要有蹬池底滑行练习和蹬边滑行练习,如图 10-3 所示。常见错误动作与纠正方法见表 10-4。

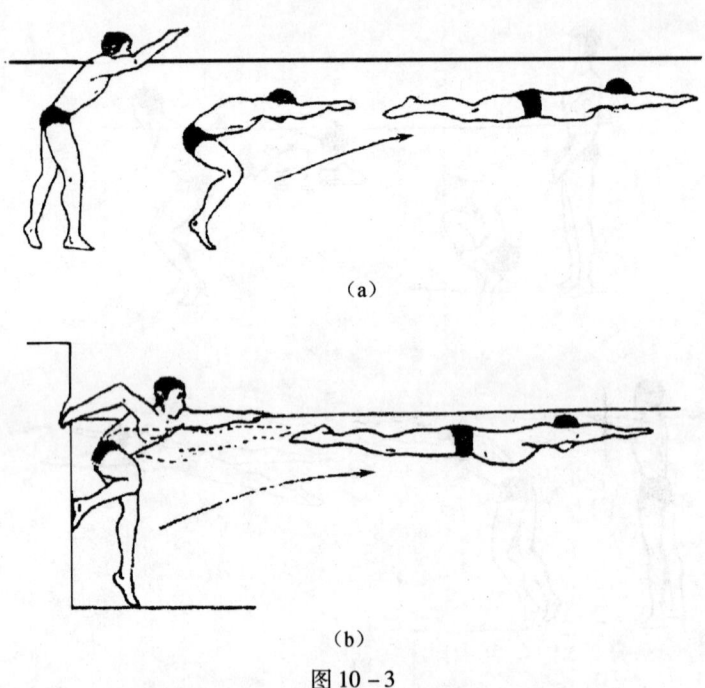

（a）

（b）

图 10-3

表 10-4 常见错误动作与纠正方法

常见错误	原　因	纠正方法
蹬壁无力	蹬壁前,身体离池壁太远	蹬壁前,臀部尽量靠近池壁,大小腿尽量收紧,用力蹬壁
滑行时抬头塌腰	动作概念不清	明确要领。蹬出滑行时要求低头夹于两臂之间,使身体成流线型滑行

五、踩水练习

1. 教学重点

掌握手、脚对水面动作,手和腿合理协调动作。

2. 教学要求

身体前倾,肌肉放松,手臂、腿脚动作要协调而有节奏。

3. 练习方法

主要有手扶池槽踩水练习、身系浮带踩水练习和踩水练习,连续做蹬夹－收屈－蹬夹动作,如图10－4所示。常见错误动作与纠正方法见表10－5。

图10－4

表10－5 常见错误动作与纠正方法

常见错误	原 因	纠正方法
身体失去平衡	概念不清	上体后仰,上体稍前倾和稍低头,双手在胸前维持平衡
身体下沉	手、腿动作不正确	手在胸前做向里向外的拨水动作,增加浮力;腿向下做蹬夹水动作,增加浮力
不能持久	手、腿、呼吸配合不协调	改进蹬夹水动作,提高腿蹬夹水的动作效果;加强手、腿、呼吸协调配合,呼吸要有节奏性

第二节 自由泳、仰泳及蝶泳

一、自由泳

自由泳是所有游泳姿势中速度最快的一种。在自由泳比赛中一般都采用自由泳。

1. 自由泳技术分析

1)身体姿势

练习者伸直身体,俯卧水中,稍挺胸,使躯干纵轴与水平面约成3°～5°夹角(如图10－5所示);整个身体稍向后弯,但不宜过分成反弓形,否则,会造成臀部下沉和背肌过分紧张,从而增大阻力。

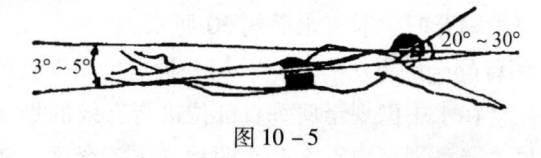

图10－5

2)腿部动作

腿在爬泳中起着推进和维持身体平衡的作用。腿的动作是由髋关节开始,两腿轮流

上下交替打水。打水时，向下要较向上用力；两腿之间的垂直距离为30~40厘米（如图10-6所示）。

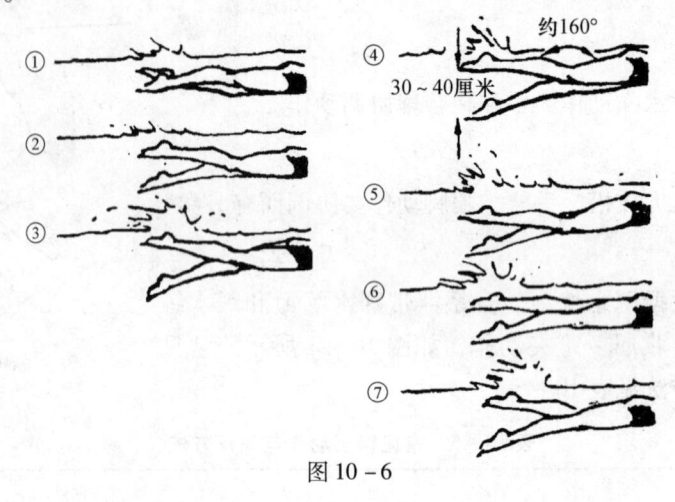

图10-6

3）臂的动作

臂在爬泳中起着主要的推进作用。爬泳臂的动作是两臂轮流由前向后划水，经空中向前移臂，再做下一个循环动作。下面把臂的动作分作下列几个阶段进行分析。

（1）臂入水——长、短距离游泳练习者臂入水的位置各有不同。短距离游泳练习者臂入水时，一般在肩延长线前方入水。臂入水后向前下方伸。这一动作能充分拉开肩带肌肉群，为划水阶段做好充分准备。接着进入划水点，这时臂与水平面成30°夹角。与此同时，前臂、手掌对准水很快地开始划水。长距离练习者臂入水时，一般靠近纵轴线延长线前方。入水时，手掌稍倾斜，大拇指朝下插入水中。这一动作是由肩关节旋内所成的。这时肘部较高，屈臂入水。

（2）臂划水——臂的划水是造成牵引力的主要力量。划水路线是向斜下、向后，整个臂的划水路线有点像较扁平的弓形。从开始划水时就用力，此后力量逐渐增大。当划至与水平面成60°~160°夹角时是最用力的划水阶段。这时手腕向里弯屈，使手腕沿着身体中线向后划水。划水时，臂的弯屈程度取决于练习者的力量和臂的长短。臂短者屈得少些，140°~160°夹角；臂长者屈得较大些，约110°夹角。特别值得指出的是，划水时正确的关节活动有一定的积极意义。

（3）臂出水和空中移臂——当臂向后划水结束时，臂开始提出水面。由于臂出水动作放松，肘自然弯屈，掌心向内上方。臂出水应该做到快而轻松。臂出水和空中向前移臂的动作是紧密相连的。当空中移臂至中间部位时，大臂与小臂之间形成90°~150°夹角，臂提出水面不要太高。在空中移臂时，肘离水面约30厘米。

（4）两臂配合——两臂配合的方法有三种。第一种是中交叉臂的配合：当一臂完成空中准备动作入水时，另一臂在水中已划至肩垂直部位进行有效的划水。第二种是后交叉的配合：当一臂入水时，另一臂已划至腹下方。这两种方法较合理，能缩短滑行时间，使手臂很快地进入划水阶段。目前，优秀的短距离爬游运动员一般都采用这两种方法。第三种是前交叉的配合：当一臂入水时，另一臂正处于前方。这种配合滑行时间长，采用此种配

合方法的运动员较少。

4）呼吸

划水即将结束时转头吸气。吸气动作延长至臂出水并移到中间部位时才结束。吸气结束后进行闭气。当臂在水中划水过一半时开始呼气。呼气应逐渐用力，呼气持续至划水结束，开始转头时才用力最后完成。这样才不容易进水。两边呼吸对于中长距离运动员来说颇有积极意义。

5）动作配合

腿、臂、呼吸的配合是 4∶2∶1 或 6∶2∶1。即两腿打水四或六次，两臂各划水一次，呼吸一次。臂的动作和打腿动作应相互合理地配合，这样方能保持身体在水中平衡（见图 10-7）。

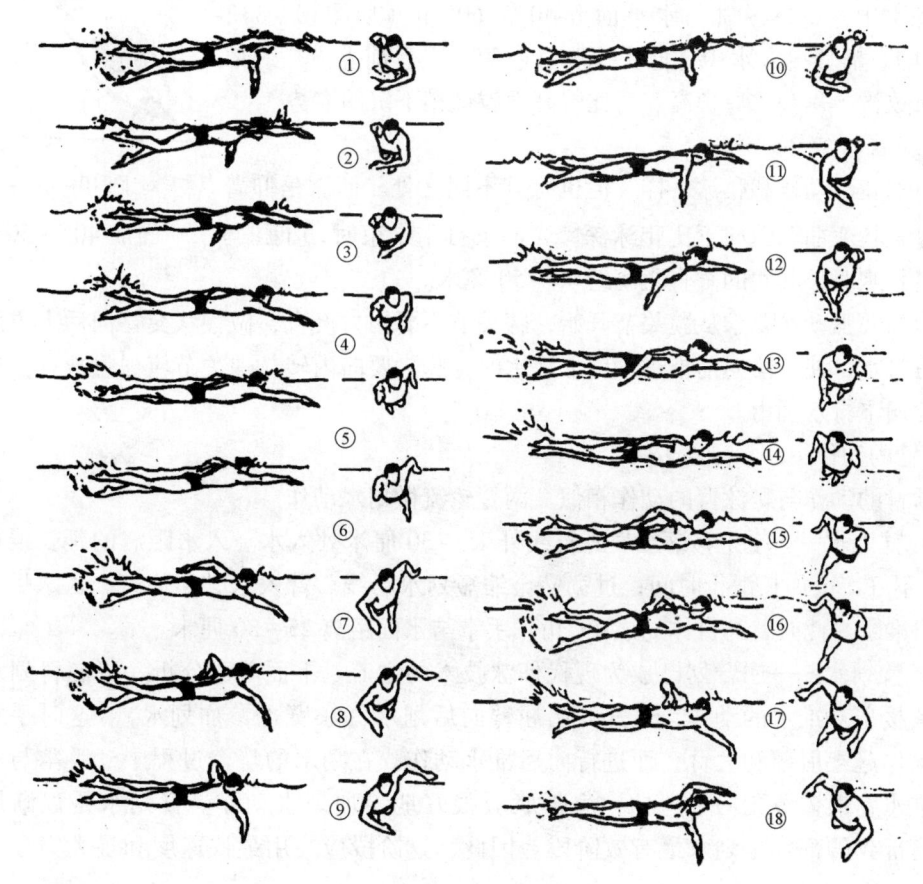

图 10-7

2. 学习自由泳技术时易犯的错误动作及其纠正原则

（1）臂入水时用力太猛，打水。

（2）臂入水后用力压水。

（3）划水时没有推水臂即出水，因而减少了作用力的动作。

（4）打腿时，屈小腿用力而不是由髋关节开始，大腿带动小腿。

（5）打腿时，膝关节弯曲过大，从而使阻力增大。

（6）直腿打水，两腿过分紧张伸直，这样容易造成疲劳。

二、仰泳

19世纪初期的仰泳是双臂同时划水，双腿做蛙泳蹬水，直至1912年才形成现代的仰泳技术：双臂做轮换划水，双腿做上下交替打水。

1. 仰泳技术分析

仰泳是身体仰卧水中，后脑部分稍浸入水中，两腿轮流做上下交替打水，臂在体侧经空中向前移，做轮换划水。其配合动作是双臂做两次划水，两腿做六次踢水，呼吸一次。

1）身体姿势

仰卧水中，身体纵轴与水平面成40°~60°角（如图10-8所示）。后脑小部分浸入水中，低头挺胸微收腹，眼看前上方，颈部肌肉尽量放松，呈头比肩稍高、肩比臀高而臀部稍下沉的姿势。

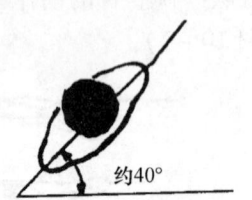

2）腿的动作

图10-8

仰泳的腿部动作和爬泳一样，但也有其不同之处。仰泳是仰着打水，膝盖较弯曲，腿向下比爬泳深。当向下打水结束时，小腿与水平面成40°~50°角。两腿交替打水时，其间的垂直距离约40~50厘米。

仰泳的两腿动作要求从髋关节开始，膝关节不要用力挺直，做鞭状交替向后上方踢水和向下方打水，使身体向前推进。向上踢水时，脚尖要向内转，踝关节应尽量放松。向上踢水要比向下打水用力。

3）臂的动作

仰泳臂的动作与爬泳臂的动作相似。两臂轮流做划水动作。

（1）臂入水——空中移臂至肩延长线外15~30厘米处入水。入水距肩的延长线过近（太窄）不好，会加长滑行时间；过宽又会缩短划水路线。臂入水必须伸直。入水后，手要很快对准水。此时臂与身体约成45°角，手掌与水面距离25~30厘米。

（2）臂划水——屈臂划已成为现代仰泳技术的主流。下面着重分析一下屈臂划水的动作。紧接着对准水的动作，迅速开始屈臂向后划水（小臂也参加划水）。这时手掌和小臂的动作赶上肘部和大臂，而进行向后推水动作。在划水的整个过程中，手掌与小臂都应对准水，肘关节稍向下弯曲，肩带肌应很好地参加划水动作。臂划水是逐渐加速的，从肩部到腰部，是划水最有效阶段。因此，这阶段应当用最快速度和最大力量进行划水。

（3）臂出水及空中向前移臂——臂出水是当划水结束后马上把手提出水面，臂划水结束后手掌再接着做推水动作。由于水的浮力关系，使小臂靠近水面。这时肩关节旋内，三角肌紧张，臂部放松，以肩部带动臂部自然提出水面。在提臂时，由于臂完全放松，因此，肘部有轻度弯屈。臂经空中再向前移，臂和水面所成的角度应为45°~60°。如果角度太小，则由于肩部不能离开水面，会增加阻力；但角度太大了，又会使重心位置变更，影响身体，并造成肌肉紧张。当空中移臂到最后阶段时，臂应该伸直。

总的来说，屈臂划水动作的整个过程，分析起来可分为划、推两个部分。但它的整个

过程是连贯在一起而不能截然分开的。两臂动作的配合是这样：当一臂开始提臂时，另一臂随即已插入水中并准备划水。

4）配合动作

臂、腿和呼吸的配合也和自由泳一样：两臂轮流划水一次，腿踢六次。这样才能保持身体平衡，使身体减少转动。也可以采用踢水四次的方法。呼吸时要有节奏，使肺部呼吸正常而不易疲劳（如图 10-9 所示）。

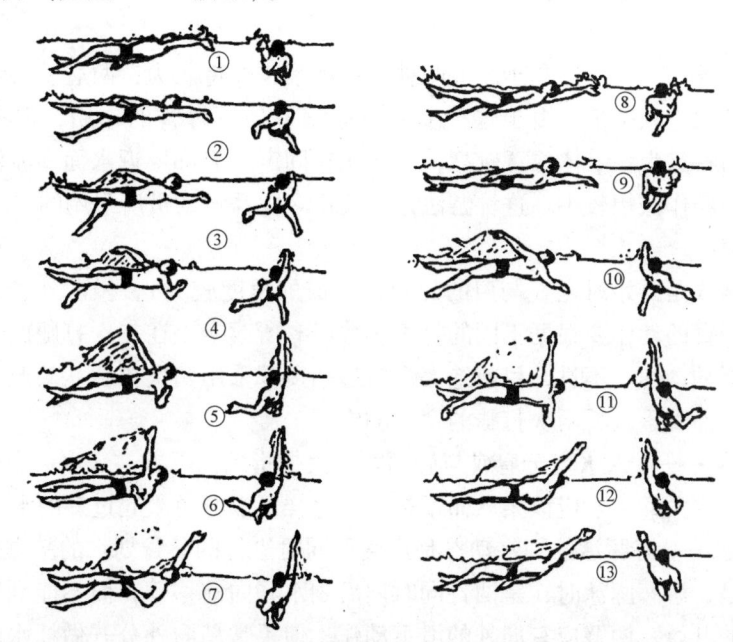

图 10-9

2. 学习仰泳技术时易犯的错误动作

（1）打水时不是从髋关节开始，而是从膝关节开始。

（2）膝盖、大腿提得过高，膝盖露出水面。

（3）两脚动作振幅太小。

（4）头向后仰，腹部上挺。

（5）臂划水结束后停身旁，造成身体下沉，影响动作节奏。

（6）手掌入水动作太慢，肩部先入水。

三、蝶泳

蝶泳比赛中有两种姿势，一种是蛙泳蹬腿的蝶泳，另一种是海豚泳。海豚泳是从蛙泳蹬腿的蝶泳演变而来的。在 20 世纪上半期，已有这种姿势出现。不过，它正式登上运动舞台还是近几年的事。实践证明，海豚泳的速度比蹬腿蝶泳要快得多。

由于蛙泳蹬腿蝶泳技术已远远落后于海豚泳，所以下面只分析海豚泳的技术。

1. 海豚技术分析

1）身体姿势

躯干姿势是不固定的，这是与其他游泳姿势的不同之处。海豚泳的躯干动作起着向前推进的作用。由于躯干的动作及臀部上下的移动，给腿部的动作创造了有利的条件。吸气时抬头，移臂时低头。

2）躯干和腿的动作

海豚泳时，两腿是同时做上下打水动作的。躯干随着腿的上下打水而呈波浪状起伏。当腿做向下打水时，臀部向上；当腿做向上打水时，臀部向下。不要以躯干的动作带动腿的动作。

躯干和腿的动作有大波浪和小波浪两种。大波浪式的特点为：两肩、头都浸没水中很深，动作幅度较大，频率慢。由于这种姿势不能很好地发挥臂的作用，现在很少有人采用。小波浪式的特点为：上体位置较高，头部比较固定，肩部接近水面，波浪形较小，膝关节弯曲不大，动作振幅较小。这种游法是目前许多优秀运动员所采用的。

3）臂的动作

臂的划水路线是开始时宽（与肩的延长线所成的角度较大），做向外、向后、向里划水，最后分开。臂的动作要根据不同的打水次数而有所改变。在三次打腿的海豚泳中，臂将参加躯干和腿的动作。不过，目前绝大多数运动员都采用两次打腿，甚至一次划臂一次打腿的游法。下面着重分析两次打腿的臂部动作。

（1）臂入水——臂入水宽于肩或与肩同宽，大拇指稍向下方。入水后肩向前移，两臂几乎与水面平行。两臂入水应该柔软而不打水，这样可以避免激起过多的水花。

（2）臂划水——海豚泳的划水动作是用两臂同时进行的。臂划水的基本原则与爬泳相同。所不同的是，游海豚泳时，是两臂同时向后划水和向前移臂，而不能利用上体的转动作用。在划水的开始，两臂应有向外的滑下动作，使手掌稍向外分开做抓水动作。手臂做向外分开的抓水动作可以使划水方向更合理，并能更充分地发挥大肌肉群的力量。滑下时，小臂划至约与水平线成40°角时，开始做向后划水运作。在划水开始时，大臂也同时向后移。该动作可以发挥背阔肌、胸大肌等大肌肉群的力量，同时还可使大臂避开迎面的水流。当划水到中间部位时，屈臂最大，大臂与小臂约成120°角。当臂从60°划至120°角时，是对身体前进最为有利的划水阶段。因此，此时应该加速划水。然后，再用力伸臂，结束划水，继续向后上方移动大臂。

4）臂和腿的配合和呼吸

两次打水的海豚泳的臂腿配合，第一次打腿是在空中移臂和臂入水阶段，第二次打腿是在臂划水到第二个1/3至第三个1/3部位时。

运动员通常采用的呼吸有三种。我们着重阐述较完善的一种。这种方法是臂划水至中间时抬头，臂推水时吸气。吸气继续到臂越过肩关节为止（在移臂中间）。这种吸气能使肩带肌和胸廓肌放松，给呼吸创造良好的条件。吸气后，头比臂要先入水。这种呼吸方法叫晚呼吸。

另一种呼吸是侧呼吸，即当臂推水时做侧头吸气。吸气后进行短暂的闭气，一直闭气到划水中间，然后呼气。

臂腿配合有两次或三次打腿，划水一次。现在普遍采用两次打腿、划水一次的配合。因为海豚泳臂部所产生的向前的牵引力，是海豚泳前进的主要动力。所以，某些练

习者甚至也有采用一次划臂、打水一次半的游法的,以充分发挥臂的作用。至于选择哪一种打腿对运动员更为合适,这应从尽量发挥练习者的长处考虑。目前,海豚游的配合一般是采用2∶1∶1的比例。即当腿打两次水,臂划水一次,呼吸一次(如图10－10所示)。

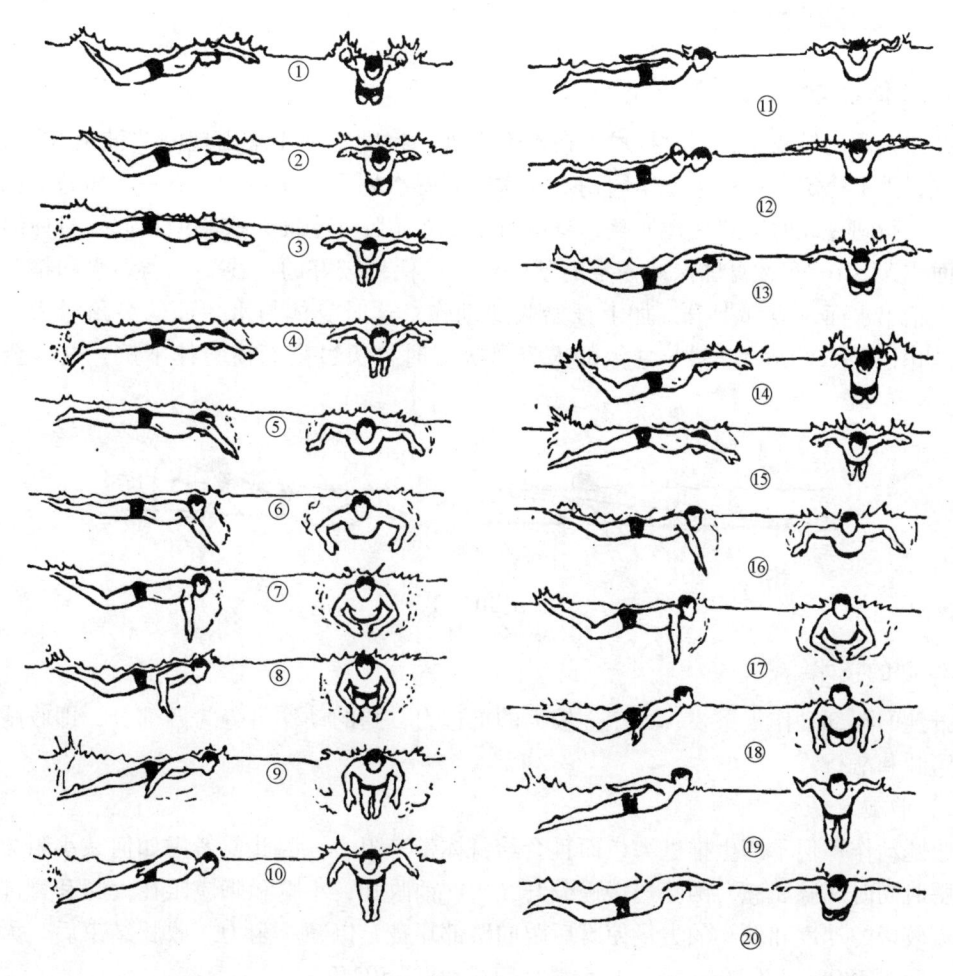

图 10－10

2. 学习海豚泳技术时易犯的错误动作

(1) 膝关节太屈,腿打出水面。

(2) 由于下潜太深,造成波浪形动作过大,以致臀部抬得过高。

(3) 臂入水太用力,造成打水。

(4) 直臂划水。

(5) 打水时腿没有向下方打水,只是做上下打水(腿没有向后伸的动作)。

(6) 肩关节在移臂时过分下沉。

(7) 腿已完成打水动作,臂才开始划水。

第三节　蛙泳技术

一、蛙泳技术

1. 身体姿势

蛙泳技术比较复杂，同时技术也在不断发展。特别是近年来出现的"波浪式"蛙泳，身体位置更不稳定。在一个动作周期（一次蹬腿一次划手）结束后，有一个短暂的相对稳定的滑行瞬间，此时臂腿并拢伸直，身体较水平地俯卧于水面，头略微抬起，身体纵轴与水平面成5°~10°角，身体保持一定的紧张度，以保持较好的流线型。当划水和抬头吸气时，头抬出水面，肩部上升，加上开始收腿动作，这时身体与水平面的夹角增大，约为15°，如图10-11所示。初学蛙泳的人容易吸气时抬头过高而使身体下沉，这样会增大阻力。

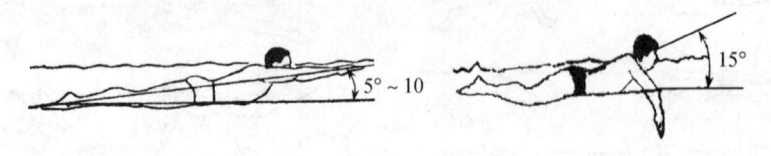

图10-11

2. 腿的技术

蛙泳的腿部动作很重要，可产生较大的推进力，腿的动作可分为四部分，即收腿、翻脚、蹬腿和滑行。

1）收腿

收腿动作不但不产生推进力，而且会给身体带来阻力，因此要考虑如何减小阻力。开始收腿时同时屈膝屈髋，两膝边慢慢分开，边向前收腿，小腿和脚应跟在大腿和臀部的后面，以较慢的速度和较小的力量使脚后跟向臀部靠拢，以减小阻力。收腿结束后，大腿与躯干之间成130°~140°角，大腿与小腿之间成40°~50°角。

2）翻脚

翻脚对蛙泳时腿的效果起着重要的作用。但翻脚并不是一个独立的动作阶段，而是在收腿没有完全结束时就开始了。通过向外翻脚，使脚尖朝外，对水面积增大，并使脚和小腿内侧对准蹬水的方向。同时翻脚结束时，两脚之间的距离要大于两膝之间的距离，如图10-12所示。

3）蹬腿

蹬腿也叫"蹬夹水"或"鞭状蹬水"。先伸展髋关节，从大腿发力向后蹬水，小腿和脚掌做向下和向后的鞭水。腿在向后蹬的同时向中间夹紧，蹬腿结束时两腿应并拢伸直，踝关节伸直，如图10-13所示。

图 10-12

图 10-13

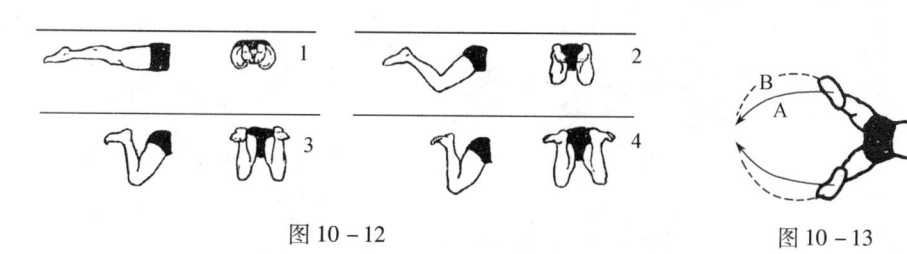

由于蹬夹水能够产生较大的推进力，应用较大的力量和较快的速度完成。

4）滑行

蹬腿结束后，由于蹬腿的惯性作用两腿有一个短暂的滑行阶段。这时两腿应尽量伸直并拢，腿部肌肉和踝关节自然放松，为下一个动作周期做好准备。

蛙泳腿常见的错误技术主要有：大腿收的幅度太大（易使身体上下起伏）或太小（易使脚和小腿露出水面而蹬空）；蹬腿过宽或过窄；收腿结束时分膝过大；蹬腿未翻脚及滑行时两腿未并拢等。

3. 手臂技术

蛙泳臂划水技术可以产生较大的推进力，蛙泳的划水从水下看，像一个"倒心形"，如图 10-14 所示。

蛙泳臂部动作可分为开始姿势、滑下、划水、收手和移臂等几个部分。

1）开始姿势

蹬腿结束时，两臂前伸，与水平面平行，掌心向下，身体保持流线型，如图 10-15 所示。

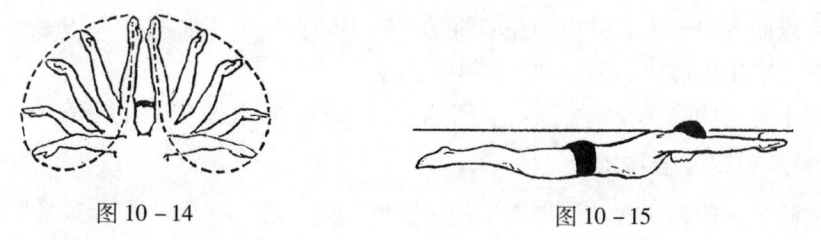

图 10-14

图 10-15

2）滑下

两肩和手臂前伸，手腕向前、向外、向下方勾手，抓水结束时，两臂分开约成 45°角，如图 10-16 所示。

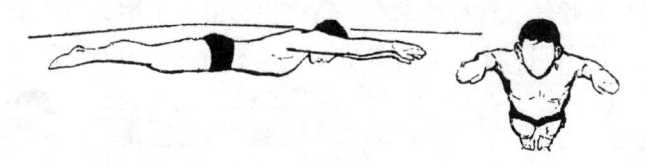

图 10-16

3）划水

划水是产生推进力的主要部分。划水开始时，两手继续外分手臂向外旋转，同时屈肘、屈腕，保持高肘划水。划水的前一部分手臂同时向外、向下和向后运动，如图 10-17 所示。

图 10 – 17

划水的整个过程应加速并始终保持高肘姿势完成，肘关节弯曲的角度随划水的进行不断减小，到划水即将结束时，肘关节屈至约 90°角，手位于肩的前下方。

4）收手

划水结束后，手臂向外旋转，手同时向内、向上和向前快速运动，开始收手过程。收手时，两掌心相对。收手结束时，肘的位置低于手肘关节弯曲成较小的锐角，如图 10 – 18 所示。

图 10 – 18

5）移臂

尽管目前有些运动员为了减小移臂的阻力采用从水面上移臂的方法，但由于这样做容易使腿下沉，所以并不流行。

移臂是在收手的基础上完成的。通过向前伸肩和伸肘，两臂前移至开始姿势。移臂时，掌心可以向下，也可以向内，在即将结束时再转为向下，如图 10 – 19 所示。

移臂时不产生推进力，但要注意减小阻力。

蛙泳划水常见的错误技术主要有直臂划水、沉肘、划水过宽或过长等。

4. 呼吸及完整配合技术

蛙泳的呼吸一般在一次动作周期中吸一次气。臂、腿、呼吸的配合多采用 1∶1∶1 配合。蛙泳呼吸利用抬头吸气，有早吸气和晚吸气两种配合形式。早吸气是在手臂刚开始划水时抬头吸气，吸气相对较长，收手和移臂时低头呼气。这种配合易于掌握，可以利用划水时的下压产生升力，有助于使上身浮起，抬头吸气。晚吸气是指划水结束收手时吸气，吸气时间较短，移臂时低头呼气。这种技术有一定难度，但由于抬头时间短，身体重心和浮心推动平衡的时间短，因而阻力小，被高水平运动员采用，如图 10 – 20 所示。

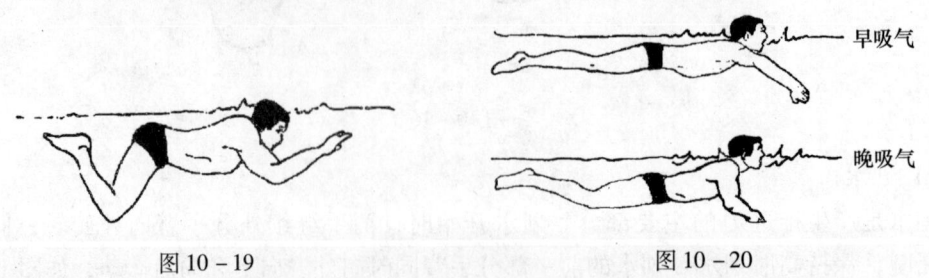

图 10 – 19　　　　　图 10 – 20

蛙泳臂腿配合技术较为复杂。正确的配合技术是：手臂划水时，腿自然放松伸直；收

手时腿自然屈膝；开始移臂时收腿，并快速蹬腿。

二、蛙泳教学

1. 腿部动作教学

【教学重点】翻脚和蹬夹动作。

【教学要求】蛙泳腿是掌握蛙泳技术的基础。在教学中要重点强调收、翻、蹬夹和滑行这四个动作。在腿的一次动作中，要求收腿正确，翻脚充分，蹬夹连贯，滑行放松。在动作节奏上，强调收腿时要慢而放松，蹬腿时要快而有力。

【练习方法】

1）陆上模仿练习

（1）坐撑模仿蛙泳腿动作：坐在池边或凳上，上体稍后仰，两手后撑，按口令分解练习再过渡到完整连贯动作，如图10-21所示。

①收——大腿带小腿，边收边分。

②翻——向外翻脚，脚的蹬水面对准水，膝稍内压。

③蹬夹——向后弧形蹬夹水。

④停——两腿并拢伸直放松停一会。

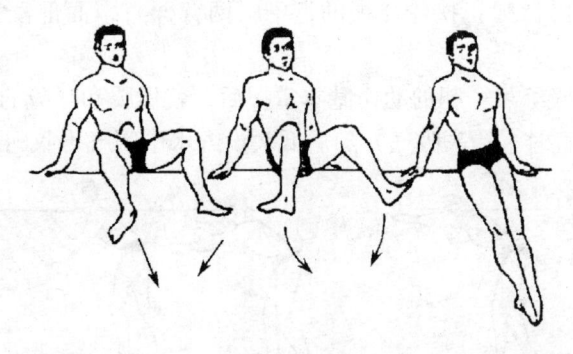

图10-21

（2）俯卧凳上做收、翻、蹬夹、停的动作：先分解做，再连贯起来做腿的完整动作，如图10-22所示。

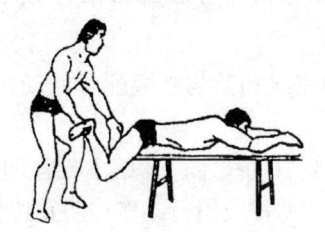

图10-22

2）水中练习

（1）固定支撑做蛙泳腿的练习：手扶支撑物，身体平卧浮于水中，做收、翻、蹬夹、停动作，先分解再连贯起来做，如图10-23所示。

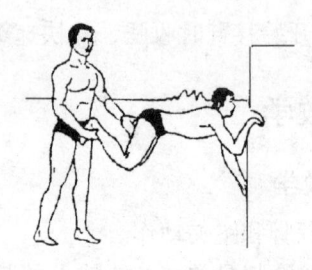

图 10-23

除陆上模仿的要求外，在水中要强调以下几点。

①躯干——肩浸入水中，腰腹部肌肉稍紧张，臀靠近水面，防止塌腰、挺腹、臀下沉。

②收——放松慢收，小腿和脚步在大腿投影之内。

③翻——向外翻脚步要充分，脚和小腿内侧对准水，脚心朝上。

④蹬夹——向后弧形蹬夹要连贯，速度相对要快些。

⑤停——两腿并拢伸直漂一会儿。

（2）滑行做蛙泳腿的练习：蹬边或蹬池底后做蛙泳腿，要求两腿蹬水后漂浮的时间要长一些，注意蹬腿效果和动作节奏。

（3）游动支撑做蛙泳腿：扶住浮板的近端，两臂伸直，面部浸入水中，做蛙泳蹬腿动作。

（4）蛙泳腿和呼吸练习：腿的动作基本掌握后，就做腿和呼吸的配合练习。当蹬夹动作结束、两腿并拢伸直时，抬头吸气，随后低头没入水中闭气再收腿，如图10-24所示。

图 10-24

2. 手臂动作和手臂与呼吸配合动作教学

【教学重点】

体会臂划水的路线和臂与呼吸配合的动作。

【教学要求】

教学时采用小划臂的技术，开始不要强调划臂时的用力，而要着重体会划臂动作路线。强调两臂收手前伸的并拢及滑行动作，防止边伸边划。臂的动作是与呼吸动作紧密联系在一起的，教学时强调早吸气，即两手划下时抬头，划水时吸气。

【练习方法】

1）陆上模仿练习

站立，上体前倾，两臂前伸，掌心向下。按口令做以下动作：两手同时向侧后下方划水；屈臂收手至颏下，掌心斜相对；两手向前伸直并拢稍停。要求划水时掌心向外侧下

方，内收时，用力压摸水。基本掌握臂的动作后，即可配合早呼吸，开始划水时抬头吸气，伸臂时，低头闭气及呼气。

2）水中练习

两脚开立站于齐胸深的水中，两臂按陆上练习要求做划水动作练习、俯卧滑行小划臂练习、由走动到俯卧滑行做臂与呼吸配合动作练习，如图10-25所示，双人练习如图10-26所示。

图10-25　　　　　　　　　图10-26

3. 完整配合动作教学

【教学重点】

臂、腿配合动作时间和呼吸动作。

【教学要求】

首先要明确蛙泳正确的腿、臂配合时间，在任何情况下，都是臂先腿后。在教学中有个口诀：划了胳臂再收腿，伸了胳臂再蹬腿。腿的动作始终是落后于臂的。对初学者，要求早吸气，蹬完腿要有滑行然后再做下一个动作。

【练习方法】

1）陆上模仿练习

（1）站立，两臂向上伸直并拢，按口令做：1——两臂向两侧划水；2——收手同时收腿，收腿即将结束时开始翻脚；3——臂将伸直时蹬腿；4——臂、腿伸直稍停。然后逐渐连贯做，如图10-27所示。

图10-27

（2）同上练习加呼吸动作。

2）水中练习

（1）滑行后闭气做臂、腿配合的分解练习：即先结束一次划臂动作后，再做一次蹬腿

动作，臂和腿依次交替进行，以建立臂先腿后滑行的配合练习。

（2）闭气滑行：划臂腿伸直，收手又收腿，臂将伸直再蹬腿，臂腿伸直后滑行。

（3）同上练习加呼吸配合：由多次蹬腿一次划臂逐渐过渡到一次臂、一次腿和一次呼吸的完整配合。

（4）逐渐增长游距：在长游中注意改进技术。

第四节　水上救护基本知识

一、间接救护技术

间接救护技术是救护者利用救生器材对较清醒的溺水者施救的一种技术。可以使用以下几种救生器材施救溺水者。

（1）救生圈。最好在救生圈上系一条绳子，当发现溺水者时，可将救生圈掷给溺水者。

（2）竹竿。溺水者离岸（船）较近时，可用竹竿拖至岸（船）边。

（3）绳子。在绳索的一头系一漂浮物，救护者握住绳子的一端，然后将绳子掷在溺水者的前方，使溺水者握住绳子上岸。

（4）木板。将木板掷给溺水者，亦可扶木板游向溺水者然后将溺水者拖带上岸。

二、直接救护技术

直接救护技术是救护者不借助任何救生器材，徒手对溺水者施救的一种技术。救护步骤可分为：①入水前的观察。②入水。③游近溺水者。④拖运。⑤上岸。⑥抢救。

三、自我救护

（1）手指抽筋。

将手握拳，然后用力张开，这样迅速反复做几次，直到抽筋消除为止。

（2）小腿或脚趾抽筋。

先吸一口气而浮水上，用抽筋脚对侧的手握住抽筋的脚趾，并用力向身体方向拉。同时用同侧的手掌压在抽筋脚的膝盖上，帮助抽筋腿伸直。

（3）大腿抽筋。

可同样采用拉长抽筋肌肉的方法解救。

第十一章　形体训练与形体健美

第一节　形体训练的特点与作用

当今时代，社会对人才综合素质的要求越来越高。尤其是对有较高文化层次的特殊群体——大学生，除了具备过硬的专业知识和专门技能外，同时，必须具有健康的体魄、旺盛的精力、健美的形体和高雅的气质。形体训练和形象塑造是现今体育教学课程的一种新形式，它以人体科学理论为基础，通过各种身体练习，可以增进健康、增强体质、塑造体型、训练仪态、培养具有良好的形体、文明的礼仪和高尚的道德修养，同时教会学生可以终身受益的健身活动，从而达到全面育人的目的。

目前比较典型的意见有两种，即狭义和广义。狭义的形体训练把它定义为形体美训练。广义的形体训练认为，只要是有形体动作的训练就可以叫做形体训练，这样各式各样的动作都可以称为形体训练，甚至某些服务行业的程式化动作，比如迎宾、端菜、送菜、礼仪姿势等，也被称为形体训练。

形体训练是一项比较优美、高雅的健身项目，主要通过舒展优美的舞蹈基础练习（以芭蕾为基础），结合经典、身韵、民间和各个民族的舞蹈进行综合训练，可塑造人们优美的体态，培养高雅的气质，纠正生活中不正确的姿态。可以说它是所有运动项目的基础。

通常意义的形体训练就是形体美训练，这也是大多数形体训练者的意愿。人们进行训练绝不仅仅是为了活动一下身体，娱乐和游戏更在其次，对自身体态美的塑造才是最终目的。

一、形体训练的特点

形体训练与其他项目比较，具有不同的特点。只有了解了这些特点，才能更好地发挥形体训练的作用，有目的、有计划、有针对性地进行训练，从而达到满足身心需求，促进人的全面发展。

1. 内容和方法多种多样，适用不同水平的练习者

从形体训练的方法上看：它是在人体解剖学、运动心理学、运动训练学、运动生理学、美学等科学理论指导下进行的。可根据不同的年龄和不同的性别，不同的体型和体质，不同的训练目的和各自的水平，选择不同的训练方法。

从形体训练的内容上看：形体训练的动作有用于身体局部练习的单个动作，还有用于形体练习的健身系列、成套动作以及整体形象塑造和礼仪训练。

从形体训练的项目上看：有健身强体的练习；有健美体型的练习；有训练正确的站、坐、行走姿势的专门练习；有塑造形象的着装、发式、化妆及言谈、举止、礼仪等形体语

言；有适合胖人减肥的锻炼；有适合瘦人丰腴健美的锻炼。

从训练的形式上看：有局部练习，也有全身性的练习；有单人的练习，也有双人练习，还有集体练习；有徒手练习，也有器械练习；有站姿练习，也有坐姿练习，有节奏柔和缓慢的练习，也有节奏快动感强的练习。

形体训练器械更是繁多，有单项器械，有联合器械等。

2. 具有一定艺术性

形体训练的内容涉及体操、舞蹈、音乐等，是一门综合性艺术，丰富多彩的练习内容及形体美的表达形式、舒展优美的姿态和矫健匀称的体型、集体练习中巧妙变换的队形展示了其强烈的艺术表现力和感染力。

音乐是形体训练的灵魂，不同风格的乐曲，可以创造出不同风格、形式的形体训练动作，经常练习能提高学生的音乐素养，培养良好气质和修养。形体训练具有其他艺术形式难以达到的综合美的艺术表现力，它在提高人的素质方面有着其他教育学科不可替代的作用。

3. 组织形式灵活

形体训练可以集体锻炼，也可以个人锻炼；可以按统一的规定时间锻炼，也可以分散安排锻炼。

4. 实用性强、价值高

（1）通过形体训练提高体能素质，为学生的终身发展奠基

健康、长寿、智慧是人类的美好愿望。每一个人要获得健康必须要有一定的体能。健康的体能是健康的保证。因此，我们就必须做一些特别的运动训练来提高自己的体能，来保持我们基本的健康状况。

"生命在于运动"，但是如何从运动的角度来促进健康一直是我们需要有所突破的问题。形体训练以身体练习为基本手段，匀称和谐地发展人体，增强体质，促进人体形态更加健美的一种体育运动。可根据学生的实际情况选择不同的运动时间来进行，通过基本动作练习和强度不同的成套动作练习，对身体各关节、韧带、各主要肌群和内脏器官施加合理的运动负荷，对心血管功能、柔韧性、协调性、力量及耐力素质、有效地改变体重、体脂等身体成分有十分显著的作用。例如采用压、拉肩，下桥，体前、侧、后屈，压、踢、控腿等练习来发展学生的柔韧性。采用舞蹈、徒手及成套动作练习锻炼大脑支配身体各部位同步运动的能力，体会各部位肌肉运动时的不同感觉，来达到发展学生的协调性。采用健美操中的仰卧起坐、快速高踢腿、跳步等来发展学生的力量和弹跳力的素质，提高动作的速度和力度，采用跑跳操等练习来提高耐力素质，增强体能，提高人体的防御能力。使生命力更旺盛、精力更充沛，学习和生活更有节奏，从而保持高效率地工作和学习。

（2）塑造时代需要的完美的外在素质，促进人的和谐发展

人体形体是世界上一种永远新鲜、永远洋溢着生命力的最动人的美。歌德曾经说过："不断升华自然的最后创造物就是美丽的人。"人的美丽直观的表现首先在于形体美。人类遗传学告诉我们，影响体形的因素是遗传和环境（营养、劳动、生活条件、体育锻炼）。

遗传因素虽然生成了人的基本体型，但后天塑造却是完全可能的。特别在青春发育期，人体对环境因素的敏感性较强，是塑造体形的最佳时期。形体训练动作形式多，锻炼部位广泛。通过各种臂的摆动、绕环、波浪组合、姿态组合、腰腿的柔韧性组合、舞蹈组合、体育舞蹈练习形成正确的身体姿态，并能发展身体的柔韧性和协调性。

健康的形体美，仅有健康美和静态美是不够的。从形体训练追求层次上看，动态美和整体协调美更显人的气质和魅力。动作美是形体美的一种表现形式，姿态美是通过动作表现出来，而动作美在完成动作时应显示出姿态美。在形体训练动态美练习中强调步态、姿势、表情等形体语言，强调动作的节奏感和优美感。通过科学的形体训练，可以改变和改善不良体型，达到肌肉匀称、比例协调、举止和谐、姿势优美、气质高雅，可以说形体训练是一种特殊的人体雕塑艺术。

（3）通过形体训练塑造良好个人形象，提高职业素质

形象是当今社会的核心概念之一，人们对形象的依赖已经成为一种生存状态。个人形象指的主要是容貌、魅力、风度、气质、化妆、服饰等直观的包括天生的外表感觉的东西，这是一种值得开发、利用的资源。

个人的人性特征特质通过形象表达，并且容易形成令人难忘的第一印象。第一印象在个人求职、社交活动中会起到非常关键的作用。大学生是未来职场的主要力量，社会对他们提出要求会更高。只有掌握职业礼仪的规范与标准，获得今后职业所需的悦目的仪表和得体的举止，具有应变各种工作和生活环境的能力，才能在激烈的职业竞争中立于不败之地。

二、形体训练的作用

1. 形体训练能改善神经系统和大脑功能

神经系统可分为中枢神经系统和周围神经系统两部分。中枢神经系统由脑与脊髓组成，而周围神经系统则是由脑和脊髓发出的神经纤维组成。整个神经系统是人体主要的机能调节系统，人体的各器官、系统的一切活动都是在神经系统的控制下进行的。通过神经系统的调节，人体对内外环境的变化产生相适应的反应，使内部与周围环境之间达到协调统一，从而使人体的生命活动得以正常进行。

形体训练，是外环境对机体的一种刺激。这种刺激具有连续、协调、速度、力量的特点，使肌体处于一种运动状态。这种状态下中枢神经将随时动员各器官及系统使之协调、配合肌体的工作。经常参加形体训练，就能使神经活动得到相应的提高。除此之外，形体训练还要求动作要迅速、准确；而迅速、准确的动作又要在大脑的指挥下来完成。脑是中枢神经的高级部位。形体训练时，脑和脊髓及周围神经要建立迅速而准确的应答式反应，而脑又要随时纠正错误动作，储存精细动作的信息。经过经常、反复不断的刺激，提高人的理解能力、思维能力和记忆能力，从而使大脑更加聪明。所以说，经常参加形体训练，可以加强肌体神经系统的功能和大脑的工作能力，使之更加健康和聪明。

2. 形体训练能提高心血管系统的功能

心血管系统即心脏与各类血管所组成的，并以心脏为动力的闭锁管道系统，也就是人

们常说的血液循环系统。形体训练主要由运动系统即骨骼与肌肉运动参与完成。运动系统在进行工作时要消耗大量的氧气、养料（又要排泄大量的废物），在消耗的同时又要不断地补充供给大量的新鲜氧气及养料，与此同时还要排泄大量的废物。这一繁重的任务，只有依靠体内的闭锁的管道系统——心血管（循环）系统来完成。

人体在处于安静状态时，平均心率为75次/分，而心脏的每搏血液输出量为50～70 ml，每分钟输出量约为4.5 L。在强烈的肌肉运动时，可以达到安静时的5～7倍，这就势必使心肌处于激烈收缩的状态。经常的刺激会使心肌纤维增粗，心房、心室壁增厚，心脏体积增大，血容量增多，从而增加了心脏的力量。由于心肌力量的增加，每博射出的血量增多，心跳的次数相应减少，在平时较为安静的状态下，心脏能够得到较长时间的休息，从而减轻心脏的工作负担，使心脏永葆青春。

第二节 形体训练与常见的形体缺陷与矫正方法

一、形体训练的基本内容

1. 基本姿态练习

人的基本姿态是指：坐、立、行、卧。当这些基本姿态呈现在人们眼前时会给人一种感觉，如：身体形态所显示的端庄、挺拔与高雅，给人的印象是赏心悦目的美感（包括日常活动的全部）。由于一个人的姿态具有较强的可塑性，也可具有一定的稳定性，通过一定的训练，可以改变诸多不良体态，如：斜肩、含胸、松垮、行走时屈膝晃体，步伐拖沓等。

2. 基本素质训练

形体基本素质练习是形体训练的最重要内容之一，在练习中可采用单人练习和双人配合练习两种形式。通过大量的练习，可对人体的肩、胸、腰、腹、腿等部位进行训练，以提高人体的支撑能力和柔韧性，为塑造良好的人体形态，改善形体的控制力打下良好的基础。形体基本功练习的内容较多，在训练时，应本着从易到难，从简单到复杂的原则；同时也要注意自己和配合者的承受能力，不能超负荷，以免发生伤害事故。

3. 基本形态控制练习

基本形态控制练习是对练习者身体形态进行系统训练的专门练习，是提高和改善人体形态控制能力的重要内容。是通过徒手、把杆、双人姿态等大量动作的训练，进一步改变身体形态的原始状态，逐步形成正确的站姿、坐姿、走姿，提高形体动作的灵活性。这部分练习比较简单，个别动作要求比较严格，训练必须从严要求，持之以恒。

二、形体训练的基本要求

① 训练前必须做好准备活动。
② 训练时要穿有弹性的紧身服装或宽松的休闲服、体操鞋、舞蹈鞋或健身鞋。

③ 训练时不能佩戴饰物，以免发生伤害事故。

④ 训练要有计划有步骤，循序渐进，切忌忽冷忽热、断断续续。要持之以恒，力求系统地掌握形体训练的有关知识和方法。

⑤ 要保持训练场的整洁和安静。

⑥ 在做器械练习时，要有专人指导和帮助，特别是联合器械的运用，要注意训练的安全。

⑦ 在训练中和训练后要注意补充适当的水，同时要注意饮食营养的合理搭配。

三、常见的形体缺陷与矫正方法

1. 正常型的特征与练习方法

正常型表现为身体各部生长发育比较协调一致；体型匀称。苗条，胸、臀等部位中等突出或偏小。坚实而富有弹性；全身肌肉较发达有力；脂肪沉着中等，身体曲线稍显现。正常型体型的练习，主要以增强全身的曲线感，发达各部肌肉和力量，提高肌肉用力的协调性和灵活性。练习安排多以各部肌肉群的动作为主，以整体练习为辅的练习内容，适当增加各种舞蹈（如迪斯科）和徒手动作练习，以发展身体协调性和各韧带的柔韧性。具体练习项目以胸部为主。在此基础上，进行第二步训练，选择成套舞蹈动作及综合训练，发展各部肌肉的徒手练习或负重练习。随着体力的不断增长，这两步练习可循环多次。对去脂减肥、发达肌肉均有较好的效果。

2. 消瘦型的特征与练习方法

消瘦型一般表现为身材瘦削、细长单薄；肌肉块头很小、全身脂肪沉着少，一般在0.5厘米以下；胸臀部位不丰满。这类体型者首先要分析产生消瘦的原因，然后采取相应的措施。如果由于疾病或内分泌障碍等引起者，则应先进行治疗。在治疗的基础上，适当进行徒手动作练习，运动量要小，可以选择局部的或整体的练习，待病愈后再按正常人的练习进行锻炼。属于正常消瘦者，其锻炼应以发达肌肉、增加脂肪沉着为主。开始练习时，先以自身重量做徒手练习，如俯卧撑、仰卧起坐、俯卧两头起、仰卧挺髋成桥等。通过这个阶段的练习后，在各部位力量增长的基础上，再做负重的专门肌力训练。锻炼要循序渐进，运动量要由小到大，负荷则由轻到重。同时还要适当加强饮食营养，增强其适度的脂肪沉着。

3. 肥胖型的特征与练习方法

肥胖型的特征，体重与身高比例严重失调。全身肥胖臃肿并松弛有抖动现象；腰腹脂肪大量囤积；臀部宽厚；腿部肥粗。上下呈笼统趋势，毫无肌肉显现感。这类体型的练习方法，主要以减肥为主，在减肥的基础上，进行肌肉练习。

第三节　认知健美运动

健美运动是一项通过徒手和各种器械，运用专门的动作方式和方法进行锻炼，以发展肌肉，增强体力，改善形体和陶冶情操为目的的运动项目。

健美运动的动作方式也是多种多样的,既有成套的各种徒手健美体操,也有球、棒等轻器械体操,这些主要用于女子健美训练,借以减肥和改善体形体态,提高韵律感。更有许多能发展身体各部位肌肉的举重练习动作和其他动作,这些动作主要用于男子竞技健美训练。

健美运动不仅包括以比赛为目的的竞技健美,也包括以减肥或改善体形体态为目的的群众性健美活动。

古代健美观念以古希腊为代表。四年一届的古代奥林匹克运动,就是炫耀力量和人体健美的场合。公元130—200年,古罗马著名医生盖伦著书立说,倡导健美运动。到了18世纪,德国的体育活动家艾泽伦创造的各种形式的锻炼,既是现代竞技举重的起源,也是现代健美运动和力量举重的起源。从19世纪起,德国人欧岑·山道作为健美运动创始人,通过实践,创造摸索出一整套锻炼肌肉的方法,并广为宣传,世人称之为"健美运动的开拓者和鼻祖"。20世纪初,健美在英美等国得到了广泛的发展。加拿大人韦特兄弟创建国际健美协会,并开始了正式国际业余健美锦标赛。女子健美在20世纪40年代的美国才兴起。

一、人体健美的标准

1. 人体健美的基本要素

构成人体健美的要素有3个,即体型、骨骼和肌肉。

(1) 体型

人的体型各异,一般与遗传、运动、劳动、疾病等因素有关,有的还受自然和社会环境的制约。体型一般说来大致可分为肥胖型、匀称型、瘦长型3种类型。

(2) 骨骼

骨骼构成人体的"框架"。骨骼的大小关系着人的体型的发展。同时,对肌肉的健壮也有很大的影响。

(3) 肌肉

肌肉的质量是健美体格的重要标志。健而美的肌肉是"刚如铁,柔若绵"。如果肌肉在放松时仍是那么僵硬,就容易疲劳和失去弹性,久之失去健美。

肌肉的发展,较骨骼而言,先天的因素较少,通过健美锻炼可以显著地使肌肉发达起来。

2. 人体健美的标准

人体健美的10条标准如下。

① 骨骼发育正常,身体各部位之间的比例匀称。

② 肌肉均衡发展,女子体态丰满而无肥胖臃肿感。

③ 眼大有神,五官端正,与头部配合协调。

④ 双肩对称,男宽女圆,微显下削,无耸肩垂肩。

⑤ 脊柱背视成直线,侧视具有正常的生理曲度,肩胛骨无翼状隆起和上翻。

⑥ 胸廓宽厚,比例协调。男子胸肌圆隆,脊视呈倒梯形。女子乳房丰满,侧视有明

显的女性特征。

⑦ 腰细而有力，微成圆柱形，腹部扁平，男子处于放松时也有肌肉垒块隐现。女子腰部比臀部约小 1/3。

⑧ 臀部圆鼓丰满，男子匀称，女子不显下隆。

⑨ 下肢修长，无"头重脚轻"之感。大腿线条柔和，小腿较长，腓肠肌位置较高而突出，足弓高。两腿并拢时，正视和侧视均有曲线感。

⑩ 整体观是体格壮实，体态优美，体力充沛，热情奔放，举止大方，风度潇洒，无比例失调和形态异常的感觉。

3. 健美锻炼的原则与方法

健美锻炼是肌肉与形体的专门性练习，锻炼者除应遵循一般体育锻炼的原理之外，还应当掌握以下原则与方法。

① 熟悉肌肉分布规律，懂得不同的动作活动方式主要锻炼哪部分肌肉群。

② 采用适宜的运动负荷。以增加肌肉横断面的健美锻炼应当采取中大重量的负荷，即使用本人能举起的最大重量的50%～70%，完成10～15次为一组，重复4～6组；以减肥和提高肌肉质量弹性的健美锻炼应采用中小重量的负荷，即使用本人能完成的最大重量的30%～40%，做30～40次为一组，重复4～6组。

③ 合理安排练习的前后顺序。健美练习应从小肌肉群开始至大肌肉群结束。

④ 注意锻炼—疲劳—休息—恢复—再锻炼的平衡交替，增强肌力的锻炼应适当补充蛋白质、维生素等营养物质。

健美锻炼大致分为以下 3 个阶段。

(1) 初级阶段

这一阶段主要的任务是：提高身体素质，发展肌肉群的围度。在这一阶段中主要遵循"渐进性超负荷"法，用中小重量做一些"基本动作"。如负重深蹲、卧推、硬拉、颈前和颈后推、直立划船、双杠双臂屈伸、引体向上、俯身划船等，使全身肌肉协调发展，增强肌力，增粗肌束。练习时间应为一周3次，经过1～2年的每周3次锻炼，身体呈现出美的基本体态。

(2) 中级阶段

这一阶段的主要任务是：在健美的基本体型的基础上，进行美化身体系列加工。

此阶段的练习应减少"基本动作"，增加一些以某一肌肉群为主要锻炼对象的"孤立动作"。如蹲或膝内弯举，仰卧臂屈伸，立式侧飞鸟，坐式屈伸，立式提踵，卧式屈膝等。它将使各部肌肉都各自呈现隐块，线条分明。

锻炼时间安排应由上阶段一周3次增加到4～6次。

(3) 高级阶段

健美高级阶段主要针对运动员的专门化训练，这里不予介绍。

二、男子健美锻炼方法

1. 臂部锻炼4例

上臂主要肌肉群有肱三头肌、肱二头肌。前臂主要有前臂前面肌肉群、后面肌肉群。

练习1：发展前臂前面肌肉群。

动作——坐姿正握弯举。

练习2：发展前臂后面肌肉群。

动作——坐姿反握弯举。

练习3：发展上臂肱二头肌。

动作——立姿正握弯举。

练习4：发展上臂和前臂屈肌。

动作：立姿反握弯举。

2. 肩部锻炼8例

整个肩部由三角肌所构成。肩膀宽阔取决于三角肌的发达。

练习1：发展肩带肌肉和臂部屈肌。

动作——坐姿或立姿的腋下提铃。

练习2：发展肩带肌和肱三头肌。

动作——立、坐姿推举。

练习3：发展肱三头肌。

动作——颈后弯举（立、坐姿均可）

练习4：发展肱三头肌和肩胛肌。

动作——俯身弯举，俯身90°左右，弯举时上体不动。

练习5：发展肩带肌。

动作——立、坐姿侧上举（又称立、坐式飞鸟）。

练习6：发展肩带上部肌肉和上臂屈肌。

动作——坐、立姿背后弯举，正握，反握均可。

练习7：发展肩带肌、背阔肌、后三角肌。

动作——俯身侧平举。

练习8：作用同练习7。

动作——俯身后上举。两臂同时或轮流向前、向后提举（不要摆荡），上举与下落时要控制速度。

3. 胸部锻炼7例

胸大肌是胸部最大的一块肌肉，覆盖着胸部大部分。胸小肌位于胸大肌深层。胸肌发达，能使肋上提，扩大胸廓，增强呼吸功能。胸部是人体最显露健美的部位。

练习1：发展肩带肌、胸肌、上臂伸肌和三角肌。

动作——卧推。斜、平卧在举重凳上，采用杠铃握推，效果更好。

练习2：发展肩带上部肌肉、胸肌、三角肌。

动作——仰卧侧上举，也可在斜板上进行。

练习3：发展整个肩带肌。

动作——仰卧前上举。

练习4：发展肩带肌、上臂伸肌、三角肌、胸肌。

动作——仰卧头后上拉。仰卧在条凳上，头与凳的一端齐平（登高30 cm），双手头后正握杠铃，把杠铃提拉至胸上方，稍停后将杠铃提放回原处。

练习5：各种形式的俯卧撑。

动作（1）：平握式俯撑（发展胸大肌下缘）。

动作（2）：顺高（头高）塌腰式俯卧撑（作用同上）。

动作（3）：反高（头低）举臂式俯卧撑（发展胸大肌上缘、胸小肌、外三角肌、腹直肌等）。

动作（4）：宽距式俯卧撑（发展胸大肌外缘）。

动作（5）：窄距式俯卧撑（发展胸大肌内缘）。

动作（6）：肘横撑俯卧撑（发展胸大肌上外缘）。

动作（7）：肘竖撑俯卧撑（发展胸大肌上内缘）。

练习6：双杠臂屈伸（发展臂、胸、背部肌肉）。

练习7：引体向上（作用同上）。

4. 颈部锻炼3例

颈部肌肉发达，往往是一个人强壮有力的象征。颈部肌肉十分丰富，分颈前屈肌群、颈后伸肌群、头侧屈肌群、头侧回视肌群等。

练习1：发展颈部肌肉。

动作——俯身负重颈屈伸；坐姿俯身也可。

练习2：发展头侧肌肉群。

动作——立、坐姿均可。一手按在同侧头上，另一手叉腰，头向按手的方向侧屈，手侧发力抵抗，头屈至极限位置后还原。反复几次后交换。

练习3：发展颈部肌肉。

动作——双手抱脑后，或抱前额颈屈伸。屈、伸至极限位置后，放松还原。过程要缓和均匀。

5. 背部、腰部锻炼5例

背肌和腰腹肌是人体健美的主要标志之一。如果一个人的腰腹肌力小，做很多动作都会感到腰酸背痛。倘若腹部脂肪堆积，就很难有什么健美可言了。

练习1：发展背部伸肌群。

动作——负重体前屈。如果把重量适当的杠铃担在肩上，双手扶握杠铃，做体前屈，就更安全，更有效果。

练习2：发展背部伸肌和腹肌。

动作——俯卧负重体后屈。最好俯卧在条凳上，躯体悬空，加长大屈伸距离，效果更好。

练习3：发展腹肌、提肋肌。

动作——持铃体侧屈。

练习4：发展腰肌、背阔肌、提肋肌。

动作（1）：颈后持铃体侧屈。

动作（2）：双臂上举持铃体侧屈。

练习5：发展腹部肌肉。

动作（1）：各种姿势的仰卧起坐。

① 平卧起坐，两手触脚背。

② 头低脚高斜卧起坐。

③ 横卧跳箱深度后仰起坐。

④ 两手抱头屈膝仰卧起坐。

动作（2）：仰卧两头起。

动作（3）：单杠上悬垂举腿。

动作（4）：肋木上悬垂举腿。

6. 腿部锻炼6例

大腿肌分前群、后群、内侧群3部分。前群有缝匠肌、阔筋膜张肌、股四头肌；后群有股二头肌、半膜肌、半腱肌；内侧有趾骨肌、长收肌、短收肌、股薄肌。小腿主要有腓肠肌等。

练习1：发展腿部前群肌肉。

动作——坐姿小腿负重前举。

练习2：发展腿部后群肌肉。

动作——小腿负重后举。

练习3：发展腿部前群肌肉和内侧群肌肉。

动作（1）：小腿负重前踢腿。

动作（2）：小腿负重侧举腿。

练习4：发展大腿伸肌、背肌、肩带肌。

动作——蹲举。如果采用适宜重量的杠铃效果更好。

练习5：发展臀部肌肉。

动作（1）：负重深蹲。将杠铃置于双肩上，双手扶握杠铃下蹲至最低位置，稍停后起立至挺直身体。重复进行。

动作（2）：俯卧于纵箱，向后上方举腿。将双腿举至极限位置，稍停后，控制速度下落双腿，反复进行。

练习6：发展小腿后群肌肉。

动作——负重提踵。双肩担负杠铃，双手扶握杠铃，用力踮起双脚跟至极限位置后还原，反复进行。

三、女子健美锻炼方法

1. 女子健美锻炼原则

（1）重视青春期的健美锻炼，打好终身体态健美的基础

女子的青春期比男子一般提前约2年。青春期是人第二次生长高峰期。这时期全身组织细胞快速发展，体重身高急剧增长，到16~18岁，身体各器官基本发育成熟，身高初

步定型，身体将逐渐向横向发展。因此，一定要抓住时机积极从事身体锻炼，塑造自己健美的体型。

（2）预防肥胖，是女性健美的关键

进入青春期后，全身肌肉逐渐丰满，随之而来的是脂肪在腰、腹、臀部的堆积。脂肪过多，接踵而来的是肌肉松弛下坠，这样便缺乏女性特有的轻盈、柔和、优美的体态。为了控制肥胖和减肥，有人采用蛋白质节食法、影星节食法、饥饿法，甚至发展到少饮水、少睡眠法，这都是权宜之计，缺乏科学性。控制体重最好的方法是：系统的健美锻炼＋科学的安排饮食＝体重下降＋肌肉质量提高。

（3）胸部健美是女性体型美的特有标志

女性胸部的发育与女性荷尔蒙的分泌有关，随着青春期的消逝，荷尔蒙分泌将逐渐减少，要使丰满的胸部永葆青春，唯一的奥秘是积极地锻炼。

（4）加强腰、腹肌肉的力量，减少皮下脂肪

女性的身材苗条，体态动人，很大程度上取决于腰腹部的健美。有人用束缚力很强的"健美裤"、宽型健美腰带来"束腰"，这是伤害身体的举动。腰束之过紧，腹部受压增大。影响内脏器官正常发育，使呼吸、泌尿、生殖系统的活动不能正常运转，甚至会导致膀胱炎、肾炎等疾病。加强腰腹肌肉的锻炼，是增强肌肉力量、控制脂肪的有效手段。

（5）腿部的健美是女性身段优美的基础

大腿肌肉发达匀称，小腿肌肉结实柔和，膝、踝关节小，身段就显得协调、修长。经常进行腿部健美练习，可防止腿部出现肥胖、臃肿或者是瘦骨嶙峋的形态。

（6）加强全身的柔韧性锻炼，使身体协调发展

柔韧性是体态丰润柔和的基础。柔韧性不仅有利于正确地完成各种身体练习，而且会显现出婀娜多姿、舒展大方的风采。

2. 身体各部位健美锻炼方法

（1）脖颈的健美练习方法

功效：

① 可克服脖颈过短或瘦长，软弱无力，多皱纹，脂肪过多而引起的粗脖颈、双下巴等。

② 纠正头部不正确的姿势、举止，使你充满活力，显得高雅。

③ 加强脖颈部位的血液循环。

练习1：头颈自然放松，慢慢侧转头部，当下巴转至肩部时，停3秒还原，左右重复数次。

练习2：头颈自然放松，双手掌握支撑在下巴两侧部位，头后仰。头部慢慢尽力向下低，直至脖颈完全伸直。

练习3：身体俯卧在床上，将头探出与地面平行，把头部慢慢低下，再慢慢使头部恢复原位，同时收缩颈肌，稍停。

练习中的动作速度说明：最慢速为5～10次/min；慢速为15～20次/min；中速为25～30次/min；快速为40次/min以上。

（2）肩部的健美练习方法

功效：
① 防止三角肌萎缩、过瘦而造成的肩骨凸露、肩膀无力向前，上胸部下陷等缺陷。
② 消除体胖者肥肩短颈、圆背的现象。
③ 增强肩、胸部位柔韧性，使双肩、胸、背协调匀称发展。
练习1：坐立，背部紧贴椅背。双手持铃由前至后做直臂大回环，中速。
练习2：站立，手持橡皮拉力器，直臂经大腿前做侧平举，中速。
练习3：斜卧，双手反握哑铃，直臂由体前沿身体两侧慢上举，同时抬头举肩，动作结束时使两肩骨并拢，慢速。

（3）胸部的健美练习方法

功效：
① 矫正平扁胸，下塌的双肩和弓形的腰背，也可以消耗胸部堆积的脂肪。
② 使胸部丰满、双肩匀称。
③ 改善和增强肺呼吸、心血管机能。
练习1：手握拉力器，做直臂体前交叉，中速。
练习2：宽距俯卧扩胸。
练习3：仰卧撑铃，直臂体前交叉，中速。

（4）背部的健美练习方法

功效：
① 发达瘦弱者的背部肌肉，消耗肥胖者背部多余的脂肪。
② 矫正驼背的缺陷。
③ 使背部肌肉结实而柔和，脊沟清晰，整个上体从肩至腰成V字型的健美身材。
练习1：手握拉力器做直臂后展，后展将要结束时挺胸收腹，尽力使肩胛骨合拢，中速。
练习2：由手持拉力器双臂侧平举开始向背后尽力拉拢，慢速。
练习3：手持哑铃，屈体直臂向后甩动，中速。

（5）腹部的健美练习方法

功效：
① 增强腹肌力量，消耗多余的皮下脂肪。
② 保持腹腔内脏正常位置和功能。
③ 促使腹部围度、腰围、臀围与身体发展的正常比例。
练习1：身体慢慢后仰，并不着垫，再慢慢起来，下巴尽量贴近上胸部，最慢速。
练习2：双手上举互握，上臂贴耳，上体左右侧摆动，中速。
练习3：身体倒斜卧，做仰卧起坐，快速。

（6）腰部的健美练习方法

功效：
① 塑造和维持高胸、平腹、细腰的状态。
② 消耗多余的腰腹皮下脂肪。
练习1：侧身立于镜子前面，目视镜面，双手置于腹部，舒展骨盆，最大限度地收缩腹

部肌肉，始终保持这种收缩状态，并在双手协助下努力使腹部体积缩小，持续若干分钟。

练习2：直立，双手置于腰部，使腰部缩小到最低限度，尽可能保持长时间的收缩状态。

练习3：直立，做深吸气，使胸部最大限度鼓起，同时全力内收腹部，保持5～6 s。做深呼气，反复进行。

（7）腰背部的健美练习方法

功效：见腰部的健美练习方法。

练习1：横卧山羊，做俯卧"两头起"，中速。

练习2：俯卧躯体悬空做体后仰，慢速。

练习3：手持哑铃体前深屈，接着直臂上举展体。

（8）髋和臀部的健美练习方法

功效：

① 防止臀部肌肉萎缩，使臀部线条正常，丰满。

② 消耗多余脂肪，预防臀部下坠。

③ 加强盆腔血液循环和新陈代谢，防治女科疾病。

练习1：俯卧举腿，慢速。

练习2：直体仰卧，转动两胯，中速。

练习3：坐姿，臀部交替擦地向前移，中速。

（9）大腿部的健美练习方法

功效：

① 防止腿部肌肉萎缩，使腿部肌肉结实而丰润。

② 矫正腿部生理性缺陷，使之保持线条美。

③ 加强腿部静脉血液回流，防止静脉曲张。

练习1：腿部肌肉萎缩时（干瘦），可将身体自然放松，双膝跪地，慢慢站立，反复进行。

练习2：坐姿举小腿。

练习3：俯卧小腿后上举。

（10）小腿部的健美练习方法

功效：

① 塑造和维持优美的小腿状态。

② 消耗多余的腿部皮下脂肪。

练习1：以踝关节为轴心，脚在空中做屈伸，旋转动作。

练习2：提踵。

练习3：单腿体侧前后摆。

3. 健美韵律操

健美韵律操是一种集音乐、体操、舞蹈和技巧为一体的新型体育锻炼项目。近年来，日益得到人们的青睐和广泛的普及。健美韵律操对身体有如下作用。

（1）锻炼肌肉和关节

坚持经常做韵律操，能使臂部肌肉、肩带肌肉、躯干肌肉和两腿肌肉韧带的力量、弹性和伸展性得到增强，机体的代谢能力和内脏器官系统功能得到提高，坚持做3个月的健美韵律操，会感到自身的工作能力和效率有所提高，体态和步姿有明显的改观。

（2）锻炼心肌的功能

韵律操中的跑、跳和舞蹈动作，对心血管系统和呼吸系统影响很大，做韵律操的全过程就像"流水作用"，中间没有间歇时间，也没有停顿。少则数分钟，多则 30~40 min，会使人的有氧代谢能力显著提高，产生良好的健身效果。

（3）健心作用

韵律操的音乐功能，可以锻炼情绪，振奋精神，使神经系统从沉重的学习和工作负荷状态下解脱出来，排除各种杂念和紧张情绪。经常在音乐伴奏下的健美韵律操，还有助于提高韵律感、节奏感和欣赏音乐的能力。

健美韵律操基本动作的练习方法如下。

（1）手型

掌、拳、健美指、鹰爪掌及单指、剑指、合掌。

（2）身体各部位基本动作

① 头、颈部位：低头、抬头、左右侧倒、左右转动、绕环。

要求：低、抬头有力，侧倒、转动头要正，绕环时间可前左后右或方向相反，动作轻松。

② 肩关节：双、单肩上提、下压，前、后运动，绕环运动。

要求：上体不能摆动，颈与头不能前探。

③ 上肢：摆动、绕环、屈伸。

要求：手臂伸直，屈伸动作有力，头手配合协调。

④ 胸部：挺胸、含胸。

要求：发力要迅速、胸部挺含到最大极限，侧身挺胸时，身体其他部位保持原位。

⑤ 髋部：左右移髋，绕环及髋部挺收。

要求：身体其他部位不动，提髋时要提踵，上体保持正直。

⑥ 膝踝关节：屈伸、蹲、屈、绕环。

要求：屈伸时重心不要前后移动。

（3）基本步法

① 屈伸步：两膝同时或依次屈伸，可前、后、左、右、原地，一步或多步屈伸。

② 滚动步：两脚依次滚动，脚尖至脚跟，或反之，并加臀部及两臂动作。

③ 并步：一脚向前（后、侧），另一脚跟并拢加髋前挺、后收，左右顶髋动作。

④ 反髋走：右脚向右侧出一步，脚跟提起，同时屈膝，左侧髋向左侧顶，两脚轮换进行，髋部动作恰与走的方向相反。

⑤ 正髋走：步小与反臀走相同，但臀与步小方向一致。

⑥ 蹉步：一脚追赶另一脚，并带有轻微跳。

⑦ 踏点步：一腿屈伸，另一脚前（侧、后）点地。

（4）跑跳步

① 跑步：两脚有短暂腾空过程。

② 跑跳步：两脚交替进行，跑后支撑阶段有一次跳的过程。

③ 单脚跳：一脚跳起，同一脚落地。

④ 踢腿跳：单脚跳，另一腿伸直前踢、侧踢等。

⑤ 吸腿跳：单脚跳起，另一腿屈膝（前、侧）吸至腰部以上。

⑥ 后踢腿：两脚短暂腾空，小腿向后屈伸。

⑦ 分腿踢：双脚跳起前后左右分腿、弓步、并腿跳。

（5）转体

转体有平转、单脚转、跳转。

（6）小组合

① 伸展运动（四八拍）。

② 摆臂与正髋走组合（四八拍）。

③ 屈伸与反髋走组合（四八拍）。

④ 踢腿跳与转体组合（四八拍）。

⑤ 跑跳步与整理组合（四八拍）。

四、人体主要肌肉群的练习方法

人体的肌肉分布见图 11-1。

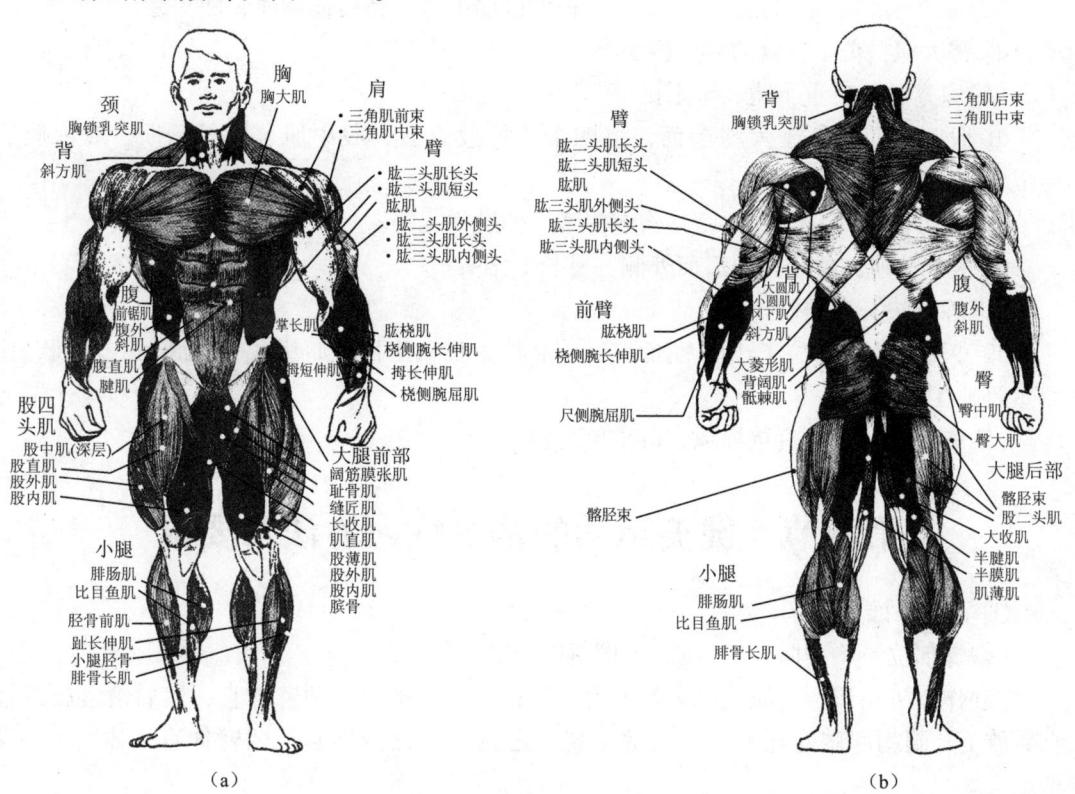

图 11-1　人体肌肉的解剖视图

① 斜方肌：位于项背部，一侧成三角形，两侧相合成斜方形。
[锻炼方法] 提铃耸肩、负重直臂侧上举、杠铃划船、直立上拉等。
② 背阔肌：位于腰背下部，为人体最大的阔肌。上部被斜方肌所遮盖。
[锻炼方法] 引体向上、杠铃划船、屈腿硬拉、双臂屈伸。
③ 胸大肌：位于胸前浅层，为扇形扁肌。
[锻炼方法] 卧推、双杠臂屈伸、上斜卧推、下斜卧推（哑铃或杠铃）、引体向上等。
④ 前锯肌：位于胸廓侧面。
[锻炼方法] 直立推举、仰卧屈臂上拉、俯卧撑、推球等。
⑤ 三角肌：位于肩关节前外后方，是一块三角形的肌肉。
[锻炼方法] 直立上拉、直立推举等。
⑥ 肱二头肌：位于上臂前面，上部被三角肌、胸大肌遮盖，属梭形肌，有长、短二头。
[锻炼方法] 直立杠铃弯举、垫肘弯举等。
⑦ 肱三头肌：位于肱骨后面。
[锻炼方法] 仰卧屈臂上拉、窄握卧推等。
⑧ 前臂肌：分前、后两群，每群又分为浅深两层。
[锻炼方法] 腕弯举（正握、反握）。
⑨ 腹直肌：位于腹前壁正中线两侧，前后被腹直肌鞘包裹。
[锻炼方法] 小腿搁凳仰卧起坐，斜板仰卧腿上举，持铃体侧屈，两头起。
⑩ 臀大肌：位于骨盆的后外侧面。
[锻炼方法] 负重半蹲、臀上挺等。
⑪ 股四头肌：位于大腿前面，由四个头即股直肌、股中肌、股外侧肌、股内侧肌组成。
[锻炼方法] 颈后负重深蹲、胸前深蹲、仰卧举腿等。
⑫ 股二头肌：位于大腿后面外侧，有长短两头。
[锻炼方法] 直腿硬拉等。
⑬ 小腿三头肌：位于小腿后面浅层，由腓肠肌和比目鱼肌组成。腓肠肌在浅面，比目鱼肌则在深面。
[锻炼方法] 站立负重提踵、负重单腿跳。

第四节　健美运动的基本练习方法及要求

① 宽握卧推：
[锻炼部位] 胸大肌、三角肌、斜方肌。
[动作方法] 以胸大肌的突然收缩力，将杠铃向上推起至两臂伸直，然后慢慢屈臂将杠铃放下，到胸部靠近乳头平行线的位置，之后再将杠铃推起至两臂伸直，如图 11 - 2 所示。
[动作建议] 注意在推举过程中，躯干始终保持"桥形"，不要憋气，否则会减少参

加工作的肌肉数量。

② 卧飞鸟：

［锻炼部位］胸大肌、前锯肌，三角肌前部。

［动作方法］两臂慢慢向侧下分开，两手所持哑铃要降至低于身体水平面，充分把胸部拉开，然后用力夹胸使两臂在胸前上方合拢。将哑铃放到水平位置，之后再向下、向外，让胸部肌肉有拉伸的感觉，两臂放下的位置应低于身体的水平位置。

［动作建议］两臂向侧下分开时，肘关节稍屈，如果在整个动作过程中两臂始终伸直，那么对于发展胸部肌肉并不是很好。当下落时做深吸气，当还原时呼气，如图 11 - 3 所示。

③ 直立飞鸟：

［锻炼部位］三角肌中束、前束及斜方肌的上部。

［动作方法］两臂同时外展，直至同肩部水平位置，再还原。

［动作建议］如果肘部和腕部始终保持微屈，那么对发展三角肌中束有很好的作用。当两臂向外，向上举时，手部翻转，小拇指向上，而当两臂落下时正好相反，小拇指向下，如图 11 - 4 所示。

图 11 - 2　宽握卧推　　　图 11 - 3　仰卧飞鸟　　　图 11 - 4　直立飞鸟

④ 坐姿颈后推举：

［锻炼部位］三角肌、斜方肌、胸大肌上部和肱三头肌。

［动作方法］将杠铃垂直向上推起直至两臂伸直，然后再慢慢将杠铃放下，还原，如图 11 - 5 所示。

［动作建议］定期改变两手的握距可以发展不同部位的肌肉。宽握可以最大限度地发展三角肌；窄握主要发展肱三头肌。

⑤ 颈后深蹲：

［锻炼部位］股四头肌、股外肌、股直肌、臀部肌肉和腰背肌，还锻炼腹肌、小腿和肩部肌群。

［动作方法］双腿屈膝至深蹲。当下蹲至大腿低于水平面时，静止片刻，然后缓慢起立还原至起始姿势，如图 11 - 6 所示。

图 11 - 5　坐姿颈后推举

［动作建议］在深蹲过程中，保持平衡会很困难，在脚跟下垫一个 5 cm×10 cm 的木块有助于保持身体的平衡。要求在整个动作过程中挺胸拔背，脊柱不要侧弯，头部保持正直。

⑥ 坐姿腿屈伸（穿铁鞋）：

[锻炼部位] 股四头肌。

[动作方法] 固定大腿，以股四头肌的力量使小腿上举至全腿伸直，然后缓慢放下，还原，如图11-7所示。

[动作建议] 铁鞋对膝关节有拉伸作用，因此在休息时不要穿铁鞋坐着。可以将小腿放在凳上休息。

图11-6　颈后深蹲　　　　　　　　　　图11-7　坐姿腿屈伸

⑦ 站姿单腿屈伸（穿铁鞋）：

[锻炼部位] 股二头肌。

[动作方法] 大腿不动，将负重腿的小腿向上屈起至股二头肌充分收缩，脚尽量靠近臀部，静止片刻，然后控制速度伸直还原。两腿交替进行练习，如图11-8所示。

[动作建议] 完成的次数越多，效果就越好。

⑧ 颈部肌肉抗阻练习：

[锻炼部位] 颈部肌肉。

[动作方法] 两手放在前额作为阻力，尽量阻止头向前运动，将头尽量向后仰，然后再将头向右（左）将手放在头的一侧，施加阻力，动用颈部肌肉来对抗阻力。最后将两手置于脑后，两手用力阻止头部向后运动，如图11-9所示。

图11-8　站姿单腿屈伸　　　　　　　　图11-9　颈部肌肉抗阻练习

[动作建议] 也可用毛巾来对抗颈部的肌肉，只限于前、后方向，不适用于左、右方向。

⑨ 杠铃划船：

[锻炼部位] 背阔肌上部肌肉，其次也发展斜方肌、三角肌后束、股二头肌及前臂肌群。

[动作方法] 在提拉杠铃时要使杠铃垂直向上直至胸部为止，然后将杠铃慢慢复原，

如图 11-10 所示。

［动作建议］弓身提铃（杠铃划船）等练习应经常变换两手的握距。握杠铃杆的方式越多，越有利于肌肉的全面发展。

⑩ 直立杠铃弯举：

［锻炼部位］肱二头肌，其次也发展前臂肌群。

［动作方法］前臂向内弯曲，将杠铃弯举到胸部下缘，然后沿原路线将杠铃放下，还原，如图 11-11 所示。

图 11-10　杠铃划船 　　　　图 11-11　直立杠铃弯举

［动作建议］应注意当屈臂时上体保持不动，身体晃动或背部弯曲会减小训练的效果。在将杠铃举到最后点后向下放杠铃时，应使两臂充分伸直。每个动作都应用最大幅度来完成。

⑪ 仰卧臂屈伸（法图式卧推）：

［锻炼部位］肱三头肌。

［动作方法］以肘关节为轴，以肱三头肌之力使前臂下落至头后和伸直于体前，如图 11-12 所示。

［动作建议］这个练习可以用站立、坐姿、仰卧等方式完成。

⑫ 上斜哑铃弯举：

［锻炼部位］臂部肌群，尤其是肱二头肌。

［动作方法］双臂同时用力屈伸，将哑铃由下向上举至肩际，如图 11-13 所示。

［动作建议］如果在弯举过程中由开始位（两个大拇指朝里）到结束位（两个大拇指朝外）转动手腕，可以使更多的肌肉收缩。

图 11-12　仰卧臂屈伸 　　　　图 11-13　上斜哑铃弯举

⑬ 小腿搁凳仰卧起坐：

［锻炼部位］腹肌力量。

［动作方法］两臂向上使身体离开地面2.5～5 cm，保持这一姿势几秒钟，然后复原，如图11－14所示。

［动作建议］为了达到更好的训练效果，当抬起上体时，应将臀部紧贴在地板上。

⑭ 斜板仰卧腿上举：

［锻炼部位］腹直肌下部。

［动作方法］确信背部受到稳定的支撑。两腿膝部微屈，上举至与身体垂直位置，然后将两腿放下，但两腿不接触斜板。

［动作建议］为了使腹直肌下部收缩得更充分，在两腿上举过程中，背部应紧靠在板上保持适度紧张，如图11－15所示。

⑮ 站立提踵：

［锻炼部位］腓肠肌和比目鱼肌。

［动作方法］两腿伸直，尽力向上提踵，然后脚跟缓慢下落至起始状态，重复动作。这个练习也可采用单手持哑铃完成。如图11－16所示。

［动作建议］慢提，会保持平衡。两脚尖方向的不同角度对腿肌群的锻炼效果也不同。

图11－14　小腿搁凳仰卧起坐　　图11－15　斜板仰卧腿上举　　图11－16　站立提踵

⑯ 翻举：

［锻炼部位］背部上、中、下肌群，以及斜方肌、颈部、大腿和臂部屈肌群。这是全面发展身体力量的练习。

［动作方法］用一个动作将杠铃翻举到胸部位置，同时背部挺直，将杠铃靠近身体，注意力放在加快翻举动作速度上。如图11－17所示。

［动作建议］动作过程中腿和腰用力。

⑰ 单手哑铃划船：

［锻炼部位］背阔肌、三角肌后部、大圆肌和肱二头肌。

［动作方法］用力屈肘，尽可能上拉哑铃至肩部或更高，然后慢慢放下，感到有拉伸感，如图11－18所示。

［动作建议］两手轮流完成练习。当将哑铃上提至最高点时，可稍微转动身体，使动作幅度更大，效果更好。

⑱ 仰卧屈臂上拉：

［锻炼部位］胸部肌群、肱三头肌、上背部肌群，尤其是背阔肌。

［动作方法］使杠铃慢慢向头后下方下落，两臂屈肘，充分拉长胸大肌，杠铃的位置要降至头部水平面以下，然后再用力把杠铃从头后下方拉至胸部上方，如图11－19

所示。

［动作建议］在这个练习中，采用较大的负重可以更有效地提高力量水平及增大肌肉体积。

图 11-17　翻举　　　　图 11-18　单手哑铃划船　　　　图 11-19　仰卧屈臂上拉

⑲ 直立推举：

［锻炼部位］三角肌、肱三头肌以及背阔肌。

［动作方法］杠铃正直向上推起，至两臂伸直，再慢慢还原。如图 11-20 所示。

［动作建议］当向上推举杠铃时，身体不要向后退，不要憋气，同时要记住系举重腰带。

⑳ 杠铃直立高位上拉：

［锻炼部位］三角肌、斜方肌。

［动作方法］先将两上臂慢慢向上提起，两手贴近身体将杠铃拉至胸锁骨以上位置，即接近下颌处，然后再慢慢还原。

［动作建议］在将杠铃放下时，应保持慢速，如图 11-21 所示。

㉑ 弓身飞鸟：

［锻炼部位］斜方肌、大圆肌、三角肌后束。

［动作方法］两臂用力向上、向外侧运动，使哑铃高度达到与肩平或稍高于肩的位置，然后还原，如图 11-22 所示。

［动作建议］如果肘关节、腕关节稍屈，那么三角肌后束会得到更大的锻炼，在练习中将注意力集中在用力的肌肉部位。

图 11-20　直立推举　　　　图 11-21　杠铃直立高位上拉　　　　图 11-22　弓身飞鸟

㉒ 垫肘单臂弯举：

［锻炼部位］肱二头肌及前臂肌群。

［动作方法］慢慢屈臂，将哑铃向胸部方向靠近，上臂保持固定不动，如图11-23所示。

［动作建议］不要屈腕，保持最大收缩状态3 s，之后慢慢还原。

㉓ 弓身单臂屈伸：

［锻炼部位］肱三头肌。

［动作方法］上臂腋下夹紧，以肘关节为轴，用力伸前臂，使臂完全伸直，如图11-24所示。

［动作建议］在动作最后部分要使肌肉充分用力。

㉔ 腕弯举：

［锻炼部位］前臂肌群。

［动作方法］手腕向上弯起至极限，然后缓慢下放还原。

［动作建议］掌心向上握杠铃发展前臂屈肌，掌心向下握杠铃发展前臂伸肌，如图11-25所示。

图11-23　垫肘单臂弯举　　　图11-24　弓身单臂屈伸　　　图11-25　腕弯举

㉕ 负重箭步蹲：

［锻炼部位］股四头肌、股二头肌和臀大肌。

［动作方法］一腿向前跨步，并慢慢下蹲至大腿与地面平行。然后，再用力使身体还原。然后另一腿向前，重复上述动作。如图11-26所示。

［动作建议］如果在复原时，腿不完全伸直，那么股四头肌将处在始终紧张状态。

㉖ 坐姿腿屈伸：

［锻炼部位］股四头肌。

［动作方法］小腿慢慢向上使腿伸直，保持伸直状态2 s，然后小腿向下复原，如图11-27所示。

［动作建议］可以单腿交替进行练习。

㉗ 俯卧小腿屈伸：

［锻炼部位］股二头肌。

［动作方法］腿用力向上弯起至股二头肌充分收缩，静止2 s，然后慢慢还原，如图11-28所示。

［动作建议］可两腿交替完成练习。

图 11–26　负重箭步蹲　　　　图 11–27　坐姿腿屈伸　　　　图 11–28　俯卧小腿屈伸

㉘ 屈腿硬拉：

［锻炼部位］下背部、臀部肌群、斜方肌。

［动作方法］以腰背肌的力量控制住上体缓慢前屈，直至杠铃接近地面，稍停，持铃挺身起立。当上体将要立直时，两肩后展，胸部尽量前挺，如图 11–29 所示。

［动作建议］负重不要太大。

㉙ 上斜卧推：

［锻炼部位］上胸部及三角肌前束、肱三头肌。

［动作方法］将杠铃向上推起至两臂伸直，然后慢慢屈臂将杠铃放下，如图 11–30 所示。

［动作建议］采用宽握距时对胸部肌群的锻炼效果更好。

㉚ 窄握卧推：

［锻炼部位］胸大肌，尤其是胸大肌内侧部。

［动作方法］两臂弯曲，慢慢将杠铃放下至胸部，然后用力向上推起杠铃至两臂完全伸直，如图 11–31 所示。

［动作建议］两手握距越宽，负荷就越向胸大肌外侧部转移。

图 11–29　屈腿硬拉　　　　图 11–30　上斜卧推　　　　图 11–31　窄握卧推

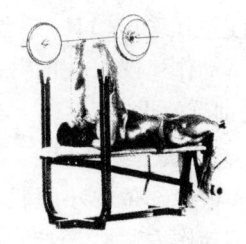

㉛ 杠铃前平举：

［锻炼部位］上胸部和三角肌束。

［动作方法］肘关节略屈，以肩部肌群的收缩力，直臂将杠铃或哑铃提举至胸前，与肩齐高，静止片刻后，再以肩部肌力控制住杠铃或哑铃，使其缓慢下落，经原路返回，如图 11–32 所示。

［动作建议］如果采用哑铃，则在提举动作快结束时转腕使大拇指向上，这对发展三角肌前束的效果更好。

㉜ 坐姿颈后单臂屈伸：

[锻炼部位] 肱三头肌。

[动作方法] 用力向上伸直手臂，掌心始终朝前，保持上体肩部固定。当还原时，应将哑铃尽量向下置于最低位置。哑铃运动的路线应始终一致。两臂交替完成练习，如图 11-33 所示。

[动作建议] 使哑铃在头部后方运动。

㉝ 坐姿交替弯举：

[锻炼部位] 上臂肱二头肌，前臂肱桡肌和旋前圆肌。

[动作方法] 一臂屈肘，将哑铃匀速举至肩际，之后还原，然后另一臂做同样动作，交替进行，如图 11-34 所示。

[动作建议] 完成此练习时，也可以手持哑铃，掌心朝下，在将哑铃向上举时转腕，使掌心朝上，可以更好地发展肱二头肌。

图 11-32 杠铃前平举　　　图 11-33 坐姿颈后单臂屈伸　　　图 11-34 坐姿交替弯举

㉞ 反握弯举：

[锻炼部位] 前臂肌群。

[动作方法] 上臂紧贴体侧不动，以肘关节为轴，前臂向上弯起至肩前，动作要慢，之后还原，如图 11-35 所示。

[动作建议] 在前臂向上弯起时，手腕部不要过于紧张；身体要避免晃动；这些都会降低训练效果。

㉟ 负重提踵行走：

[锻炼部位] 小腿肌群。

[动作方法] 行走，每一步都尽量将脚向上抬起，直到感到小腿部肌肉疲劳为止，如图 11-36 所示。

[动作建议] 当小腿肌肉充分活动开以后，可以轻轻跳跃。

㊱ 上斜仰卧飞鸟：

[锻炼部位] 胸大肌、三角肌。

[动作方法] 两臂慢慢向侧下分开，两肘微屈，将哑铃降至身体水平面，感到胸部充分拉伸，然后用力夹胸使两臂在胸前上方合拢，如图 11-37 所示。

[动作建议] 在动作过程中两臂始终伸直，难度会更大，对胸部肌肉的锻炼效果会更好。哑铃放下时，深吸气；上举时呼气。

图 11-35　反握弯举　　　　图 11-36　负重提踵行走　　　　图 11-37　上斜仰卧飞鸟

㊲ 持铃体侧屈：

［锻炼部位］腹内、外斜肌，腹直肌。

［动作方法］上体尽力向持哑铃一侧侧屈，哑铃沿体侧下滑，另一只手置于头后，静止片刻，然后慢慢还原，如图 11-38 所示。

［动作建议］身体左、右方向侧身，不要前后弯曲。

㊳ 直立耸肩：

［锻炼部位］颈部、肩部肌肉。

［动作方法］用力向上耸肩，然后肩部向后旋转，复原。如图 11-39 所示。

［动作建议］动作过程中肘部不要弯曲。两臂始终伸直，肩上耸时吸气，下落时呼气。

㊴ 单腿站立提踵：

［锻炼部位］小腿部腓肠肌和比目鱼肌。

［动作方法］持哑铃手臂的同侧腿极力向上提脚跟，然后慢慢放下脚跟，还原，如图 11-40 所示。

［动作建议］提起脚跟与放下脚跟一样慢。

图 11-38　持铃体侧屈　　　　图 11-39　直立耸肩　　　　图 11-40　单腿站立提踵

㊵ 正握腕弯举：

［锻炼部位］前臂伸肌。

［动作方法］用力屈手腕将杠铃向上举起，并保持这一姿势 2 s，然后还原，如图 11-41 所示。

［动作建议］可以站立做。两臂伸直。

㊶ 横仰卧屈臂上拉（哑铃）：

［锻炼部位］胸部肌群、背阔肌、前锯肌等。

［动作方法］使哑铃慢慢向头后下方下落，至头水平面以下，尽可能低的位置。然后

231

沿原路线慢慢还原，如图11-42所示。

［动作建议］哑铃到最低点之前，臂部稍下沉。

㊷ 坐姿交替臂弯举：

［锻炼部位］肱二头肌和前臂肌群。

［动作方法］先一侧屈肘，把哑铃举至肩际。在上举后半程中，前臂外旋，使掌心向上至最高点，在哑铃回落时做相反动作。哑铃刚回落时另一臂开始动作，如图11-43所示。

［动作建议］可两臂同时进行。

图11-41　正握腕弯举　　　图11-42　横仰卧屈臂上拉　　　图11-43　坐姿交替臂弯举

㊸ 仰卧屈膝：

［锻炼部位］腹部肌群。

［动作方法］用力收腹，两腿屈腿向胸部靠近，再慢速还原。如图11-44所示。

㊹ 坐姿弓身飞鸟：

［锻炼部位］三角肌后束和上肩部肌群。

［动作方法］两臂同时向两侧上振臂，使哑铃向上到尽可能高位置，然后还原，如图11-45所示。

［动作建议］肘部稍屈，可更多地锻炼三角肌后束。上举过程中两臂做内旋，在哑铃到最高点时，小拇指向上，效果更好。

㊺ 转体仰卧起坐：

［锻炼部位］腹外斜肌。

［动作方法］上体抬起至半程，向左（右）转体，使肘部在动作结束时触及另一侧腿的膝部，之后使身体还原，然后再向另一侧做转体动作。交替进行，如图11-46所示。

［动作建议］可在地板上做，一抬起身体就做转体。若提高练习强度，可增大斜板角度。

图11-44　仰卧屈膝　　　图11-45　坐姿弓身飞鸟　　　图11-46　转体仰卧起坐